我们为什么会恐惧

—42+N 个科学未解之谜

[英] 安德鲁 · 里奇韦（Andrew Ridgway） 编著
钟超男 译

中国画报出版社 • 北京

图书在版编目（C I P）数据

我们为什么会恐惧：42+N个科学未解之谜 /（英）安德鲁 · 里奇韦编著 ；钟超男译. -- 北京：中国画报出版社, 2017.6（2019.1重印）

（爱因斯坦讲堂）

书名原文: Biggest Mysteries In Science

ISBN 978-7-5146-1479-4

Ⅰ. ①我… Ⅱ. ①安… ②钟… Ⅲ. ①科学知识－少儿读物 Ⅳ. ①Z228.1

中国版本图书馆CIP数据核字(2017)第041571号

北京市版权局著作权合同登记号：图字 01-2017-3593

我们为什么会恐惧：42+N 个科学未解之谜　　[英] 安德鲁 • 里奇韦（Andrew Ridgway）编著　　钟超男　译

出 版 人：于九涛
策划编辑：赵清清
责任编辑：于九涛
助理编辑：朱露茜 赵清清
装帧设计：艾　青
责任印制：焦　洋
出版发行：中国画报出版社
（中国北京市海淀区车公庄西路 33 号 邮编：100048）
开　　本：16 开（787mm × 1092mm）
印　　张：13.75
字　　数：110 千字
版　　次：2017 年 6 月第 1 版　2019 年 1 月第 3 次印刷
印　　刷：北京汇瑞嘉合文化发展有限公司
定　　价：58.00 元

总编室兼传真：010-88417359 版权部：010-88417359
发 行 部：010-68469781　010-68414683（传真）

前　言

古代，我们认为太阳围绕着地球旋转，宇宙由四种元素构成。时至今日，人类已经走过漫漫长路。我们能治愈曾经夺走数百万人生命的疾病，我们能比声波更快，我们能随时随地与他人通信。我们甚至开始讨论在火星建立居住地。但在我们为全人类取得的进步沾沾自喜之前，不要忘了科学界还有很多没能回答的问题，没有解开的谜题。

这正是《我们为什么会恐惧：42+N个科学未解之谜》的内容。在这本书中，从寻找暗物质到地球生命起源，你会读到科学研究最活跃的领域的前沿发展。你还将了解我们如何解开了古代世界的最大谜题。我们会一览消失的文明、无人能懂的语言、宇宙深处的神秘现象以及人体内同样神秘的现象。你会发现，“我们为什么做梦？”“我们为什么睡觉？”这样看似无趣的问题实则暗藏诸多奥妙。

科学带领我们走过这段漫漫长路，但这一过程依然道阻且长。让我们开启这一旅程……

Andrew

安德鲁 · 里奇韦（Andrew Ridgway）
Andrew.ridgway@futurenet.com
@SciUncovered

目 录

50

152

102

191

17

198

08

24

14

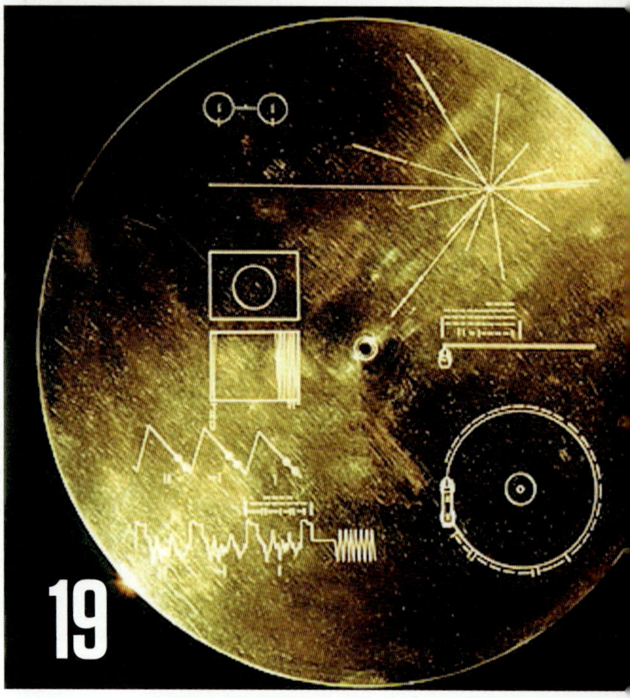
19

08

1 宇宙之谜

我们的宇宙是唯一的吗?

我们的宇宙，纵使如此辽阔无边，也许并非唯一？越来越多的证据显示，在我们的宇宙之外，还可能有其他宇宙。

1543 年，普鲁士天文学家尼古拉·哥白尼躺在病榻上。当时，他毕生著作《天体运行论》才付梓出版。这部著作解释了地球围绕着太阳公转，而非人们一直以为的太阳围绕地球旋转，从此改变了人类观察太空的视角——我们不再是宇宙的中心。

500 年之后，我们面临一场相似的革命。目前可观测的宇宙已经膨胀到 46 亿光年，不过物理学家正在研究宇宙之外的存在。宇宙之外很可能是无穷多个其他宇宙，每一个都与其射）的研究结果让多重宇宙这一看似怪异的主张变得可能。

我们的宇宙诞生于 138 亿年前。物质和辐射构成的火球发生大爆炸，产生了炽热的等离子，等离子迅速冷却，在几秒内次原子粒子形成。在接下来的几百万年中，原子形成；约 4.8 亿年之后，这些粒子凝聚成恒星、行星和星系。大爆炸理论阐述了宇宙开始形成的过程，却没有论述大爆炸本身。为此我们需要研究另一项理论——宇宙膨胀。根据该理论，在大爆炸之

宇宙之外很可能是无穷多个其他宇宙，每一个都与其他的略有不同。

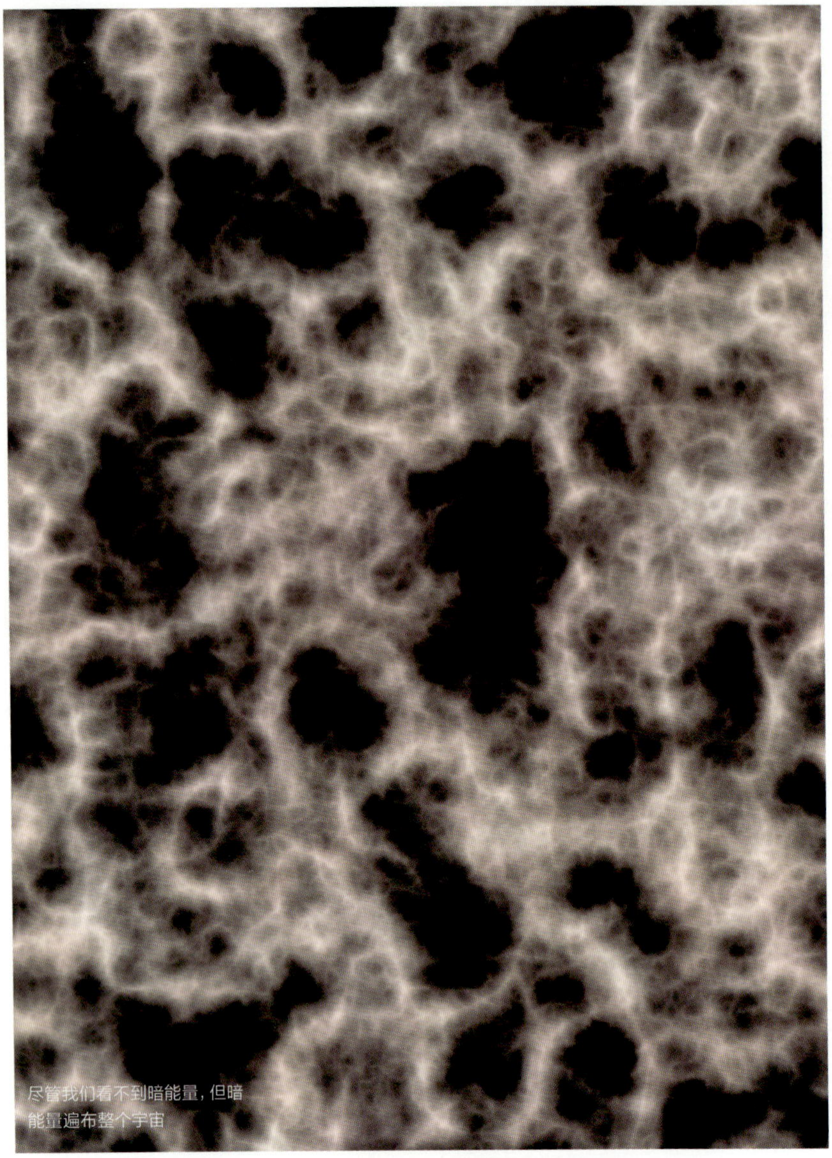
尽管我们看不到暗能量，但暗能量遍布整个宇宙

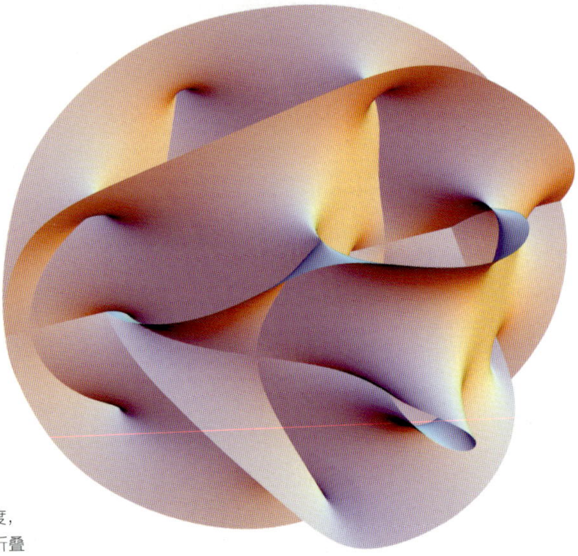
弦理论假设存在11个不同维度，这些维度能以多种方式进行折叠

点亮混沌

宇宙膨胀理论由美国粒子物理学家艾伦·古思教授提出。1979 年，古思在研究描述早期宇宙等式的时候，突然有了一项惊人发现：伪真空。这与我们一般认为的真空不同，伪真空并非空无一物。相反，伪真空是一种物质，且拥有惊人力量——这一力量足以点燃整个宇宙。

想象一下一整块浓郁的奶酪。这就是大爆炸之前的伪真空态。伪真空

我们的宇宙很可能包含几十亿个世界——我们的宇宙本身也许只是众多宇宙之一

态的一项显著特征便是“反斥重力”，这一力量如此强大，能够在一秒钟之内让伪真空从原子大小膨胀成星系。但伪真空同放射性物质一样也会衰变，因此当伪真空的一部分开始衰退，会在膨胀的伪真空态之内形成一个泡泡，类似瑞士奶酪里的洞。这一泡泡里有伪真空衰变的产物——高热、高密的粒子。随后这些物质爆炸，就发生了形成宇宙的大爆炸。

不过在 20 世纪 80 年代，物理学家亚历山大 · 维连金意识到重要的一点: 并非所有伪真空都会经历衰变。“这些泡泡膨胀速度极快，”维连金表示，“但泡泡之间的空间膨胀速度更快，就能够容纳更多泡泡。”

这就意味着宇宙膨胀一旦开始，就不会停止，而每一个泡泡都包含产生大爆炸的原材料。因此，不断膨胀的伪真空内可能存在无数个宇宙，我们的宇宙只是其中之一。

证据累积

多年来，宇宙膨胀理论得到了日益广泛的接受，尽管如此，却一直没有确凿证据。2014 年 3 月，一个科研团队对南极的 BICEP-2 望远镜观测的数据进行研究后宣布，在宇宙微波背景辐射中找到了 B 模偏振（B-mode polarization）的迹象。

这一现象表明，爱因斯坦理论预测的重力波确实存在。天文学家称，重力波的存在意味着宇宙膨胀确实发生过。

我们自己的宇宙中还有其他现象能支持多重宇宙理论。我们身处的世

亚历山大·维连金教授的问答时间

问：您是永恒膨胀理论的最早支持者之一。是否膨胀理论让您认为“大爆炸”可能一直在发生？

答：膨胀终结是由量子过程触发的，并不会立即在所有地方发生。这一过程会发生在孤立的地方或者泡泡中，而其他地方膨胀仍在继续，形成更多泡泡。

问：为何会在不断膨胀的多重宇宙的特定部分中出现新的“大爆炸”事件？

答：没有原因。这是一个量子过程，有一定的可能性，但你无法预测到底何时何地会出现一个泡泡。这就和我们看到的放射性衰变类似。放射性原子有可能衰变，举个例子，以小时为单位衰变，最终会衰亡。但如果你要问，在这一特定时刻的衰变是由什么产生的，那答案就是没有原因。

问：意识到在另一个宇宙任何事情都可能发生或者已经发生，您有什么感受？

答：当我第一次意识到这一点时，我觉得有点沮丧，我们的文明并非独一无二。但我的很多朋友对此都没有意见。后来，我意识到我们的宇宙里生命十分罕见，我们可能是整个可观测范围内唯一的智慧生命。这样想来，人类还是非常重要的。

亚历山大·维连金教授
马萨诸塞州塔夫茨大学
宇宙学研究所主任

界有一些基本特性，例如电子的质量一旦改变，就会产生严重后果。这些自然常数没有理由以我们目前所见的形式存在，但似乎这些常数都恰好适合我们的生存。比如，如果把质子的质量增加 1%，原子就不可能形成；如果把原子质量增加 1%，那么宇宙将完全由氢组成。

宇宙这种明显的“微调”的证据不止于此。暗能量是一种充满了空间的能量，自大爆炸以来就在推动宇宙膨胀。暗能量密度只有 10 千克 / 立方米 ~27 千克 / 立方米，非常小。将这一密度微调哪怕几个小数点，宇宙都可能在大爆炸之后直接坍缩，或者极速膨胀，不容物质有时间形成一定结构。暗能量的能量大小恰好如此精准的概率极低。

智能设计理论（认为我们所观测到的宇宙并非偶然形成）的支持者认为，这就能证明，是造物者拨动了宇宙合成器，让一切自然常数完美契合生命发展的条件。但如果存在多重宇宙，那就不存在所谓的微调问题了。其他的宇宙中有不同的自然常数，并没有产生星系、行星或者人类。

弦理论证据

其他领域的研究也发现了多重宇宙存在的证据——弦理论。弦理论试图结合两种本身互不相容的理论：描述从原子到星系所有物质行为的爱因斯坦广义相对论，以及描述次原子粒子不同行为的量子力学。

弦理论认为，所有粒子和所有形式的能量都由“能量线”构成，这种能量线不存在于我们所处的四维世界（三维空间和时间），而存在于折叠形成的十一维空间。这种维度折叠是最关键之处，因为这种维度的折叠结构决定了我们宇宙的物理规律。物理学家发现了超过 10500 种可能折叠的方式，每一种都代表构成宇宙的方式。

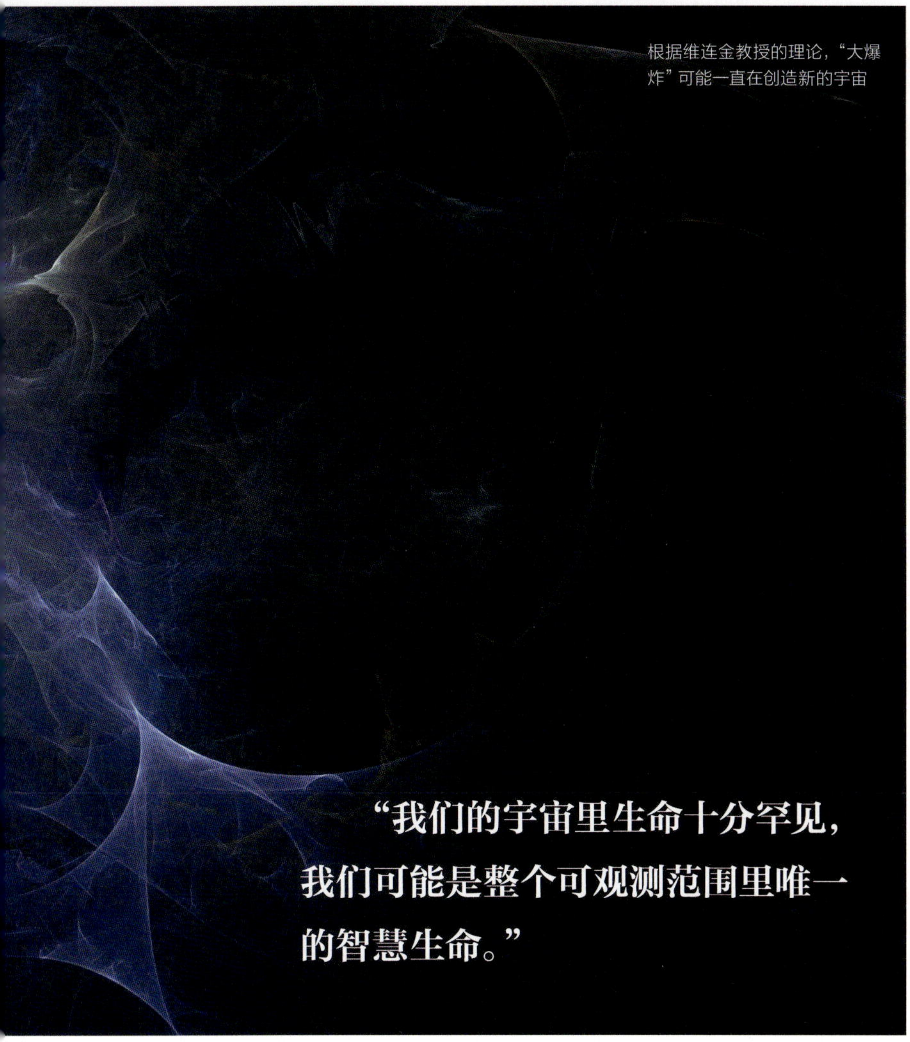
根据维连金教授的理论，“大爆炸”可能一直在创造新的宇宙

“我们的宇宙里生命十分罕见，我们可能是整个可观测范围里唯一的智慧生命。”

正如我们发现自然常数明显的微调一样，所以也没有理由相信某一种折叠方式存在的可能性超过其他方式——所有形式存在的可能性都相同。如果存在多重宇宙，那么弦理论预测的各种现实都可能出现。

如果把弦理论、微调和宇宙膨胀的诸多证据放在一起，多重宇宙理论显得极为可信。那么，这对人类意味着什么呢？

这个问题把我们又带回到哥白尼的理论。他对于天体运行的新理论终于得到了接受，我们对于宇宙的认识又向前迈了一大步。如果最终多重宇宙理论得到证实，又会怎样呢？那可能会让人觉得沮丧，要将人类自己视作不重要的存在——但我们依然孜孜不倦地追寻这些问题的答案，正因如此，我们才如此特殊。

大卫·博丁顿
（David Boddington）
科学作家
大卫毕业于生物学专业，曾为美国《探索》（*Discovery*）杂志、历史频道（The History Channel）工作，现在任职于约格斯卡特（The Yogscast）公司。

多重宇宙的五大影响

无限的宇宙海洋可能会有一些奇怪的特征。

1. 宇宙荒漠

多重宇宙理论预测存在无限数量的宇宙，其中可能有着任何形式的物理规律。这就意味着会有大量宇宙都是黑暗、荒芜之地，没有恒星、星系或任何形式的生命。

2. 宜居的泡泡

有些泡泡的自然法则对于大型结构的形成刚刚好，行星也能够形成。有些泡泡可能与我们的宇宙大不相同，但看起来非常相似。有些宇宙里还可能有另一个地球。

3. 副本

很多宇宙可能和我们的宇宙一模一样，不仅包括另一个地球，还包括另一个版本的你。在其中一个宇宙里，哥白尼从未出版《天体运行论》，我们依然生活在未启蒙的时代；在另一个宇宙里，我们对于科学的认识已经远远超出了我们现在的水平。

4. 宇宙之间的联系

多重宇宙中，其他的文明可能比我们先进几百万年。所以他们可能已经找到了不同宇宙之间联系的方式——这在我们的认知水平看来是不可能的。

5. 泡泡碰撞

尽管我们无法与其他宇宙联络，我们也许能够观察另一个泡泡。根据宇宙膨胀理论，两个泡泡很可能碰撞，这可能会在宇宙背景辐射中留下痕迹。

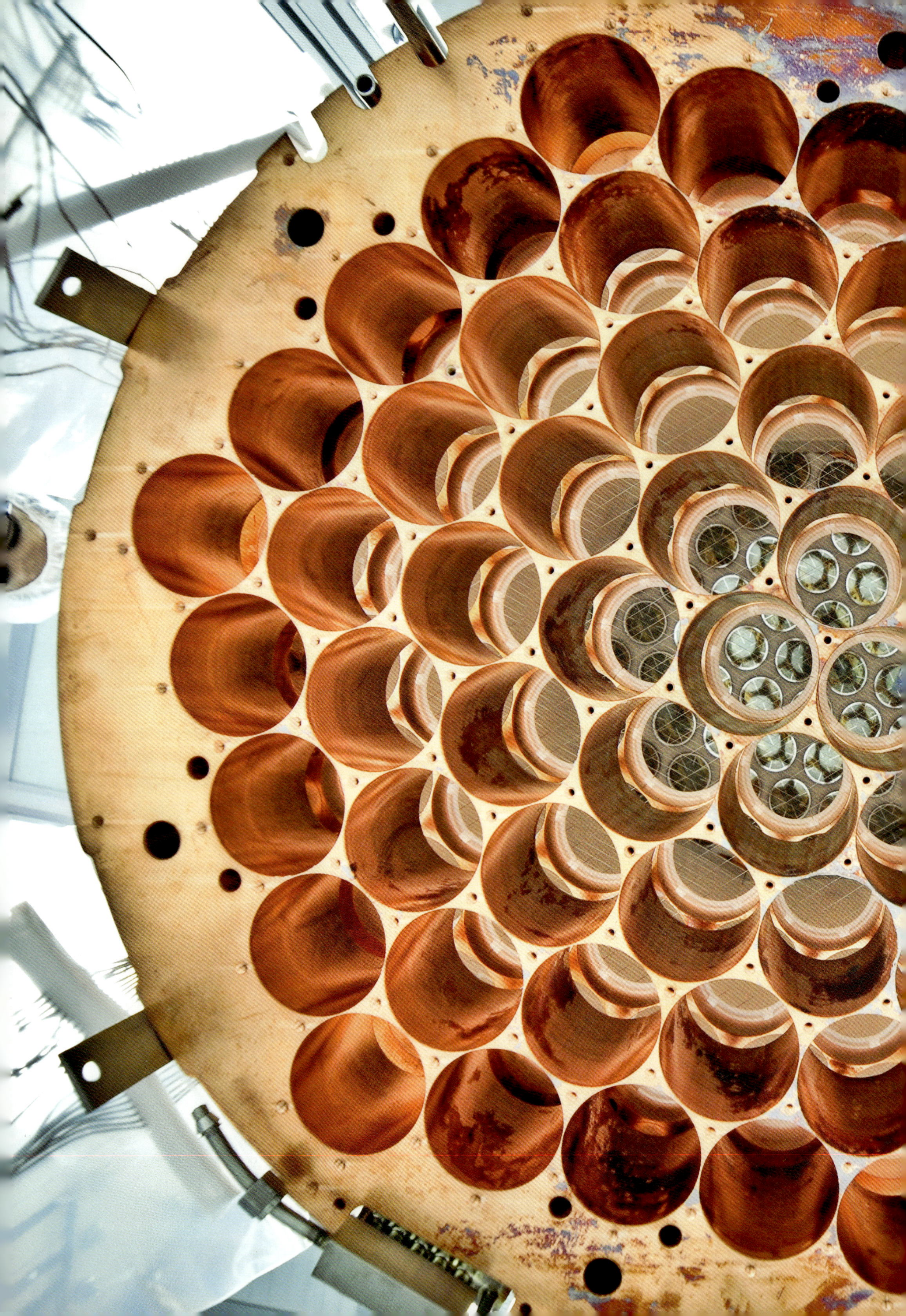

暗物质于 1933 年得此命名，1934 年弗里茨 · 茨维基提出了“超新星”这一概念。超新星也成为几十年后发现暗物质的工具。

探索暗物质

根据观测，暗物质和暗能量确实存在，但要如何找到那些看不见、摸不着的东西？物理学家有一些想法……

土、风、火、水，组成宇宙的四个元素——古希腊人以为他们已经见识了整个宇宙，然而事实上并没有。随着科学的发展，我们认识到自己身边的世界是由原子构成的。接着，我们的认知又往前进了一步——似乎原子只构成了 5% 的宇宙。仅此而已。

人们第一次怀疑宇宙并不仅仅是看起来那样是在 1933 年。当时，瑞士物理学家弗里茨 · 茨维基正在观察后发座星系团里的星系，他注意到 1000 多个星系移动速度太快。就算他把星系团中所有的恒星和气体加起来，其重力也不足以让星系运动如此之快。他猜测，星系团里还有其他东西，只是肉眼不可见，于是他把这一阴影中的物质称为“Dunkle Materie”，即德语中的“暗物质”（dark matter）。

20 世纪 70 年代，这一谜题依然没有解开，但有关证据不断积累。天文学家薇拉 · 鲁宾在观察仙女座星系时发现了一些不可思议的恒星：这些恒星本该被抛入空洞之中，不可能以如此高速、沿着清晰的轨迹旋转。她在其他星系找寻同样的现象，到 1980 年，她在 100 多个星系中观测到这一现象。

额外引力

因此，肯定有其他东西产生了额外引力，影响恒星的轨迹。不管是什么，这种“暗物质”可以产生引力影响恒星，同时保持隐形。美国耶鲁大学（Yale University）教授丹尼尔 · 麦金西说：“我们知道，这不可能是普通物质——不属于目前物理学已知的任何一种粒子。”

为了寻找这个答案，麦金西教授离开了传统实验室，来到了南达科他州（South Dakota）黑山地区的一座废弃金矿，在地下一英里的地方进行实验。他说：“那里很有‘007 电影’的感觉。”始于 2013 年 3 月的大型地下氙实验（Large Underground Xenon, LUX），其目的是寻找大质量弱相互作用粒子（Weakly Interacting Massive Particles, WIMP）。WIMP 是目前对于暗物质较为主流的解释。如果这一理论属实，

冰立方观测站

寻找暗物质的科学家为什么要钻透南极冰层?

冰立方中微子观测站是一项实验，位于南极冰层下方 1.5~2.5 千米，分布范围超过 1 平方千米。该区域的冰层之下有超过 5100 个足球场大小的望远镜，目的是找寻高能中微子。科学家们之所以选择这一极端环境，是因为这里发现中微子的概率最高。探测器深埋在冰层底下，能够尽可能避免实验结果被其他粒子污染。2013 年 11 月，冰立方观测到 28 个来自外太空的中微子。这些粒子和在其他地方检测到的粒子不同，有可能证明理论上存在于恒星内部的暗物质的湮灭。

冰立方并不直接检测中微子的存在。中微子几乎没有质量，因此无法直接被检测到。当中微子穿过冰原子的原子核时会发光，冰立方检测的就是这一发光现象。

在这一深度，压力排出了冰中的气泡，且光线无法到达如此深度。这就意味着冰立方可以专注搜寻任何蓝光——证明中微子的存在。

这是高压热水管产生的86个洞中的一个。每个洞内有60个中微子检测望远镜。

LUX的圆柱形探测器浸在72000加仑的超纯水中，以保护其不受背景辐射影响

那么这种粒子一直在经过地球。不过大质量相互作用粒子较为孤僻，几乎不会与正常物质相互作用。

WIMP 出局

为了捕捉其中一种粒子，麦金西和他的团队在矿穴里安装了一个装满液态氙的水槽，并降温到 100℃。麦金西说：“如果 WIMP 撞上其中一个氙原子，这个原子就会冲过液体，激活其他原子，发出荧光。”液体内遍布探测器，哪怕有一丝荧光也会被检测到。已发布的第一代大型地下氙实验眼界，但并没有找到 WIMP。不过这项实验仍在继续，最终成功的概率很高。“找到暗物质将是一项巨大的成就。”麦金西表示，“大多数物理学家都认为，这要比找到希格斯玻色子意义更为重大。”

暗物质的意义如此重大，所以除了麦金西的团队，还有其他研究团队在不太可能的地方寻找暗物质：研究人员几乎要找遍世界的每一个角落。冰立方实验位于南极冰层以下 2.5 千米。哥本哈根尼尔斯·玻尔研究所（Niels Bohr Institute）的苏比尔·萨卡教授表示：“那个地方很冷，每年只有 11 月、12 月和 1 月的时候进行实验室建设。”所幸，现在实验室已经建成，可以远程操作。萨卡和他的同事在找名为中微子的粒子，他们认为太阳内部的大质量弱相互作用粒子会产生中微子。萨卡表示：“在过去的 50 亿年里，太阳净化了其轨道上的一切物质。”

如果两个大质量弱相互作用粒子在太阳中相遇，它们会湮灭，形成一连串的粒子，其中包括中微子。然而，一连串粒子中，只有中微子能够不被重新吸收，逃离太阳。太阳还会以其他的方式产生中微子，不过关键差别

LUX中的敏感装置需要细致检查

LUX中的敏感装置需要细致检查

准备执行倒数第二次任务的AMS-02在“奋进号”载重舱中

在于，暗物质湮灭产生的中微子更有活力，也更容易辨别（参见“暗空间”第13页）。

试图找寻WIMP湮灭证据的范围并不仅限于地球——其中一项实验就在我们头顶400千米的空中进行。2011年，价值15亿美元的阿尔法磁谱仪（Alpha Magnetic Spectrometer, AMS-02）被运到国际空间站。除了中微子，WIMP湮灭还被认为会产生正电子，研究人员认为应该能够在实验中找到大量正电子。2013年4月，AMS-02团队首次实验结果显示，确实存在大量剩余正电子，但还未排除暗物质之外的来源。

隐藏的力量

尽管研究人员做了大量努力，暗物质依然是个谜。然而，令人不寒而栗的是，暗物质都不是宇宙的主要组成部分——暗物质只占了宇宙的27%。除去占5%的普通物质，说明宇宙中仍有68%的物质不为人所知。

直到1998年，人们认识到暗物质和普通物质仅占宇宙构成的约三分之一。当时，由天文学家组成的两个团队利用爆炸的恒星——超新星来测量宇宙膨胀的速度。天文学家期望，随着宇宙大爆炸的力量逐渐消失，膨胀速度会减缓，星系引力所产生的对抗力量会增强。但他们错了。

索尔·佩尔穆特、布莱恩·施密特和亚当·里斯发现大爆炸其实在加速，并因此获得2011年诺贝尔物理学奖。他们意识到，一定还有另一种不可见的能量在对抗引力，让宇宙以前所未有的速度膨胀。为了和已经困惑人类多时的近亲相匹配，这种能量被称为“暗能量”。但它到底是什么呢？

杜伦大学的乔纳森·皮尔逊说：“最简单的解释是，那里存在着和‘空洞’的空间有关的能量。”重要的是，对于这一能量的密度——每空间有多少质量的能量，依然恒定——这一数值被称为宇宙常数（参见右侧“天才的失误”）。随着宇宙的膨胀、空间的扩大，这种能量的质量也不断增加。

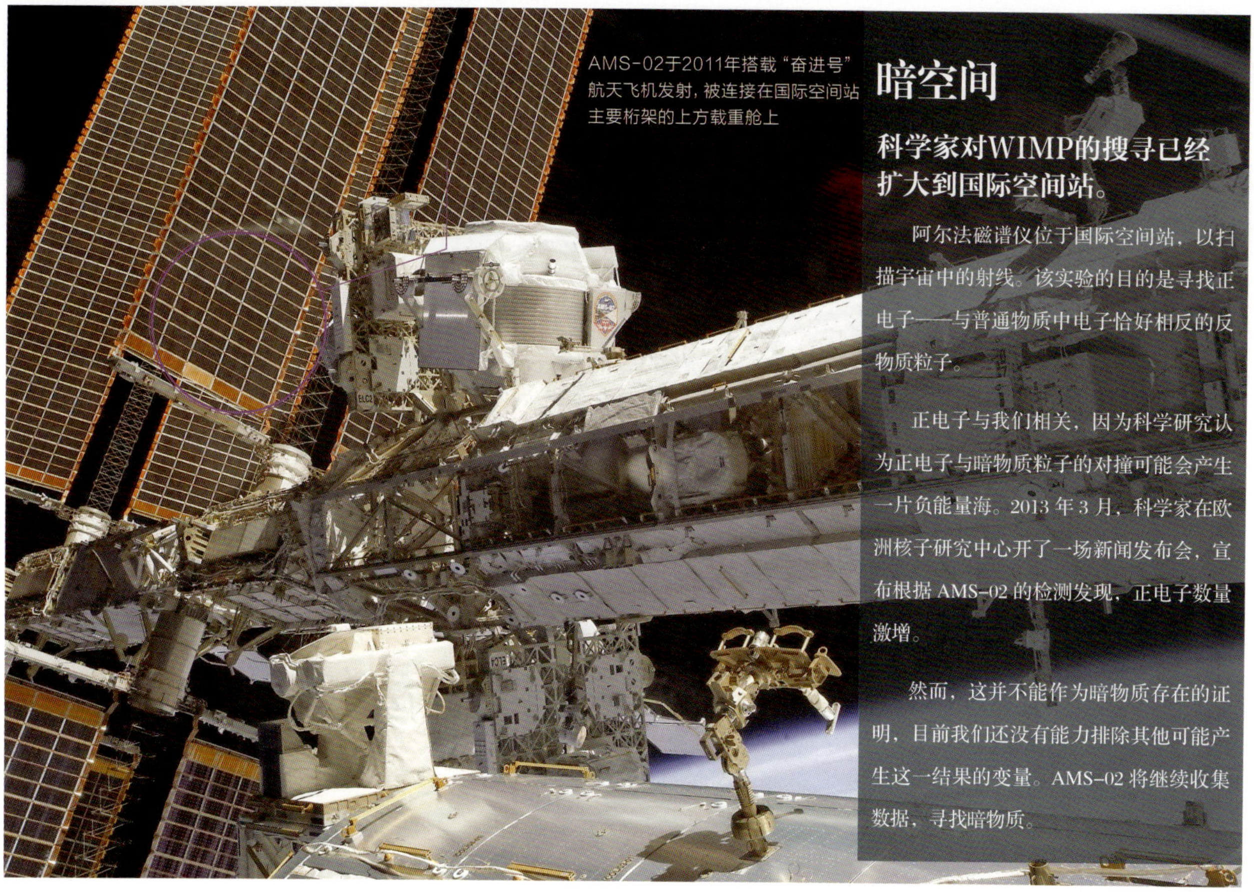

AMS-02于2011年搭载“奋进号”航天飞机发射，被连接在国际空间站主要桁架的上方载重舱上

暗空间

科学家对WIMP的搜寻已经扩大到国际空间站。

阿尔法磁谱仪位于国际空间站，以扫描宇宙中的射线。该实验的目的是寻找正电子——与普通物质中电子恰好相反的反物质粒子。

正电子与我们相关，因为科学研究认为正电子与暗物质粒子的对撞可能会产生一片负能量海。2013 年 3 月，科学家在欧洲核子研究中心开了一场新闻发布会，宣布根据 AMS-02 的检测发现，正电子数量激增。

然而，这并不能作为暗物质存在的证明，目前我们还没有能力排除其他可能产生这一结果的变量。AMS-02 将继续收集数据，寻找暗物质。

早期，宇宙非常致密，引力超过了宇宙常数。不过，随着宇宙气球般膨胀，暗能量占据了主导，目前重力已经达到极限，而暗能量正推动着宇宙进一步膨胀。

然而有一个问题。天文学家对比了估计存在的能量和推动宇宙以现观测到的速度膨胀所需的能量，其中存在着巨大的鸿沟——差了 10^{120} 倍。“这就表明还可能有其他物质，挑战了我们关于宇宙这锅汤里到底有哪些食材的认知。”皮尔逊说。包括皮尔逊在内的部分人支持“修正引力”。如果要否定暗能量的存在，那就让我们坚信，即使从宇宙最大的范畴来说，爱因斯坦关于引力的理论依然是正确的。而皮尔逊将爱因斯坦的理论称为“完全未经测试的假设”。

因而至今为止，暗物质和暗能量依然是个谜。我们需要更多数据，用更多实验对宇宙构成物质的特性进行更复杂的分析，才能解开宇宙主要构成物质的神秘面纱。

虽然过程缓慢，但科学家正在拼凑起整副拼图。古希腊人以为宇宙只有四个元素构成，两千年过去了，我们对于宇宙真正组成的认知进展依然举步维艰。

科林·斯图尔特（Colin Stuart）
天文学家和作家
科林是常住伦敦的天文学家和作家，他的第一本著作《科学中的重大问题》（*The Big Questions in Science*）现已出版。

天才的失误

爱因斯坦删除了早期发现的暗能量的踪迹。

1917 年，爱因斯坦修正了他两年前发表的广义相对论。当时，他认为宇宙并没有在膨胀，基于这一假设，他认为需要在他的公式里加入一个“宇宙常数”。

1929年，埃德温·哈勃确认宇宙正在膨胀，爱因斯坦便删去了宇宙常数，并将其称为自己“最大的失误”。然而今天，爱因斯坦的宇宙常数再次“复苏”，成为解释暗能量真正本质过程中领先的理论。也许这根本就不是一个失误……

UFO事实

#1 据称，美国空军机长爱德华·J·鲁珀特在1956年的报告中提出了缩写UFO，以替代“飞行的圆盘”这一说法。然而，这一缩写在1949年的一份报告标题中就有出现。

不明飞行物之谜

不明飞行物看起来似乎只会出现在好莱坞电影里，但其存在比你想像的更有理有据……

2007年，来自加的夫的三位友人去露营。回家的时候，他们称自己的帐篷、车，甚至狗都被抢走了，而罪魁祸首是十几艘“宇宙飞船”组成的舰队。飞船降落，并带着他们的东西离开。

他们的故事只是记录在英国国防部UFO处（UK Ministry of Defence’s UFO desk）的众多不明飞行物（unidentified flying objects, UFOs）目击报告之一种。故事情节里，有绿松石形状的物体发出星星一般的亮光，有银色的飞行物，还有悄无声息、移动快速的黑色圆盘。

英国并非唯一一个报道此类现象的国家。美国空军的蓝皮书计划（Project Blue Book）记录了1947年至1969年的UFO目击报告。美国联邦调查局的穹顶记录中有众多目击报告。近几年来，还有来自鲜有人居住的大洲的目击报告。然而，英国国防部依然在2009年时认为应该关闭UFO处——尽管当年还收到了634份报告，是有史以来第二多的一年。当时，英国皇家空军发言人表示，没有任何证据“表明地外生物的存在”，他们可以将资源更好地用于他处。

尼克·波普曾主管这一部门。他说：“约80%的目击报告都可以解释为将普通物品看错：飞机的光照、卫星、飞艇、气象气球或者行星。”剩下的报告，15%缺乏有力证据，无法得出结论。但有5%的目击报告似乎有悖常理。这是否意味着波普相信

1947 年至 1969 年间，美国空军共记录了 12000 起 UFO 目击事件，其中 11917 起被证明是地球物体。

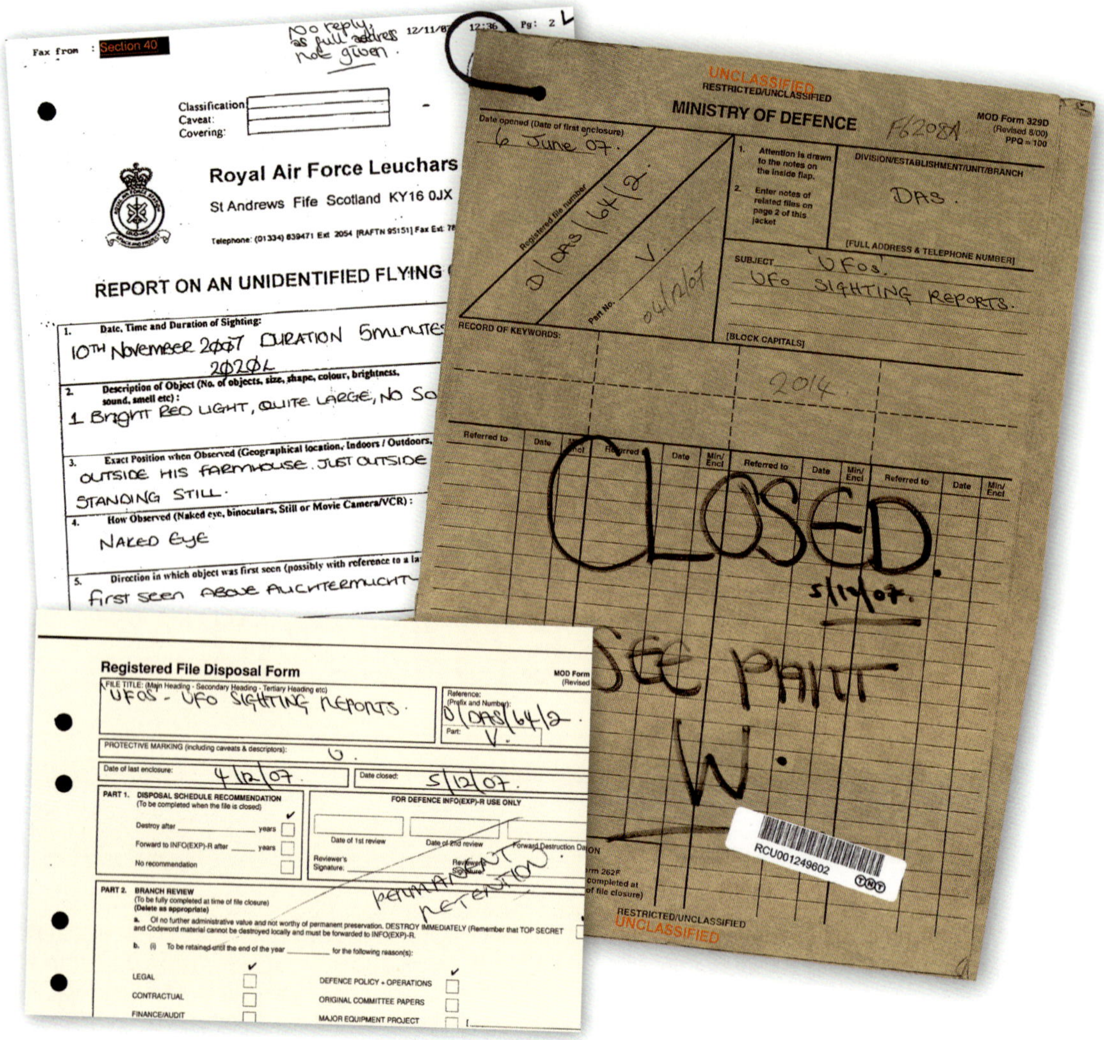

英国国防部下属已经关闭的UFO处公布的文件

地外生命曾经来访？他说：“我当然无法排除这种可能性。”

那么漫游银河系的外星生命真的曾到访地球吗？也许更应该问的问题是，外星人是否真的存在。

水世界

目前为止，地球是唯一已知拥有生命的星球。地球的每个角落都有生命的痕迹，哪怕是在极端环境里。而最常见的共同特点便是水。地球在太阳系的位置适中，不会因为距离太阳太近而导致水体都蒸发消失，也不会距离太阳过远而造成水体冻结。天文学家将这一行星系中温度适宜因而液态水能够存在的区域称为宜居带（有时称为古迪洛克[1]带，因为温度“刚刚好”）。

我们正在其他恒星周围找寻类似的液态水世界。迄今为止，我们已经在太阳系之外定位了1700多个行星。大多数都不位于宜居带，没有液态水，但我们可以根据目前的发现，估算宇宙中类地行星的可能数量。

“在银河系里，大约有 100 亿个

① 来自童话《金发姑娘和三只熊》，故事里姑娘选择了每样东西大小适中的那件。——译者注

UFO事实

#2 天空中出现无法解释的现象并非新鲜事。1676年，英国天文学家艾德蒙•海利称看到天空中出现了比月亮还大的物体。他估计这一物体的移动速度达到每小时10000英里。

大多数UFO目击事件都可用寻常原因解释

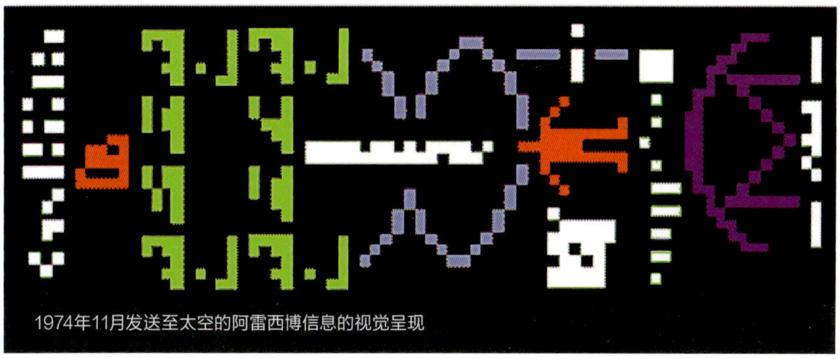
1974年11月发送至太空的阿雷西博信息的视觉呈现

与地球体积和温度相近的行星。”加州大学伯克利分校的杰夫·马西表示。2013 年 11 月，马西使用了开普勒太空望远镜发回的数据估计，银河系中 22% 的类日恒星的宜居带有类地行星绕其公转。

因此，认为银河系中存在其他拥有生命的星球并非异想天开。在这些行星中，有些可能已经进化出了智慧生命，能够运用科技。然而，银河系如此庞大，星际航行可选的目的地众多，外星物种可能只会去那些他们尤其感兴趣的地方。那么在出发之前，他们有可能知道地球上有人类居住吗？答案是肯定的。

与银河系其他行星相比，地球的大气层就像一座明亮的灯塔。英国公开大学的天体生物学家路易莎·普

UFO事实

#3 第一张UFO照片出自1883年。2011年墨西哥天文学家的研究表示，这其实是巨大的彗星经过地球留下的碎片之一。

解密文档

美国中央情报局文档显示，20世纪50年代空中经常出现飞碟——但都是人造的。

对于 UFO，秘密军事行动是一个常用的解释，在过去的几十年里，解密的文档显示，全球多个国家曾设计、建造并测试了与飞碟相似的飞行器。

第二次世界大战期间，德国测试了圆形机翼的飞行器。设计师为阿图尔·扎克，因此飞行器被称为扎克 AS-6，是从毁坏的飞机中拆卸了零件之后拼凑起来的。该飞行器机翼宽幅为 5 米，1944 年多次进行飞行测试，但当年冬天在进攻中毁坏，最后被拆卸用作柴火。

美国也试验了第二次世界大战中设计的飞行器。查尔斯·H·齐默曼设计了“沃特”（Vought）V–173，绰号“飞行煎饼”。1942 年 11 月完成飞行首秀，之后还完成了 200 多次飞行任务，吸引了周边地区大量居民的注意，很多人以为是 UFO。

冷战的到来真正催生了一大批飞盘型的飞行器。20 世纪 50 年代，法国飞行器设计师勒内·库齐内设计了一种像出现在科幻电影里的飞行器。两个反向旋转的飞碟能够保持悬浮，飞行员的位置在机翼下方的玻璃泡泡里。库齐内做了一个 3：5 的木制模型，但没有获得足以建造一台可运作的原型机的资金支持。

1999 年 CIA 的文件显示，20 世纪 50 年代，英国、加拿大和美国还秘密合作研究实验性飞碟性飞行器。他们的目标是建造一台能够垂直起飞的飞行器。加拿大飞行公司 Avro 进行了诸多研究。文档显示，他们想建造一台能够飞 10000 英尺（1 英尺约等于 0.3048 米）高的圆形“阿沃卡”（Avrocar）。原型机于 1959 年亮相多伦多马尔顿机场。虽然这一项目耗资 1000 万美元，但起飞时的不稳定问题无法解决，最终于 1960 年该项目被终止。

1959年“阿沃卡”飞行器亮相公众视野，但最终未获成功

著名的造假事件

下面这些著名的UFO目击事件，最终都被证明不是飞碟……

理发师的唬人故事

拉尔夫·迪特是美国俄亥俄州赞斯维尔的理发师，1966 年他拍到两张飞碟悬浮在他家上空的照片。他把照片放到店里展示，吸引了越来越多的关注。然而，后来经分析证明，拍摄时，照片中的物体距离镜头仅 3 英尺。由于这一确凿证据，迪特不得不承认，他为了逗自己的女儿，伪造了这些照片。

佛罗里达伪造事件

1987 年 11 月，全世界媒体的目光都聚焦美国佛罗里达州的微风湾。当地建筑商艾德·沃特斯带着一张清晰的 UFO 照片找到当地报社。接下来的几个月中，他还拍摄了十几张照片。但 1990 年，在沃特斯曾经拥有的一套房子的屋顶找到了一个由泡沫餐盘和纸制成的、莫名眼熟的 UFO 模型。

体育骗局

2013 年 9 月，加拿大温哥华棒球队的比赛中场，观众看到了 UFO 飞过天空。闪着亮光的奇异物体飞过纳特贝利棒球场的视频很快在社交媒体上走红，但当地科学中心后来承认这是一个无人驾驶的飞行器——是一个骗局，只是为了吸引人们关注新近升级的天文馆。据报告，之后天文馆的访客增加了 65%。

莫里斯敦的人造事件

2009 年新年伊始，美国新泽西州的莫里斯敦上空出现了很多 UFO。媒体报道多位 UFO 专家称，当地居民看到的奇异光线不可能是人为伪造的。事实上，就是人为伪造的。伪造者克里斯·罗素和乔·鲁迪想知道人们有多容易受骗，所以使用钓鱼线把火苗绑在几个氦气球上，之后从邻近的森林里把气球放上天空。

2009年出现在新泽西州的UFO最终被证明是个骗局

解密！

共同不明飞行物联盟：为了全人类的利益！

共同不明飞行物联盟（Mutual UFO Network，MUFON）建立于 1969 年，是全球最早、最大的 UFO 组织。其中有来自各个大洲的 3000 名成员，其目标是“为了全人类的利益科学研究 UFO”。MUFON 目前有 800 名志愿调查员对 UFO 目击报告进行调查，大多数都来自美洲。每一名志愿调查员都经过培训，且通过了考试。培训包括对证人的面试技巧以及如何辨别造假的物体——确实大部分 UFO 都可以这样解释。

然而，该组织却遭到了大部分科学界人士的诟病，他们认为 MUFON 的工作与科学毫无关系。部分研究人员被认为是在称散布疯狂、不实的言论，例如存在人类和外星人混种，且生活在我们之中。很显然，MUFON 的工作几乎没有多少经得起同行的考验，即科学可靠性的黄金标准。

雷斯顿说：“没有生命，我们的大气中就不会有氧气。”地球上的氧气来自植物和海洋中的微生物，构成了大气的 21%。我们认为，只有生命才能产生如此大量的氧气，将氧气变为“生物签名”——生命体居住的辨识标志。我们已经知道能够从远处推测行星大气成分，并且正在努力实现这一点。

测量星光

当行星经过恒星时，恒星的光会先穿过大气层，再到达望远镜。重要的一点是，并非所有的光都能够穿过大气层——有些会被大气层中的化学物质吸收。这就在我们接收的光照中留下了“指纹”，暴露了大气成分。研究人员希望利用未来即将发射的詹姆斯·韦伯空间望远镜这样的工具，检测外星世界的大气中是否有氧这样的生物签名。任何外星物种，只要掌握了与人类相似的技术水平，就肯定会发现地球上有生命，至少有微生物。

UFO事实

#4 2013年9月，《赫芬顿邮报》和舆观调查网YouGov共同进行了一项民调，结果显示48%美国成年人相信UFO是外星生物来访地球。只有35%的人认为不可能是外星物种来访。

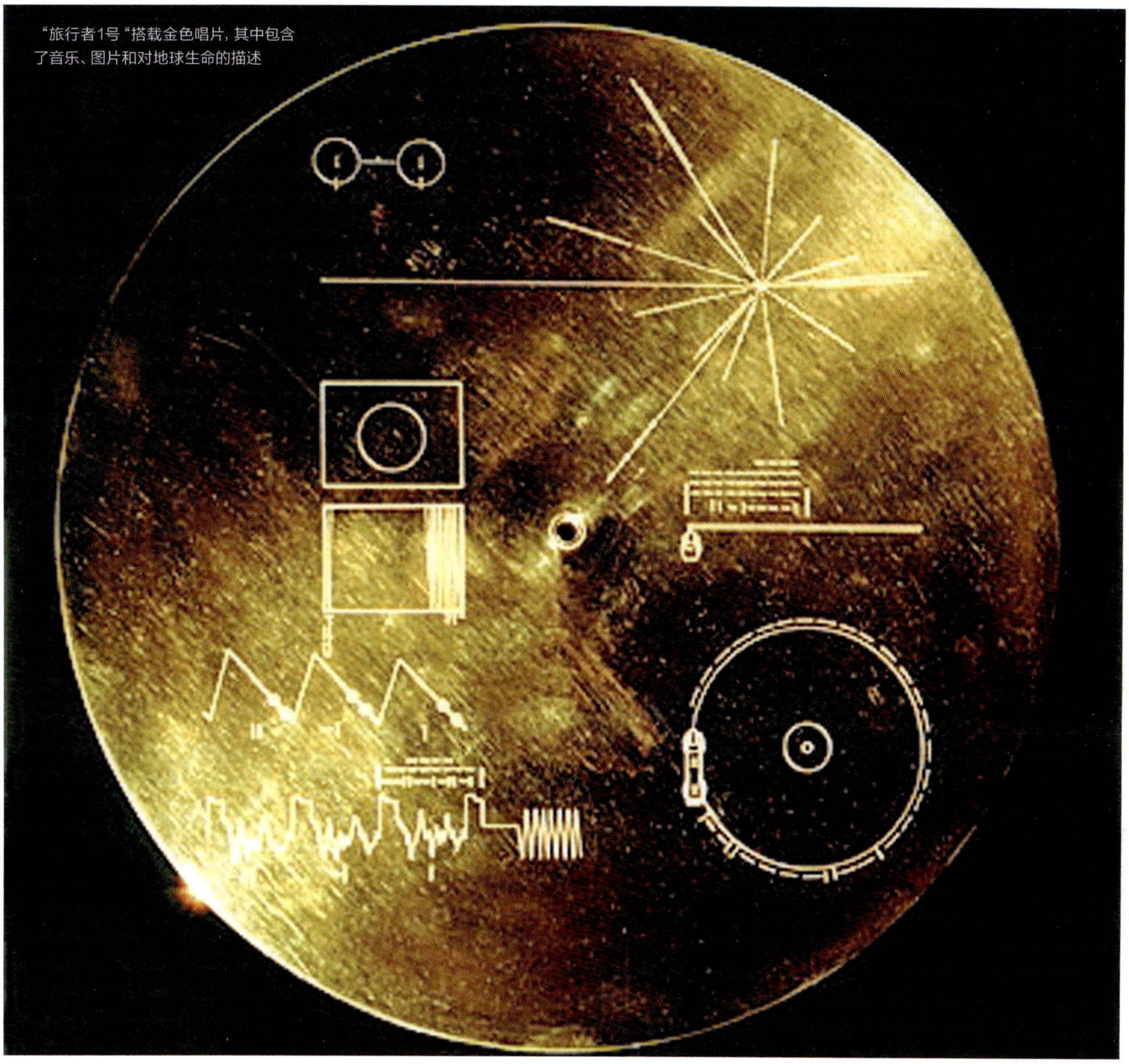

“旅行者1号”搭载金色唱片，其中包含了音乐、图片和对地球生命的描述

他们甚至还可能知道地球上生活着拥有智慧和技术的物种。距离较近的文明甚至可以探测到我们的电视信号、军事雷达信号和核武器试验。最早的信号发自 20 世纪 30 年代，目前已经穿越了 80 光年，提醒那些可能到访地球的外星物种我们的存在和我们拥有的技术知识。1974 年，人类特地向宇宙发送了阿雷西博信息（Arecibo message）。普雷斯顿说：“其中包含了我们是谁，以及信号发射地信息。”

那么，想象银河系中存在与地球智慧生命知识水平相当的物种并不可笑。然而，他们是否会访问地球则取决于他们的能力，以及和我们的距离。

星际旅行

说到星际旅行，我们确实是新手。直到 1961 年，尤里 · 加加林才作为第一个进入太空的人，而目前我们的

UFO事实

#5 随着航天飞行的进步，宇航员也曾报告过宇宙中有UFO，包括“阿波罗11号”飞行员巴兹•奥尔德林。之后，奥尔德林本人表示，他有99.9%的把握，应该只是看到了一块脱离的面板。

大辩论：地外生命

UFO真的是地外物体？

斯坦顿·弗里德曼

UFO专家

“我是一名核物理学家，研究相关证据已有 56 年，我认为相关证据非常确凿，有些 UFO 的目击报告确实能证明 UFO 来自外太空。反对意见中并没有令人信服的论据——这些人只是还没有好好研究过证据。”

刘易斯·达特奈尔

莱斯特大学天体生物学家

“地球大气层中的氧标志表明，显然过去的 5000 万年，地球一直有生物居住。然而，显然这一点并未引起地外生物的注意——并未有有力的证据表明，外星人曾到访过地球。就我的理解，是因为根本没有外星生物，至少目前银河系中没有技术上较为发达的外星文明。”

你觉得呢？

UFO 真的是外星人的吗？告诉我们你的想法。

宇航员最远到过月球。无人宇宙飞船则到得更远：2012 年，“旅行者 1 号”离开地球 35 年，成为了第一个离开太阳系的人造物体。但这仅仅意味着我们只是将脚尖触及了银河系。

根据爱因斯坦的理论，光在宇宙中速度最快。没有什么的速度可以超越光速，而要从太阳抵达下一颗恒星，光也要花四年时间。而这一航程，要花“旅行者 1 号”63000 年。探索银河系的其他部分将耗费更长时间。

正是由于银河系如此浩瀚，加之爱因斯坦的理论中的速度限制，星际旅行成为我们面临的挑战。美国佛罗里达理工学院的哈基姆·奥路什伊说：“虽然星际旅行很难，但还是可行的。”他和他的博士研究生正在申请一项专利，即模仿太阳加速粒子的方式发展而来的动力技术。他说：“这一技术能让你加速到光速的 1%。”如果能达到这一速度，抵达下一颗恒星只需 400 年，不过依然比人类寿命长。

但困难的不仅仅是时长，成本也是个问题。现任职于康涅迪格州的布赖斯·卡森蒂 2008 年时估计，抵达太阳系之外最近的恒星需要的能耗是地球每年能源产出的 100 倍。银河系任何其他生物体都可能面临这些挑战。所以物理学家在寻找捷径，如何让一个发达的文明可以更巧妙地利用规则。

奥路什伊说：“其中一个可能性就是曲速引擎。”这听起来像是《星际迷航》里的情节，但奥路什伊认为“这并不违背物理学规律”。这一想法是，航天飞船可以操纵空间本身的纹理，赶在空间之前将其收缩，同时扩大航天飞船身后的空间。这就产生了一种波浪，能够推动飞船更快抵达目的地，甚至可能超越光速，且不会违背爱因斯坦的相对论。美国宇航局正在研究这一曲速引擎技术，但该技术需要大量“奇异物质”，其是否存在尚不明确。

假设外星生物真的存在，且知道我们的存在以及人类有可能抵达他们的居住地，那么那 5% 无法解释的 UFO 目击报告中所记录的是否真的是外星人的来访？

对于很多科学家而言，包括奥路什伊，答案在于报告的本质。他说：“人们给出的描述都与人类太接近了，那些 UFO 看起来就和人类建造出来的飞船一样。”他认为，来自另一个星球的到访者的进化过程极有可能和人类大不相同。

然而，人们对于 UFO 的热情表明，我们希望人类不是宇宙中唯一的生物。科学家们正在追寻这个问题的答案。

科林·斯图尔特

日冕

理解记载的太阳表面不可思议的高温

图片：美国宇航局

我们知道太阳如何照耀我们，但有一点一直困惑着科学家，那就是日冕的温度。太阳最外层的温度能超过700万开氏度①（1开氏度约等于-272.15摄氏度），而表面则保持在6000开氏度。2012年7月，美国宇航局的高分辨率日冕成像仪观测到太阳外气层辫子状磁场。这一现象最早由天体物理学家尤金·帕克于1983年提出，这一过程是太阳磁场的纠缠、随后解开，这一过程能给日冕传输热能。

①1开氏度约等于-272.15摄氏度。

高分辨率日冕成像仪长3米，重210公斤，其上有9.5英寸长的镜面和像素为4000*4000的洛马公司图像传感器。

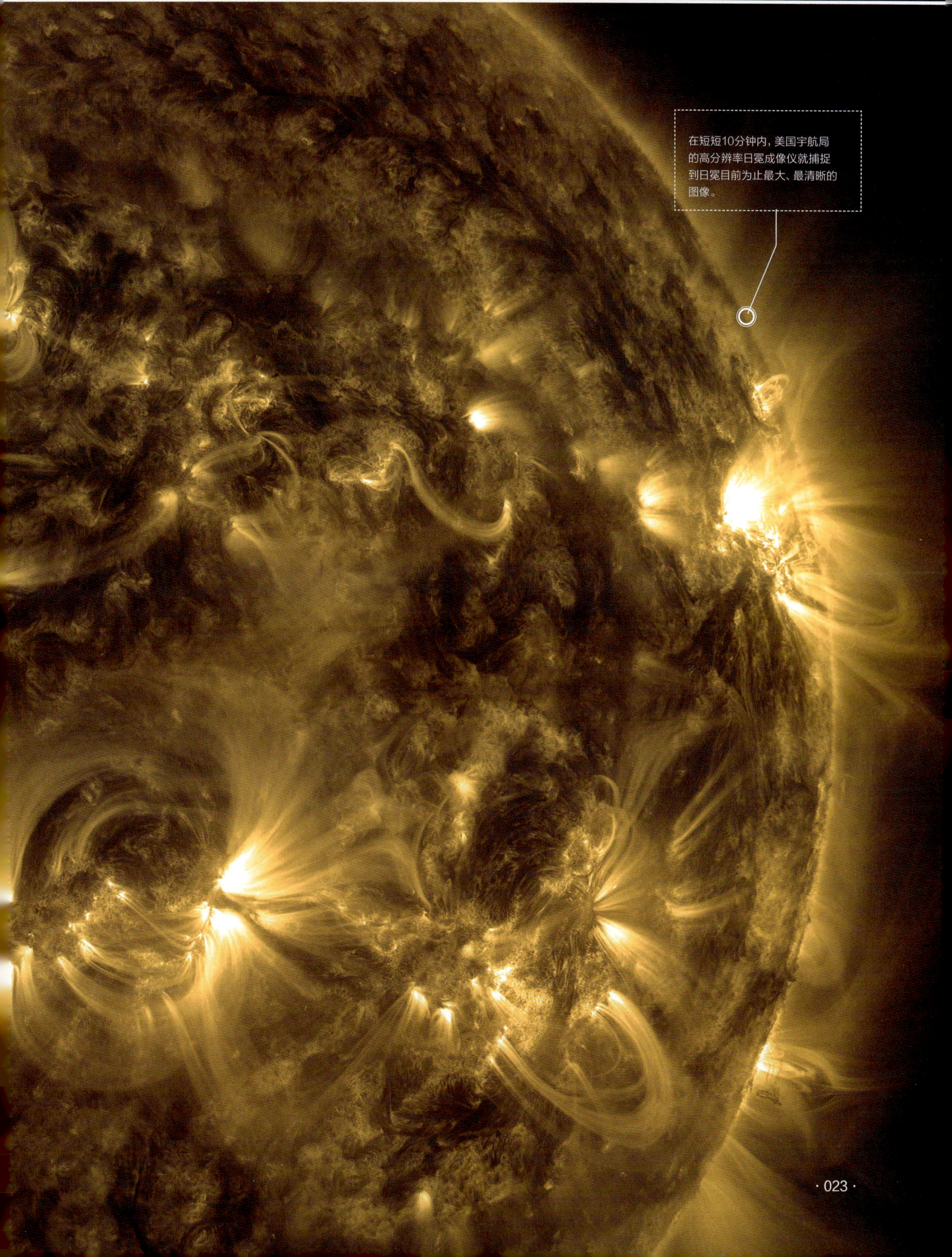

费米气泡之谜

这些奇怪的结构位于银河系，超过25000光年，但这到底是什么、又从何而来依然是个谜题。

2008年夏天，美国宇航局发射费米伽玛射线空间望远镜，希望深入宇宙寻找黑洞、暗物质和古老超新星的遗留。然而影响最大的发现却在自己家门口——银河系的中心。

这个结构超过50000光年，如果肉眼可见，则会占据半壁天空。两个气泡跨越了银河系中心的上方和下方，与银河系所在平面垂直。这一结构被称为“费米气泡”，会发射速度为106米/秒的伽玛射线，只有把费米望远镜数据背景中的“雾”——接近光速移动的粒子与星际气体和量子互相作用产生的干扰——之后，才可以观测到。

现在我们知道了这种庞大结构的存在，那么问题是：它们从何而来？这一形状和发射射线的特性让天体物理学家相信，这一定是来自一个致密、高能物体，但还是有诸多可能性。

在很多星系，天文学家观察到，星系中心粒子受到高质量黑洞驱动，移动速度很快，费米气泡可能正是银河系内部这一过程留下来的遗留物。当然，它们也可能是几百万年前恒星形成过程中的产物。来自费米国立加速器实验室的丹·胡博和普林斯顿大学的特雷西·斯雷泰尔认为，气泡可能来自暗物质粒子碰撞造成湮灭，产生陶子和伽马射线。

对于上述每一种理论，都需要更多的观测支持。但2012年，费米望远镜差点没躲过一台废弃的苏联间谍卫星的撞击。所幸的是，当时操作员使用了几乎5年没有用过的望远镜加速器，才得以避免一场灾难。

大卫·博丁顿

气泡范围内X射线的活跃活动呈蓝色显示，伽马射线呈紫色

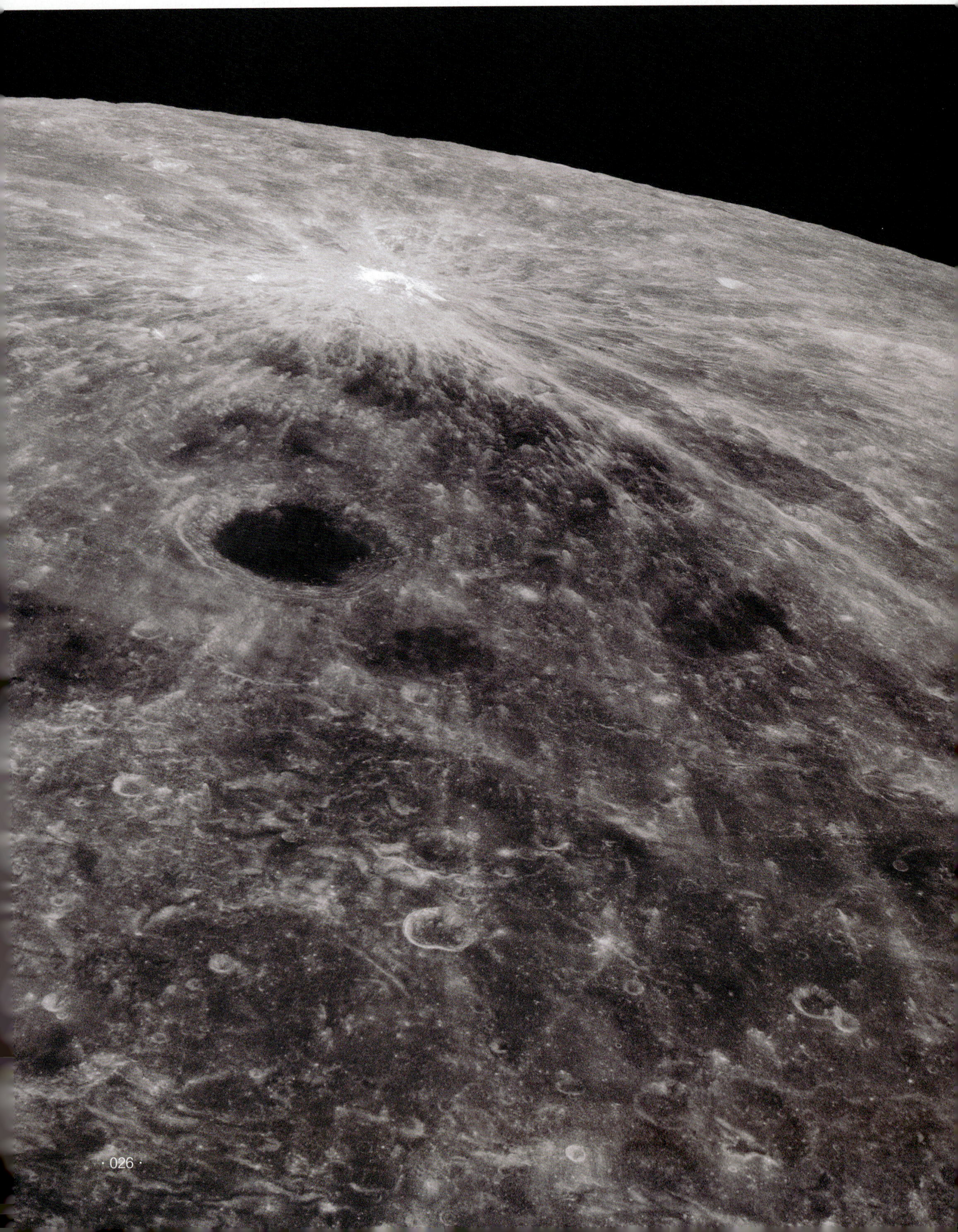

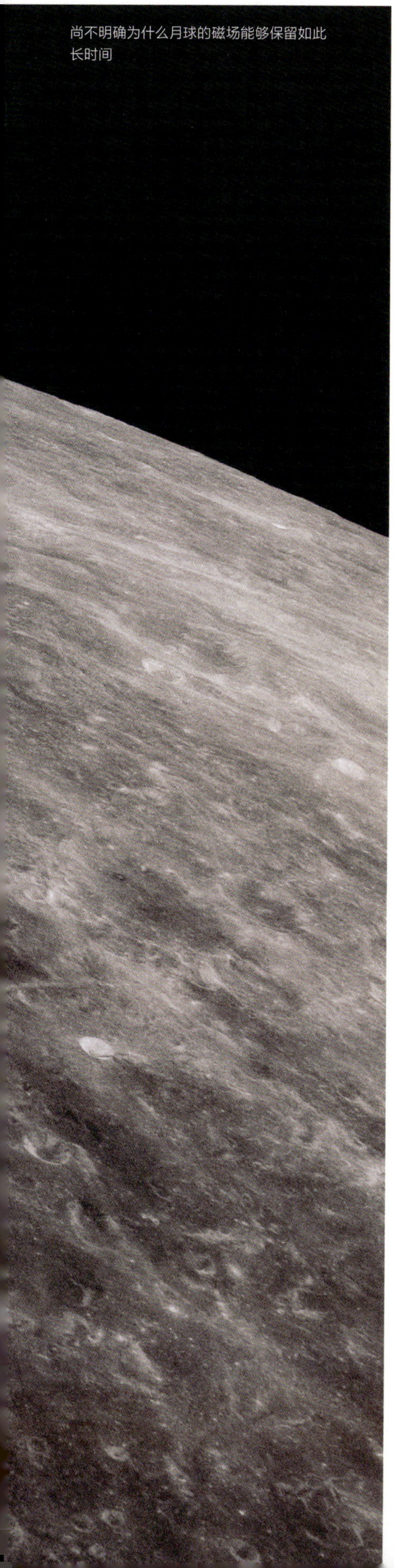

尚不明确为什么月球的磁场能够保留如此长时间

月球磁场之谜

1969年“阿波罗11号”飞往月球，其带回的部分结果至今十分有趣，包括月球磁场的谜团。

近期对月球岩石的研究分析显示，月球磁场比以前更强了。天文学家提出了新的假说来解释这一现象。

地球磁场通过地核铁镍流体的热传导维持。月球也能因为同样的过程获得磁场，只是磁力小于地球，磁场很早之前就消失了。科学家以为月球内部自 37.2 亿年前就不再活跃，直到最近，新研究重新检测了“阿波罗 11 号”1969 年带回的月球岩石，发现其生成于 1.6 亿年前。

克莱芒特 · 叙阿韦是麻省理工学院的行星研究专家，并以第一作者身份发表了多篇论文探讨这些研究结果，解释了关于月球磁场的争议。“认为月球岩石受到陨星撞击产生的强磁场影响，而被磁化，但并非由月球本身磁化。”他说，“今天我们可以排除撞击产生磁场的说法，因为撞击形成的磁场只能维持几秒钟或者几分钟，而岩石需要更长的时间才能冷却，不足以记录这些磁场。”

“阿波罗 11 号”带回的岩石经过了几天时间才冷却，这就催生了另一种解释。叙阿韦进一步解释道：“剩下的这种假说认为，磁场来自于月球内核的液体部分，但问题是之前没有提出这个问题，我们研究的就是这种较差自转是什么造成的。”

对此也有两种解释。陨星撞击可能扰乱月球内核，但这延长的 1600 万年带我们回到了一个陨星撞击并不常见的年代。不过根据克莱芒特的解释，另一种假说仍有可能：“另一种理论是，较差自转是因为月幔的偏差——自转轴随着时间改变，这是因为月球轨道变化产生的。”

对没有生命居住的月球进行研究似乎不太令人兴奋，但根据叙阿韦的说法，这种想法并不正确。对于磁场的进一步理解尤为重要，因为行星上的磁场不仅能保护生命体不受太阳风的影响，同时也能帮助行星保留大气层。

麦克 · 贝德福德
（Mike Bedford）
科学作家
麦克曾学习化学和计算机科学。他不写作时，为埃克塞特大学高级研究员，专长为采矿技术。

海尔-博普彗星曾在1995年至1997年的18个月里肉眼可见

什么是彗星

与一般认识相悖的是，彗星并非来自太阳系之外，而是形成于更接近太阳的地方。

一般认为，彗星由名为恒星尘埃的星际材料构成，但美国宇航局的星尘空间计划显示，事实并非如此。

彗星是运行轨道奇异的小天体。以前认为，彗星由太阳系之外的星际物质构成，所以美国宇航局便发射“星尘号”用于收集这种“星尘”，来帮助理解恒星的形成。事实上，“星尘号”在“维尔特2号”彗星的彗尾处收集了样本，并返给地球用于化学分析。华盛顿大学的丹·布朗李教授是这一项目的主管，他表示，这些分析结果十分惊人。

以前我们认为，“因为彗星形成于距离太阳较远的地方，因此由星际晶粒和冰块构成。”但事实却并非如此：“我们发现，所有的彗星晶粒都来自太阳系，且形成于靠近太阳、温度白热的区域，之后运行到海王星之外的区域，那里温度较低，晶粒与冰块一同构成彗星。”

这一结果对生命起源的研究产生了影响。根据布朗李所说，该任务中一项重要发现为太阳系的构成破坏了构成物质里的化学键。“一直以来我们都知道，太阳系之外的有机物质对行星和生命形成都很关键。”他解释道，“但我们发现，星际物质对于天体生物学的作用没有那么重要，因为这些物质在年轻恒星周围形成原行星盘时被破坏。”

2014年8月，欧洲空间局的罗塞塔航天飞机抵达丘留莫夫－格拉西缅科彗星，它的任务包括研究彗星的岩石部分。布朗李表示：“对罗塞塔的发现和星尘号的发现进行对比，研究二者岩石物质是否相似，这点非常有意思。”

麦克贝德福德

“宇宙终结于热寂”的说法已有150年之久，1852年开尔文男爵在进行热动力学研究时首次提出这一说法。

宇宙将如何终结

我们总是听说，宇宙会永续存在，但有可能在某一个时间，宇宙会终结。以下是五种目前我们认为可能的终结方式……

一片混乱

1. 热寂

宇宙的结构越来越无序。根据热力学第二定律，任何封闭系统的无序（或者用物理学家的语言称为熵）都会不断增加。所谓的“宇宙热寂”则是这一过程的最终结果，当熵达到峰值，整个宇宙将达到热平衡。

这一现象一旦发生，行星、恒星和星系这样有序的结构就不再存在。就像沙子堆砌的城堡最终会坍塌成一盘散沙，这些结构最终会变得无序，成为光子、电子和中微子构成的稀薄气体。如果宇宙中所有物质温度相同，就不再有温度差异驱动宇宙成为一个活跃、有动力的地方，而是一片死寂，所有物质不再互动。

但现在还无须惊慌——这种终结估计会在10100年后到来。

过度膨胀

2. 大撕裂

宇宙学家面临的两个最大谜团是暗物质和暗能量。我们的宇宙模型显示存在暗物质，但我们无法看到，那么即使真的存在暗物质，我们也不知道暗物质如何与普通物质互动。同时，根据观测，宇宙正在以前所未有的高速膨胀，但这与我们的直觉相反——你会以为星系之间的引力能够控制这一增速，或者把一切都拉回来。天文学家认为正是暗能量驱动了这一膨胀。

随着星系相互远离，星系之间的引力减弱。如果这一过程不断持续，暗能量的力量最终会超过引力。星系会分裂，行星会脱离公转轨道，行星本身也会解体。这一过程不断持续，最终形成所谓的“大撕裂”，即四个基本力量的作用不再明显，基本粒子之间无法互相作用。宇宙将会终结。

大挤压

大挤压理论认为宇宙终有一天会停止膨胀，开始收缩

3. 大挤压

我们对暗能量，以及暗能量如何表现会让宇宙最终走向大撕裂的反面都知之甚少。比如，如果最后让星系不断远离彼此的力小于引力，那么引力将占上风。逐渐地，引力会胜出，星系不再互相远离，宇宙逐渐收缩。宇宙中的所有物质会不断挤压，质量越来越大，直到所有的东西都挤在一起形成灾难性的大挤压，让整个宇宙走向末日。

根据我们的观察，宇宙不断膨胀让大挤压的理论看似不可能，但并非一定不会发生。宇宙膨胀的速率在宇宙历史发展过程中并不一致——极有可能暗能量和引力之间的力量对决发生了互换，导致宇宙中的一切物质发生坍缩。

重生

4. 大反弹

大反弹理论是对大挤压理论的进一步发展，该理论表示，一个宇宙的终结会催生另一个宇宙。

科学家认为，当宇宙中所有的物质都探索成一个小点儿时，量子力学将发挥作用，之前依靠引力相互吸引的粒子会互相排斥。他们认为，这就会产生反弹效应，将所有的物质再次抛出，通过全新的大爆炸形成新的宇宙。

这一理论的支持者十分欣赏理论中循环模式的优雅简约，一个宇宙替代另一个宇宙，再替代另一个宇宙，循环往复。同时，这一理论还很好地解释了大爆炸来自何处，尤其获得那些整个宇宙都孕育自一个奇点这一说法支持者的欢迎。

然而，我们没有证据可以证明一个宇宙的终结能够以这种方式形成新的宇宙，并且，想要建模模拟大爆炸高能条件下粒子的规律非常困难。

一个宇宙的终结会产生一个全新的宇宙

永恒的宇宙

永续膨胀理论的支持者认为宇宙会不断膨胀

5. 永续膨胀

正如名字所示，永续膨胀理论与大爆炸理论一致，都认为宇宙会不断膨胀。

这有几种可能的方式。根据“标准膨胀”论，一个宇宙（就是我们的宇宙）膨胀，基本会延续现在的状态。“气泡宇宙”论认为，多重宇宙都会出现膨胀，我们的宇宙只是其中之一。不同宇宙之间相互分离，很难互相沟通，且不同宇宙可能有不同的物理运行规律。在多重宇宙中，单个宇宙可能生存也可能由于热寂死亡，而整个多重宇宙将继续发展——小型宇宙则是无限结构中的有限体。

其他永续膨胀的模型完全抛弃了大爆炸理论，认为宇宙没有开始也没有终结。

理查德·爱德华兹
（Richard Edwards）
科学作家
理查德是 *SFX* 杂志的副主编，一生热爱科学。他毕业于英国布里斯托大学物理学专业。

我们的天然卫星——月球，很有可能在一场撞击中出生

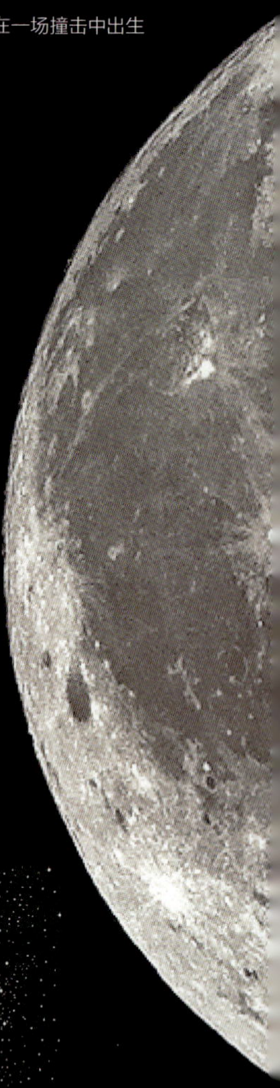

你问我答

月亮是怎样形成的?

关于月亮的形成，主要有三种构想。第一种俘获理论认为月亮本来是在太阳系的其他地方形成的，但是被地球的吸引力俘获，从而变为了地球的卫星。第二种吸积理论认为月亮和地球一样，都是在太阳系早期，在同样的时间、由同样的材料构造而成的。第三种撞击理论则认为，月亮是由地球和一颗火星大小的星球撞击而成的，因为撞击之后，产生大量的碎片会绕着地球旋转，从而慢慢结成了月球。

那么，哪一种理论是正确的呢? 阿波罗宇航员收集的月球岩石显示出与地球岩石的高度相似性，不过其中含有大量由瞬间高温形成的矿物质。这一证据说明撞击理论最有可能是这一问题的正确答案。

道格·亚当米克

英国，布里斯托

星星为什么会闪烁?

星光穿越了宇宙，经过了数千千米厚的混沌大气层，才抵达你的眼底。随着周围空气的流动，穿过的星光会弯曲、曲折，导致恒星原本清晰的位置稍有晃动。星光闪烁因此产生。天文学家费心费力，斥巨资将望远镜放到地球外的轨道上，只有望远镜高于地球大气层，才能避免观测时看到星光闪烁。

荣·阿克斯 (Ron Acres)

英国，德比

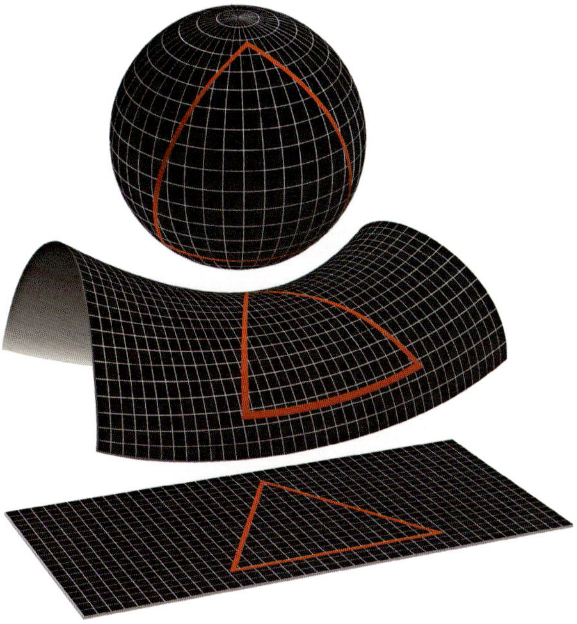

宇宙是什么形状?

要回答这个问题，我们最好首先考虑一下“形状”究竟指什么。在日常生活里，我们用这个词来形容一个物体的三维几何结构。不过当要考虑宇宙的形状时，我们的日常经验就变得毫无关联了。

宇宙的形状指的是描述空间本身的数学几何。从根本上来讲，宇宙的几何取决于它的密度，因为密度控制着向外膨胀和向内重力的角力。如果宇宙的密度超过了一个临界值，那么空间几何就是闭合的，并呈正弯曲（就像一个球形表面）。如果宇宙的密度低于这个临界值，那么空间几何就是无限的，或者说是“打开”的，并呈反向弯曲（就像一个马鞍的表面）。如果我们的宇宙的密度正好等于这个临界值的话，那么空间几何就是平面的，且没有界限。通过测量宇宙微波背景的涟波，美国国家航空航天局的微波各向异性探测器已经发现我们的宇宙是平坦的，误差边际仅有 0.4%。

戴维斯·巴策科夫斯基

英国，切斯特

如果恒星会发光，为什么宇宙一片黑暗？

只有一件东西发出的光抵达你的眼睛，你才能看到这件物体。这种光可以是物体本身发出的，也可以反射自其他来源。你能看到太阳，因为太阳能放射出光芒；你能看到月亮，是因为月球反射太阳光。宇宙一片黑暗，因为宇宙中空无一物，所以没有物体能够反射星光。所幸的是，还有其他能够反射光亮的物体，比如行星、彗星、流星和气体云，这些足以让天文学家应接不暇。

哈维·科平（Harvey Copping）

英国，索尔福德

地球上最老的岩石在哪儿？它会告诉我们一些什么？

检测岩石的年龄是件很困难的工作，所以地球上也没有几块可以确定是最古老的岩石。所有这些岩石都是在38亿~40亿年前的远古时期形成的。最古老的水晶可以上溯到44亿年前，主要成分是锆石矿，比最古老的岩石要早。由于砂砾腐蚀了较早期的地层，这些发现都是在更年轻的岩石里找到的。我们可以从这些古老的物质里推测地表形成初期的历史。它们记录了早期地壳的信息，这其中就有很吸引人、但也具有不确定性的生命起源的证据。然而，最古老的岩石有可能不在我们这颗星球上，而是在月球的表面，是因远古时期的撞击而弹射到月球上的。

凯西·史蒂文斯

加拿大，亚伯达

38

70

82

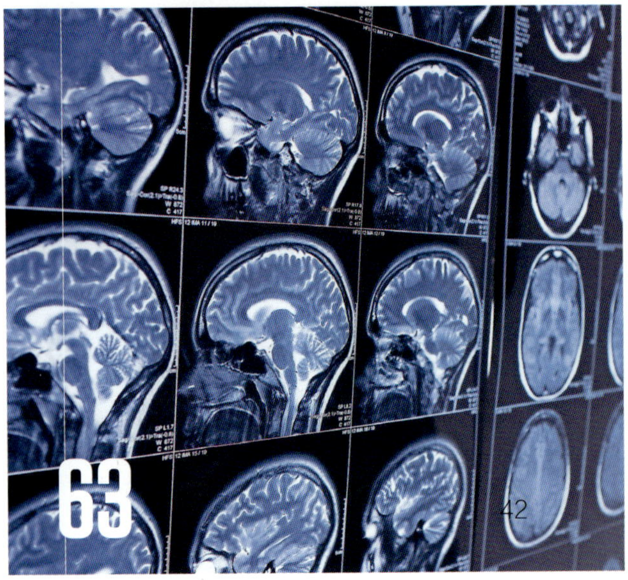
63

48

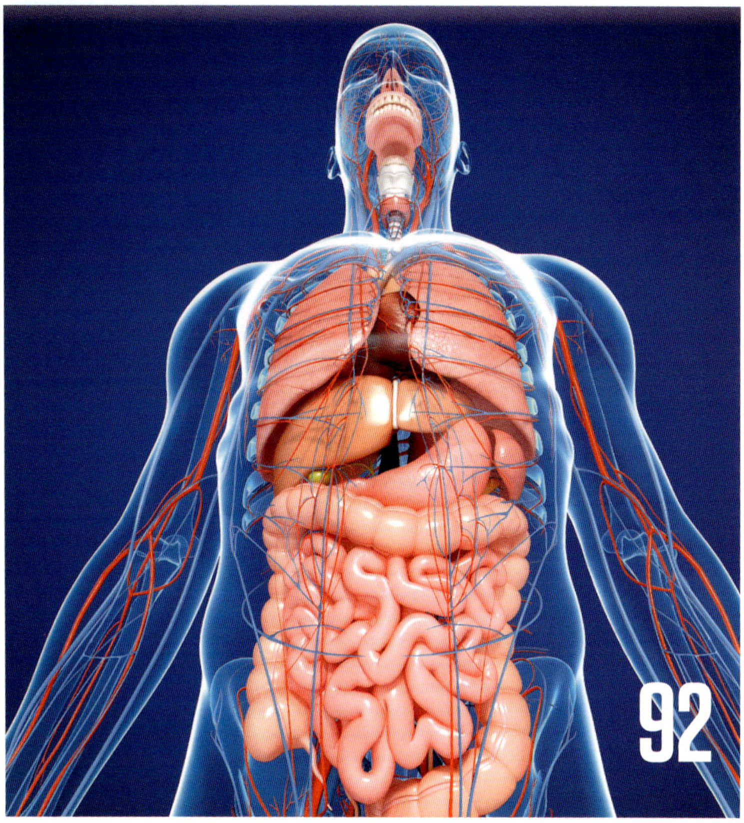

2 人类之谜

笑的奥秘

从哧哧窃笑到哄然大笑，人类为何喜欢笑？让我们一同探索笑背后的科学秘密。

笑是我们人类最本能的反应之一。但我们为什么会笑呢？幽默是否是一种基因特征，还是由我们的环境决定的呢？

儿童时期，我们从8~16周大的时候开始笑。确实，儿童微笑和大笑的能力是其发展的关键阶段：笑是认知反应的初级形式。“大笑和微笑出现在成长初级阶段。”伦敦大学伯贝克学院（Birkbeck College, London）的婴儿笑声研究人员卡斯帕·艾迪曼博士说，“当婴儿开始大笑时，你就忍不住也微笑或者大笑，大笑对于婴儿发展与他人互动的能力至关重要。”

为何笑声如此有感染力？这是大脑前运动区自然触发的积极运动。伦敦大学学院的索菲·斯科特教授认为，笑声是能够体现我们本质的关键方面。“微笑或大笑是我们大脑的自动回应，是对他人行为的反应，有助于我们与人社交。”她在2006年发表于《神经科学杂志》上的论文中写道，“笑声有助于群体中个人与个人之间建立强有力的联系。”所以，在微笑或者大笑时，我们的脸会扭曲，这其实是我们向身边人发出的一个原始信号，表示一切都好。

那么，幽默感是否可遗传呢？伦敦圣托马斯医院（St Thomas' Hospital）在2000年进行了一项研究，测试了127对双胞胎对一系列幽默图片的反应是否独立。研究结果表明，决定一个人幽默感的是环境，而非基因。

笑声常常被称为“最好的药剂”。美国加州大学（University of California）医学教授李·伯克博士认为，笑声引起的化学反应是健康长寿生活的关键，很多笑声专家（也就是研究笑声的人）表示，笑声不仅仅能提高生活质量，还有助于治疗生理和心理疾病。

多姆·雷塞－林肯
（Dom Reseigh-Lincoln）
多姆在大学中学习兽医学，之后决定追随内心热爱从事新闻学。

笑在我们的社交中至关重要，也有助于健康

并非所有动物都会衰老，鲟鱼和某些乌龟则有“可忽视的衰老”的特征，能够维持所有机能直至死亡。

我们为什么会衰老？

科学家不断努力理解衰老的过程，因而我们更加了解自己的身体，逐渐前行，距离永生前所未有之近……

本杰明·富兰克林曾有一句名言：人生中只有两样东西是确定的——死亡和税收。对于税收，我们就留给经济学家们去争论吧。而前者——死亡，则提出了一个有趣的困境。我们人类，以及其他动物，究竟为何会衰老、死亡？

首先我们来看一下衰老的影响。衰老都会以死亡为终点。比如，随着我们老去，头发也会灰白，这是因为发囊中产生黑色素的细胞会随着我们年龄的增长而死亡。身体的其他部分同理——四肢的肌肉纤维会老去，骨骼会疏松，大脑容量会减小。随着我们年龄的增长，身体不同的构造都开始衰老，我们的外表会老去，仪态会改变，会失去我们的特征和机能。现实中，我们的身体一般不会突然死亡，而是随着时间流逝慢慢死亡，一个细胞接着一个细胞死去。这种想法令人不悦，但不可避免。

对于衰老的原因有多种理论，但以两种互相冲突的理论为主。其一，衰老由基因决定；其二，衰老与细胞损伤有关。基因理论的支持者认为，我们的基因决定了人类会从降生之日起不断衰老，并最终死亡。而细胞损伤理论的支持者则表示，人类衰老是因为我们体内自由基（包含不成对电子的分子）对细胞的损伤。自由基是能量的副产品，对于新陈代谢、呼吸作用等有所帮助。随着我们衰老，身体会逐渐失去对自由基的控制，它们就会在人体内大肆破坏。久而久之，我们的身体和基因受到损坏，并开始“出现故障”。

目前有证据表明两种理论都有道理。比如，维也纳综合征（Werner Syndrome）——一种导致人类早衰的罕见病症，就是基因突变引起的，所以未来与衰老的对抗应该沿着基因这条线进行。但同时也有证据显示，限制摄入卡路里能对动物寿命产生重大影响。尽管寿命增长的具体原因还不十分明确，但科学家认为，这应该和基因与细胞遭到的损害减少有关。

人类尚不能理解并控制衰老的真正原因，不过随着每一项新实验的展开，我们都能更接近推迟死亡，即使不能无限期推迟，但哪怕一天也好，不断突破我们现在的极限。

格雷姆·巴洛
（Graham Barlow）
科普作家
格雷姆的专业为计算机科学，同时一直对考古颇有兴趣。

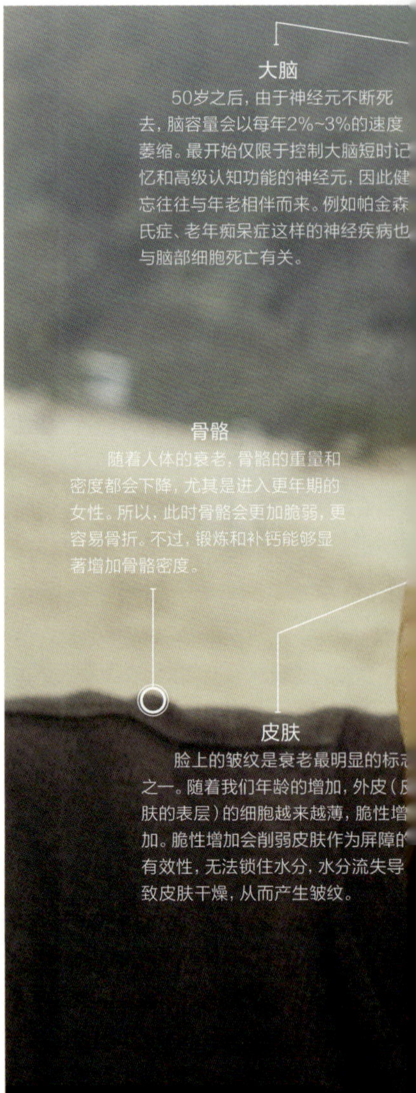

细胞死亡

正发生在你的体内

并非所有的细胞死亡都是坏事。现在在你体内死去的大部分细胞都是多余的，有些甚至可能对你有害。这些细胞死亡反而对你更好。事实上，你的健康状况就是基于一种细胞死亡，即细胞凋亡。细胞凋亡是一种细胞程序性死亡，无痛、无害。创伤、感染或接触毒素可能导致细胞意外死亡，称为细胞坏死。在这种情况下，细胞破裂，身体的清洁机制会产生疼痛、引发炎症。

解密！

科学家正在进行的抗衰老研究是什么？

新南威尔士大学（University of New South Wales）的分子生物学家大卫·辛克莱使用小鼠进行了一项研究阻止生物钟。随着细胞的衰老，其内部的信息交流系统随之崩溃，但辛克莱的研究团队发现，有一项关键机制能够维持这种信息交流。研究人员给小鼠注射了自然形成的化合物烟酰胺单核苷酸[1]（NMN），这一化合物能够提高一种叫作烟酰胺腺嘌呤二核苷酸（NAD）的分子含量。这种分子能够修复细胞的信息交流系统。在小鼠身上的实验取得了惊人效果，人体试验于 2014 年开始。

① 为细胞能量转化的重要辅酶。

梦之科学

发现自己上班的时候没穿上衣？别担心——这只是个梦！但人类为什么会做梦？

人类之所以与众不同，是因为我们有很多独特、奇妙乃至神秘的行为。从直立行走到语言和音乐。人类为何数数、阅读和行走，对于这些问题科学家已经给出了一些答案。但至于我们为何做梦，依然众说纷纭。

关于做梦的理论众多，包括记忆巩固、情绪处理，甚至有人认为只是为了在睡眠时保持身体恒温。对于做梦这件如此重要之事，我们知之甚少。但也同其他谜题一样，对梦境意义的求索，也能书写成一部引人入胜的科学研究故事，而未来研究成果的无限可能也让人心驰神往。

毫无疑问，对于我们为何做梦，没有一位科学家或哲学家的影响能超过西格蒙德·弗洛伊德。他写道：“《梦的解析》绝对是理解大脑这一无意识活动的绝佳读物。”弗洛伊德认为，梦境是大脑中的潜意识在发送加密信息，正因我们努力抑制自己的动物天性、暴力冲动和性欲，这些潜意识揭示了意识清醒时被我们压抑的希望和恐惧。

弗洛伊德的事业有不少地方遭人诟病。他曾著书《论古柯》（1884）宣扬可卡因；众所周知，他对女性大脑的分析带有歧视。然而，他对于梦境原因的理论从直觉上判断是符合逻辑的，因此一直广受公众拥护。那么，当你依然和已婚朋友打情骂俏或者承受职业压力时，你的大脑真的会找到一种发泄真实感受的方式吗？

现代方法

尽管弗洛伊德的理论广为流行，但大部分科学家认为其理论几乎没有证据支持。过去60多年的神经研究利用了医学扫描和心理研究等手段，为我们提供了更多线索。目前研究人员能够把人带到实验室，让他们戴着脑电波记录仪入睡，以测量大脑脑电波的活动，或者把入睡的人放到核磁共振仪中，来扫描入睡状态时大脑不同部位的血流。通过在不同睡眠阶段把入睡者叫醒，并询问他们的梦境，我们即使不是做梦者本人，也能够更好地理解到底发生了什么。

20世纪70年代，“激活-合成模

梦境事实

#1 以前我们认为梦境是黑白的。为什么？罪魁祸首是电视。2008年的一项研究表明，55岁以上的人如果在童年时期一直看黑白电视，他们做的25%的梦都是灰色的。

常见梦境及其成因

最常见的梦境很容易解释。

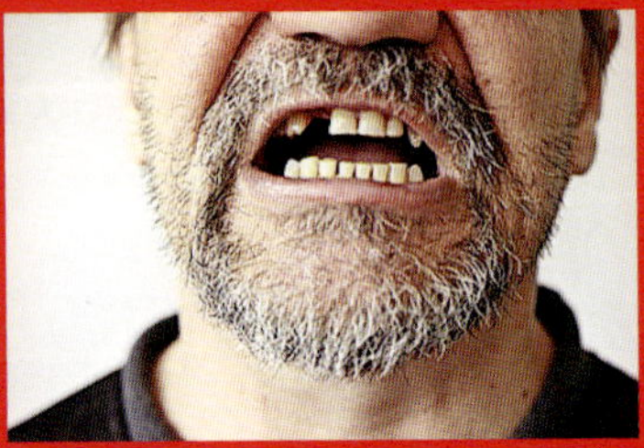

失去牙齿

儿童时期，我们每个人至少都有两年时间在牙齿摇摇晃晃、时而流血、时而掉落或被拔掉中度过。之后，我们会看到自己的父母和祖父母失去他们的牙齿。那么我们为何不会在大脑中一遍一遍回放这种创伤呢？

暴力袭击

不论国籍、年龄和性别，我们都会梦到与陌生人狭路相逢。如果我们梦到男人，那么梦境中出现打斗场景的概率增加七倍。为什么？对于男性而言，战争和拳脚相加是一生的恐惧；而对于女性，家庭暴力和性侵也是挥之不去的威胁。所以这些恐惧出现在我们的潜意识中也不足为奇。

裸考

可怕的梦境往往发生在看似没有危险的办公室或学校。为什么？学术上的成绩会影响我们一生的发展——难怪我们会担心。白天的压力往往会反映到夜晚的梦境中，所以如果我们梦到工作，可能是因为我们无时无刻不在担忧自己的前途。

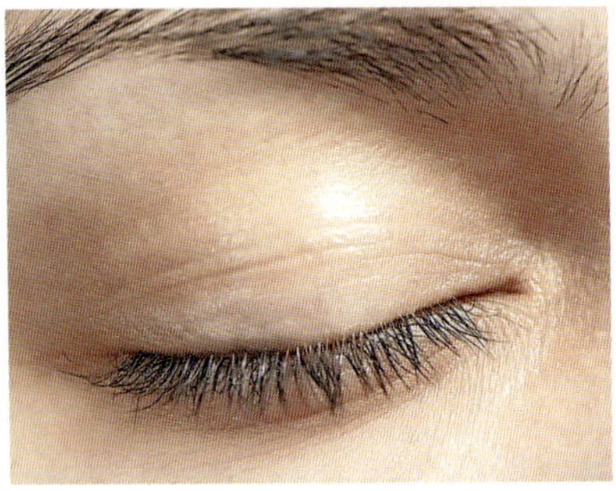

快速动眼期和梦境的联系并没有人们所想的那样明确

型”（activation synthesis model）提出，因为睡觉时我们的眼球会转动，说明睡觉时也能看东西。诡异的是，入睡时身体所有的肌肉都无法活动，唯独眼球肌肉可以。研究人员认为，出现眼球剧烈运动的睡眠阶段即为快速动眼期（rapid eye movement），这一阶段大脑试图理解这一运动，可以将其视为一种视觉绘画。

但之后研究人员发现，虽然大部分梦境出现在快速动眼期，但我们也会在非快速动眼期做梦。这一发现，加上睡眠时如果经历更多的快速动眼期会增加大脑处理视觉信息部分的连接，这二者结合进一步支持了做梦的功能是机械的，而非心理的。大量理论指出，做梦的功能并非像弗洛伊德所想，是情绪上的，而仅仅是生理上的。对于做梦最终目的的理论包括“新

梦境事实

#2 胎儿在子宫里也可能做梦。快速动眼期可能在三个月大的时候出现，所以胎儿在睁眼之前就可能先看到一些内部图像。此外，胎儿一半以上的时间都处于快速动眼期。

关于爱人的梦很常见。梦境仅仅是我们的大脑在理解世界吗？

陈代谢热量平衡”（大脑保持活跃只是为了消耗热量）、“热平衡”（身体休息时，大脑活跃是为了保持身体温度稳定）、“免疫能力”（休息能让身体保持强壮并对抗细菌）。

深层意义？

然而很多人并不满足于这些纯粹生理的梦境意义理论。哈佛医学院神经病学副教授罗伯特·斯蒂克戈尔德博士已经研究梦境数十载。他从事梦境研究之初，精神病学的职业前景远不及心脏病学或基因研究，但因为“我深深为梦境的无逻辑及其重要性所吸引”。

梦境内容从令人勃然大怒的鸡毛蒜皮到困惑不解的奇闻逸事，包罗万象。我们的大脑是想要借此告诉我们什么吗？不论梦境平淡无味还是华丽美妙，这场冒险背后是否另有意义？

花几小时剪指甲、调整表格格式或泡咖啡，听上去浪费时间。那么，既然很多人在醒着的时候多多少少会花些时间重复单调枯燥的事情，那么在大脑可以为所欲为之时，为何还要重复这些无聊之事？另外，我们美妙的梦境也同样可能令人沮丧。外星球的奇幻旅程、与外星人的欢聚时光、

梦境事实

#3 在梦里，如果一句话你看了两遍，它们往往会变。如果你看到一个四个或以上字母组成的单词，再看一次——如果单词改变了，说明你在做梦（清醒梦实践者经常利用这一技巧）。为什么呢？没人知道。

控制你的梦境

为什么有些人总是经历噩梦？如何做“清醒梦”？

梦境中的冒险可能令人兴奋，充满了未知。但对很多人来讲，脑袋沾到枕头就是创伤性的，噩梦持续不断、反复出现，让睡眠成为恐惧之源。如果你的床变成了恐惧之地，你能做些什么呢？

首先，想一想你是否有服用任何药物。褪黑素、抗疟药和抗精神疾病药物是会导致噩梦的常见药物。为什么？没人知道，但未来研究可能会解释药物如何制造恐怖视觉图像。

抗击内部的恶魔，有一种实用工具大有前途：学做“清醒梦”。意识到你在做梦，并控制梦境、为所欲为——不论是与怪物打斗、飞过云层、和外星人闲聊，还是任何你想做的事情。在清醒梦中，大脑是一个充满无限可能的游乐园。

清醒梦曾是新时代的谜题，不过神经科学家越来越认识到，清醒梦是一种有效认知状态，且有广阔的治疗前景。那些创伤后压力心理障碍症患者多受噩梦困扰。通过学习做清醒梦，他们能够控制梦境，战胜夜间恐惧。

这个小方法能够帮助你做一个清醒梦：每天每分钟问自己是否在做梦。你确定自己不是在做梦？真的吗？最终你能够找到线索，告诉你正身处想象的现实之中。之后，整个世界都是你的了。

英国心理学家基思·赫恩博士说：“每个人都有做清醒梦的能力。”自20世纪70年代起，尽管当时主流神经科学家认为清醒梦纯属胡说八道，但赫恩博士一直在研究。

控制了梦境的方向盘不仅仅能把大脑变成游乐场，更能深远影响我们的总体精神健康。赫恩博士说：“清醒时的现实也会改变。”

与不可求的邂逅来一段热烈交集……我们的大脑就是这样戏弄我们。我们在沉睡的时候却比清醒之时更加鲜活，这听上去不太公平。那么大脑为何让想象的经历比生活本身更加有趣呢？

虽然斯蒂克戈尔德博士最初被梦境意义的神秘吸引，但现在，他不相信大部分对梦境内容的分析。他认为梦境的主要目的更为实用：学习。不少其他研究表明，做梦对于我们巩固记忆、练习新技能的能力至关重要。

比如，一项2009年的研究发现，如果有人玩了电子游戏“末日”，之后做梦梦到了玩这一游戏，第二天他们在游戏中的表现会更好。其他研究要求被测试者学习破解迷宫、解决其他谜题，也得到了同样结论：如果你梦到了某件事，你就能把这件事做得更好。

斯蒂克戈尔德博士说，这正是为何我们在梦境中回放现实生活中的场景，尽管有时候回放的方式有些奇怪和令人迷惑。他说：“我们会梦到自己的生活——但不会梦到到底发生了什么。在大多数情况下，我们不会在梦境中回放自己的记忆，不过创伤后压力心理障碍症是个例外。”

那么大脑做梦的目的是什么呢？“梦境是整个系统的一部分，能够让我们基于所学来构建和测试未来可能

梦境事实

#4 有的人从来记不住自己的梦——有的人甚至从来不做梦。然而医学研究表明，这些人并没有任何异常。即使从不做梦，也能活得非常健康。

讨论梦的象征的书籍不计其数，但科学家对此抱怀疑态度

梦境与大脑

解读睡眠的不同阶段

非快速动眼期阶段一（N1）

这一阶段是清醒和睡眠的模糊边界。这一阶段睡眠最浅，肌肉抽搐，眼睛开合，很容易被叫醒。这一阶段一般持续10分钟左右。

快速动眼期阶段二（N2）

随着大脑进入更深层次的睡眠，大脑会发出奇怪的脑电波，称为“纺锤波”。每一波段持续半秒钟，这似乎和学习有关：大脑产生的纺锤波越多，记住白天获取的信息的能力就越强。精神分裂症患者的纺锤波明显较少。

非快速动眼期阶段三（N3）

这一阶段也称为“慢波睡眠”或“深度睡眠”。在这一阶段我们睡得最死：如果人们在这一阶段醒过来，会比在其他睡眠阶段醒来更加困倦。这一阶段对于巩固记忆、恢复体力最为重要，但同时也有令人不悦之处：噩梦、梦游、尿床往往出现在这一睡眠阶段。

快速动眼期（REM）

这是大部分梦境发生的睡眠阶段。全身所有肌肉都无法活动，除了眼球肌肉。在这一阶段眼球肌肉会出现诡异的扭曲，因此得名“快速动眼期”。在这一阶段，脑干所产生的脑电波桥膝枕波与癫痫时的强烈脑电波相似——突然出现。一般认为，大部分梦境就是由这种脑电波造成的，大脑正在试图从混乱脑电波中重建秩序。

一个完整的周期一般持续90分钟，然后从头循环，一般顺序为N1–N2–N3–N2–REM。有趣的是，我们会从第三阶段回到第二阶段，然后从第二阶段进入梦境模式。

出现的情况。”斯蒂克戈尔德说，“梦境的主要目的是为当前面临的问题寻找创造性答案。”

换言之，梦境好似头脑的练功房，能让我们练习、理论、实验，为我们都不知会如何的未来做准备。所以尽管梦境有时索然无味，梦见工作可能真的有所帮助，也许真的能给现实日常生活带来益处。

斯蒂克戈尔德博士表示，似乎大脑清醒时每花两个小时用于接收信息，就要花一个小时理解这些信息。这一理论似乎能够解释我们为何会梦到自己的工作、与他人的关系和其他日常生活中面临的问题，那么我们为何还会梦到奇幻、可怕、惊悚和令人困惑的事情？

有趣的是，大脑的某些部分在入睡时反而更加活跃，包括进化上最古老的脑干和边缘系统。大脑的边缘系统，又称为“爬虫类脑”，位于大脑的下方和后方：其中包括了人类与青蛙、鱼和爬行动物共有的构造。哺乳动物在进化过程中发展出的新结构，最特殊的是位于前额后方的前额叶皮质，其被认为是用于复杂思考和意识的部位。这一部分在入睡时不太活跃。

哈佛大学的另一位学者艾伦·霍布森认为，大脑原始部位在睡觉时释放的信号能够强迫前额叶皮质理解这

梦境事实

#5 奇怪的梦境可能是因为地球的磁场。一位科学家在2009年进行了一项研究，记录了他的梦境，并将梦境和地球内部的磁场进行了对比。他发现，地下的活动越多，梦境中奇幻因素也越多。

每晚我们都会经历睡眠周期

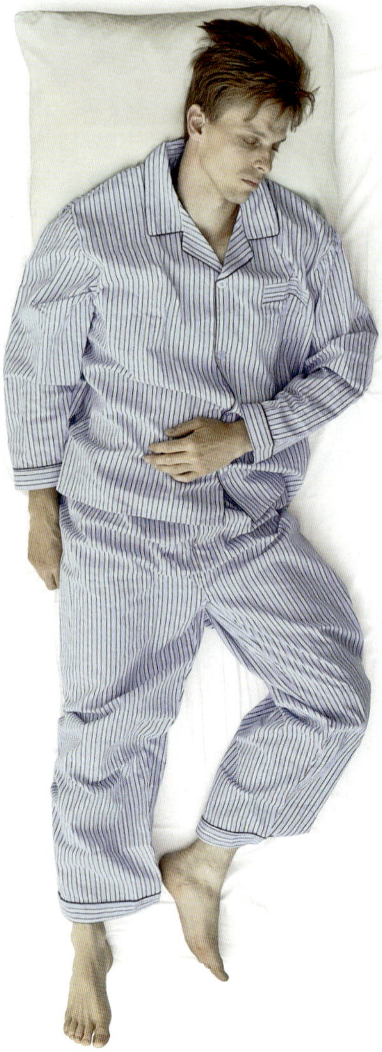

一信息输入，导致了奇怪的解读和图像。基于这一点，他提出，做梦并非意识的另一种状态，而是一种持续认知状态。从某种意义上而言，我们一直在做梦；只是在正常意识清醒时，做梦这一平行状态随着前额叶皮质的活跃而被抑制。部分科学家称，这能部分解释白日梦这样的状况，我们对大脑方向盘失去了控制，让自己的思绪飘散。

大部分梦境发生的快速动眼期只存在于鸟类和哺乳动物之中，这点让科学家困惑：动物会做梦吗？大部分宠物主人都看到过宠物狗在睡觉时依然会叫，甚至扭动身体，因此就自然地推测动物也会在梦中追逐自己的尾巴、和想象中的朋友嗅来嗅去。尽管20世纪60年代的部分对猫的实验表明，猫在睡觉时也会有动作；也有其他实验显示，海豚和鲸鱼可能会做梦，但总体而言，关于动物做梦的证据仍然不足。

但人类确实做梦。这就引出了一个重要问题：做梦是否是适应性的？做梦是否帮助人类作为一个物种存活下来？有确凿证据表明，做梦对于记忆巩固和学习十分重要。那么我们这一奇幻视觉现象还有没有其他意义？

处理机制

美国波士顿大学（Boston University）医学院神经学家派特里克·麦克纳马拉博士认为，梦境之所

部分科学家认为梦境仅仅是为了在身体休息时保持大脑活跃

以重要，不仅仅是因为其对记忆的处理，更因其对情绪的处理。睡觉时处于生理上不受威胁的环境，我们有时却会表现出恐惧和创伤性经历。他表示：“梦境对于我们的精神健康和福祉而言都至关重要。”他还表示，做梦能够协助我们处理创伤性经历，而噩梦对于白天情绪的调节颇有裨益。

尽管麦克纳马拉博士认为情绪是梦境的重要方面，但他表示，我们依然对于梦境这一夜间活动的真正意义几乎一无所知。他表示：“对于梦境到底是否有意义，科学界依然没有共识。在这一领域，虽然我们有大量研究数据，却缺乏理论。”不过，得益于互联网的发展，这一领域的研究前景依然良好。

世界各地都有人开始在网络上记录自己的梦境，有些网站有超过20万条梦境记录。尽管这种收集方式不符合传统的科学实验，但其作为数据的有效性与核磁共振扫描报告不相上下——毕竟，实验室和网上的大众都能轻易说谎。

“这些网站是信息的金矿——我们从未获得如此庞大的数据组。”麦克纳马拉博士表示，“这能够带来一场研究革命。”

左伊·科米尔
（Zoe Cormier）
科学作家
左伊毕业于加拿大多伦多大学（University of Toronto），有一个动物学学士学位。她是英国科学组织“游击科学”（Guerilla Science）交流部门主管。

我们为什么会恐惧

根据定义，恐惧症是非理性的，那么我们为什么会有恐惧症？如何治愈恐惧症？

只要一张无害的照片就足以激起某些蜘蛛恐惧症患者的恐惧反应。

对飞行的恐惧称为飞行恐惧症

以前老鼠往往会携带疾病，今天依然有很多人怕老鼠

如果你正拿着这本书，你大概没有蜘蛛恐惧症。有可能很多读者看到前面两页上的图片，就会发出一声惨厉的尖叫，把手中的书扔出去，甚至有可能把书烧掉。这个反应看起来有点极端，毕竟只是一幅照片。不过，确实很多人对蜘蛛有深深的恐惧，尤其是当它们突然出现的时候。

这不足以为耻。每个人都会有害怕的东西。事实上，很多人都在不同程度上害怕很多东西，虽然这有点违背直觉，但恐惧其实是一件好事。自然世界充满了艰难险恶，人类社会每

了解自己的恐惧反应

当我们遇到能触发恐惧的事物时，身体会有多种反应方式。

唤醒

交感神经系统和肾上腺会让我们的神经和血液系统充满危险信号，激发“战斗或逃跑”反应，做好准备随时应对危险。

分心

我们的大脑会开始准备应对临近的威胁。这就意味着解决一些小问题变得困难，带来威胁的刺激物会分散我们的注意力。

心跳加速

我们的心率和血压会上升。这是为了更快地为肌肉提供更多能量和资源，能够帮助我们应对可能出现的威胁。

瞳孔放大

我们的瞳孔会放大，接收更多光线，让我们能更好地看清周围的环境——并且希望找到可能到来的威胁，或者及时找到逃离的路线。

天又会出其不意地制造出复杂恐怖的事物，所以人们应该感到恐惧。并非只有死亡威胁才会让人恐惧；看似平淡的东西，从失业到吃不熟悉的食物，往往都会触发害怕情绪。不过恐惧分为有逻辑和无逻辑两种。我们的例子都是有逻辑的：失业会导致贫困和损失，而奇怪或陌生的食物有可能含有身体无法接受的成分，所以可能产生损伤性生理反应。这些都是可以避免的。

如果你害怕的东西不会造成任何伤害或威胁呢？这就是所谓的恐惧症。患有恐惧症的人不计其数，且表现形式各异。那么什么是恐惧症？恐惧症从何而来？如何克服恐惧症？

非理性恐惧

首先要明确的一点是，从定义上看，恐惧症毫无逻辑，所以想要以“理”说动恐惧症患者一般不会奏效。确实，诊断恐惧症的其中一条标准是患者知道自己的恐惧毫无逻辑、很不理性，但依然感到害怕。人类大脑非常复杂，很多看似无害的东西会以各种方式产生危险或恐惧——无论是基于个人的经历、错误信息还是神经元之间的异常连接。

恐惧这件事可能没什么逻辑，但其生理反应是实实在在的。恐惧会触发生理反应，大多数都和所谓的“战斗或逃跑”反应有关。肾上腺分泌肾上腺素，通过血液循环传输，交感神经系统则开始向身体其他部分传输信号，危险即将临近，从而导致身体出现多种改变。无论恐惧是否理性，这一反应过程都是一样的，也正因如此，恐惧症影响会如此强大。

明确恐惧症是一回事，但要理解其背后成因又是另一回事。正如很多

五种奇怪的恐惧症

这些恐惧症看似奇怪，但其背后另有原因。

小丑恐惧症

很多人怕小丑。随着进化，人类对他人的脸高度敏感，因此小丑脸上夸张、诡异的妆容可能让有些人感到不安。

呕吐恐惧症

严格意义上来讲，呕吐是大脑对于显然很危险的有毒物质的直接反应。有些人的大脑可能对这一威胁过于敏感，因此会把害怕呕吐作为一种代理机制。

人偶恐惧症

人偶一般具有人形，但会有一些夸大或缩小的特征。就像小丑一样，有的人对于明显失真的人形过于敏感。

树木恐惧症

在故事情节里，森林往往是危险、可怕的地方。这可能是因为人类从大草原这样的开阔地带进化而来，在那样的空旷地带，封闭空间罕见且危险。

黑色星期五恐惧症

通常认为，13号相遇星期五会发生不好的事情，所以有些人会对那一天产生恐惧也不足为奇了。

其他事情一样，这里有一个先天和后天的问题。我们是否天生就会感到强烈的恐惧，抑或我们是在学习和发展过程中才习得“恐惧”，或者恐惧是某些创伤性事件或其他不快经历的后果?

观察和学习

研究表示，人类和其他灵长类动物随着进化开始害怕某些东西。对黑猩猩的研究显示，一头猩猩如果看到其他猩猩对蛇表现出恐惧反应，这头猩猩也会有类似反应。但是，如果猩猩经过训练，害怕更加无害的事物，例如花，其他在一旁观察的猩猩几乎不会产生同样的恐惧反应。情景相同，唯一不同的是引起恐惧的事物。那么为什么猩猩会更加害怕蛇呢？很有可能灵长类动物在进化过程中逐渐发展出对蛇的恐惧，毕竟蛇会威胁灵长类动物的生存。蜘蛛同理。

大脑中有一个专门处理恐惧反应的区域。这一部分叫作杏仁核，它体积很小，位于颞叶，主要处理记忆中的情感部分，尤其是恐惧。如果生物体的杏仁核受损或者缺失，即使他们一直受到同一来源的伤害，也不会感受到恐惧、危险或不悦。其他两个叫作岛叶和基底核的部分也有类似功能，其负责处理恶心反应，帮助我们避免有毒物质。

但这并非事实全貌。这一进化反应的形成需要几百万年时间。很显然，人们的恐惧来自更加直接快速的方式。人类同所有其他动物一样，学习恐惧。一个著名实验是“小阿尔伯特”，实验中，阿尔伯特是一个小婴儿，第一次看到小白鼠。同时，实验人员用力敲击金属管，发出可怕的响声，吓到了可怜的宝宝——这一恐惧就和小白鼠联系了起来。从此以后，小阿尔伯特就有了严重的白鼠恐惧症和其他毛茸茸白色物体的恐惧症——这种现象叫作“刺激泛化”。严格意义上来说，这和经典条件反射是同样的过程，巴甫洛夫正是用这种方法训练他的狗听

解密！

逐渐克服自己的恐惧

将某人暴露在恐惧症来源之中，这样他们就会知道并不会发生糟糕的事情。然而，他们还是会经历生理恐惧反应——从大脑角度来说，这是一种负面感受。但是逐渐暴露能够回避这种恐惧反应。所以在蜘蛛恐惧症的案例中，渐进过程大概是：看到一张蜘蛛图片—看到一只真的小蜘蛛—拿一只塑料蜘蛛—看见一个大蜘蛛—拿一只小蜘蛛，以此类推。这一过程称为系统脱敏法。

恐惧症的三种临床分类

恐惧症可以分为三大类，每一类都会让人感到虚弱。

特定恐惧症

这类恐惧症由特定事物引起，比如蜘蛛、老鼠、刀和血。

社交恐惧症

这类恐惧症是指可能引起他人负面反应的恐惧症，例如公共演讲或派对对话。在大多数案例中，年龄较小时就会出现这种情况。

广场恐惧症

这种恐惧症出现在难以逃跑或难以获得帮助的情况下。一般发生在患者自己房子以外的地方，所以他们会尽量避免外出——这也就导致了一个普遍错误的观念，即广场恐惧症是害怕一些公开的地方。

到铃声时就流口水的。

很多人会质疑，科学家怎么能对一个无辜婴儿做这样的事情呢。事实上，这位科学家是 20 世纪行为学家约翰·沃特森，小阿尔伯特是他的儿子。当然，在沃特森无法控制这种条件反射（或者把情况变得更糟）之前，阿尔伯特的母亲就让他停止了实验。

家庭亦有关系

所幸很少有人会被自己的父母作为心理实验的试验对象，尽管如此，父母依然很有可能是多种恐惧症的诱因。就像我们对于恐惧的基因是逐渐

对从高空摔落的恐惧看似合理，但若仅是恐高似乎没那么理性。患者依然会经历生理上的恐惧反应

进化而来的，如果父母有恐惧症，那么他们的孩子也极有可能有同样的恐惧。

人类拥有一项惊人的能力，就是无须直接经历，只要通过观察就能够学习。儿童对此尤其擅长，所以如果我们的父亲或者母亲——也就是我们早年知识发展的基础——在看到黄蜂或者小丑时尖叫，我们也很有可能害怕这些东西。

人类所知所学的很大部分都来自于他人。他人是持续不断的潜在信息来源，我们也会时不时根据周围人对我们的评价校准自己的行为。正因如此，恐惧基本都来自于对他人反应的恐惧。

那么如何克服恐惧症？最明确的解决办法就是避开那些成因，这在大部分情况下都容易实现，但如果成因是日常事务，就会显得有些刻意。不过只有在极端的恐惧症例子中，患者才会需要服药。针对大部分恐惧症，咨询和治疗是最常见的手段。

恐惧症是多种毫不相关过程的结果，从进化到经典条件反射、观察、创伤、神经机能症再到社会心理学等。但要记住的重要一点是，恐惧症患者并不是真的有病。他们都是完全正常的人，只是有一种并非所有人都有或者都能感受到的特殊体质。不过总而言之，恐惧症是生活的一部分，并不需要为此感到害怕。

迪恩·伯内特博士
（Dr. Dean Burnett）
神经科学家、科学作家
迪恩·伯内特博士在英国卡迪夫大学（Cardiff University）授课，专长精神病学。他的博客“摇头晃脑”（Brain Flapping）上的文章载于《卫报》。

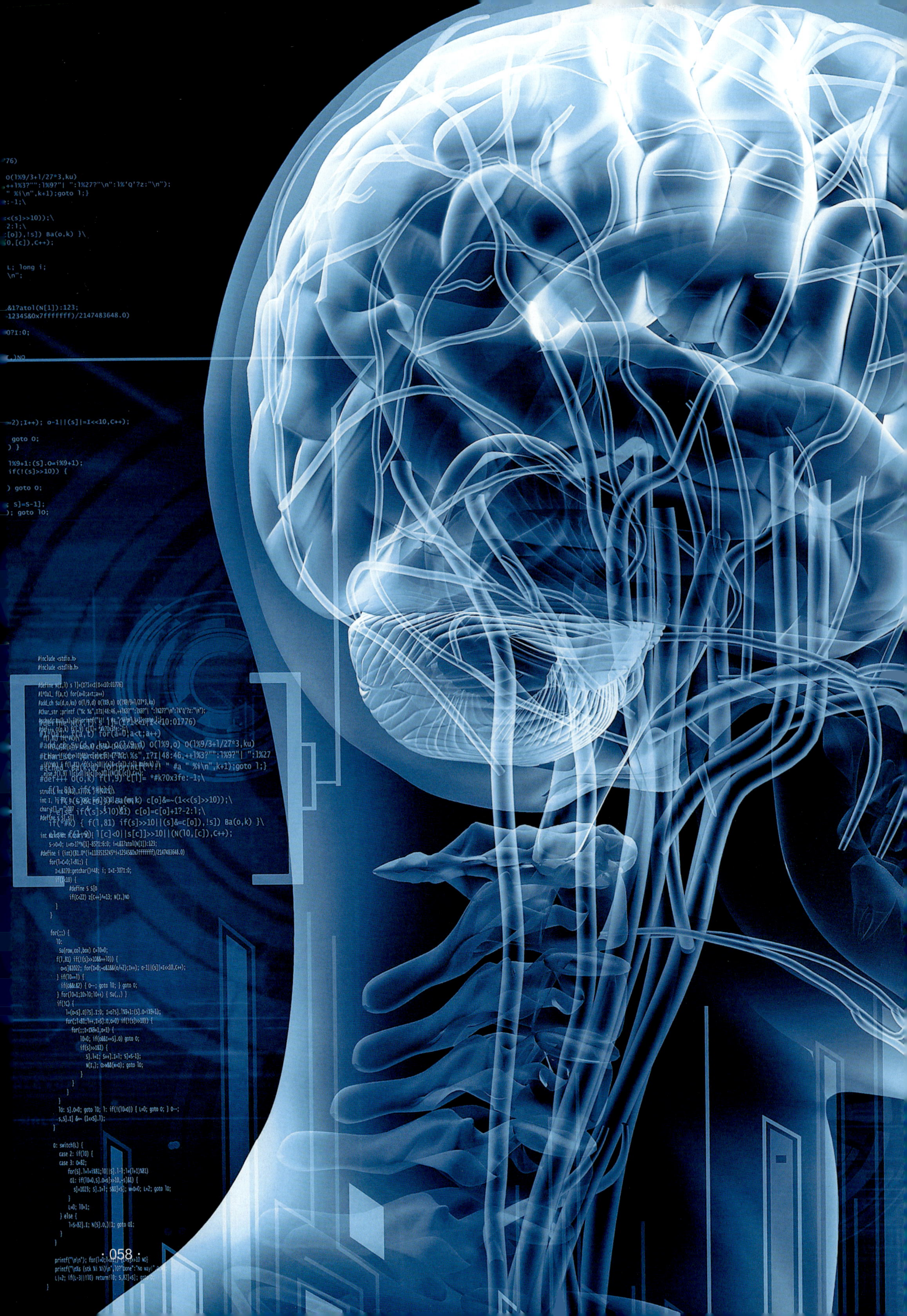

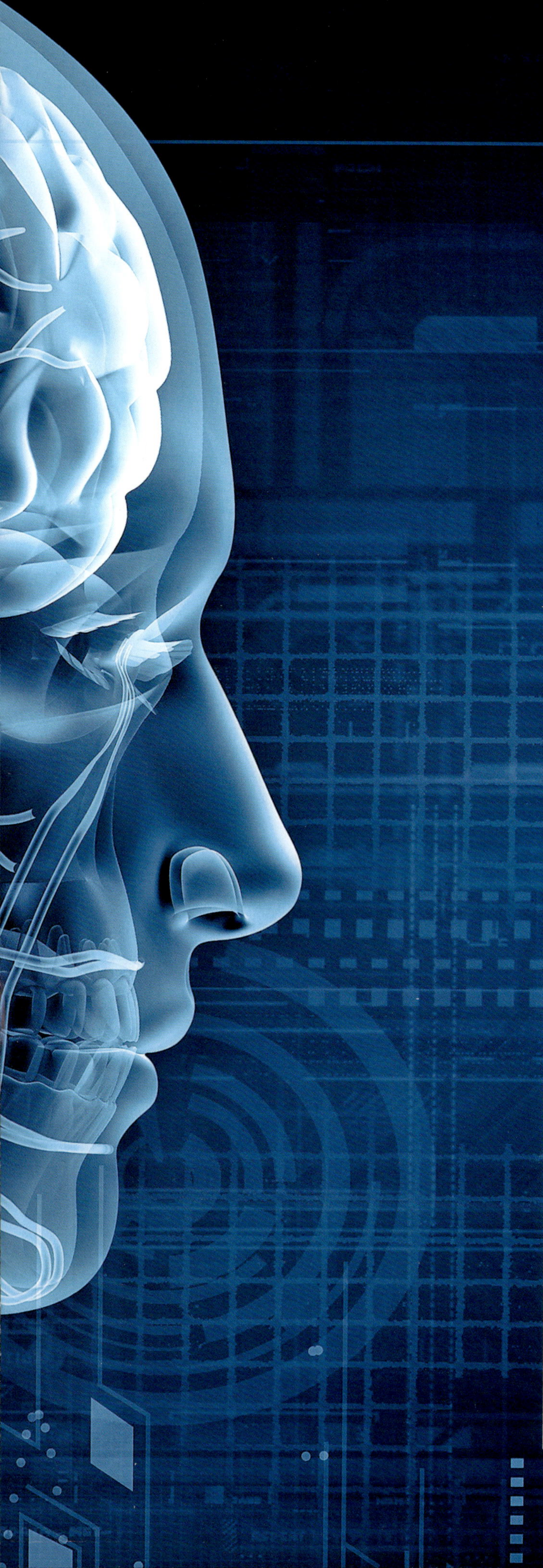

天才之谜

真正智力超群之人的大脑是否也有过人之处？他们为何如此聪明？基因分析和爱因斯坦的大脑告诉了我们一些答案。

爱因斯坦去世后，他的大脑引起了科学界的好奇。1955 年，这位著名物理学家离世后的几个月内，病理学家托马斯·哈维将爱因斯坦的大脑切成 240 块。其后多年中，哈维将组织样本和照片交给了一小部分科学家，逐渐拼凑起这个天才大脑的蛛丝马迹。

人类总是痴迷智慧，且有理有据。高智商往往意味着体面的工作、更高的收入和更好的健康水平，甚至还意味着出现事故和早逝的风险较低。

1904 年，英国心理学家查尔斯·斯皮尔曼发现，不同学科里拿高分的基本上是同一群人——数学成绩好的往往英语也很好。他认为，存在一些共同因素，或者说“普适智力因素”，能够解释人们智力水平的差距。

时至今日，这一理论依然颇有争议，但基本站得

大辩论：先天还是后天

天才是基因造就还是环境促成？

罗伯特·普洛明博士

伦敦国王学院

“我认为，极高的智商同智障一样都是可遗传的，个人之间（智商差异在人口中）呈正常分布。我认为我们所说的人与人之间的差异，有一半都来自于基因遗传。”

迪安·福尔克教授

佛罗里达州立大学

“爱因斯坦天生聪颖，基因优良。但同时，他的家庭也对其注重培养，允许爱因斯坦追求自己的兴趣。我也不认为一代人中能有几个人的基因和爱因斯坦一样天赋异禀，但后天的经历也很重要，包括成长环境这样的因素。”

你觉得呢？

智商是否主要来自遗传？告诉我们你的想法。

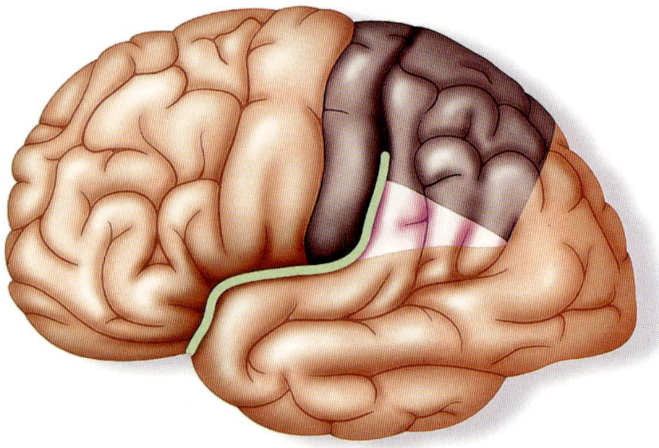

爱因斯坦大脑图示，其中缺少大脑侧裂——一般大脑中都会有这条脑沟

病理学家托马斯·哈维手持爱因斯坦大脑部分切块

住脚——有证据显示，在部分人身上，不同的技能，包括思维速度、语言、数字和空间能力都很强。如果我们能知道“普适智力因素”是什么，我们就能明白天才为何比一般人聪明，也许还能借此激励一下自己和我们的后代。

天才基因

智商和大部分涉及大脑的东西一样，也很复杂。一直以来脑容量都被认为会影响智商，不过也有附加条件，容量越大未必越好。爱因斯坦大脑切片的第一项发现就是，他的大脑比多数人小。一般大脑重 1400 克，爱因斯坦的大脑轻了 200 克。

我们确切知道的是基因能够影响智商。据估计，50%~70% 的智商都遗传自父母。对领养儿童的研究显示，尽管儿童智商可能改变，但最终更接近其生父母而非养父母。

不过，研究高智商基因的科学家不如研究低智商的多，比如很多人研究智障，这有可能是因为其症状更容易分辨，同时从社会意义上而言，也更加紧迫。

伦敦国王学院的罗伯特·普洛明则接下了这一挑战。在美国的爱荷华州，一个夏令营聚集了学术上颇有天赋的孩子，平均智商超过 160（和爱因斯坦、霍金的水平相当）——这真

天才事实

#01 智商，全称智力商数，是衡量智力的常见指标。主要方法是与同龄人的认知能力进行对比，例如，同样是10岁儿童，该儿童的表现是优于、差于还是等同于其他10岁儿童？

多种因素，例如生日和饮食都会影响儿童智商

是研究天才基因的绝佳时机。

为了对比 50 名年龄相仿、背景各异的孩子的基因，普洛明的团队扫描了 1800 个遗传标记。不过只有极少数较为突出。基本上所有遗传标记的影响都微乎其微——6 个最明显的遗传标记对智商的影响，加起来不超过 1%。

和身高体重一样，智商的可遗传性也是个谜。我们知道，智商的遗传性很高，也就是说能够代代相传，但很难明确影响遗传性的基因。

“我们大概能解释 5%~10% 的遗传性，大部分的原因不得而知。”普洛明说，“具体哪个基因参与遗传，目前尚不明确，大部分人认为原因是其影响太小了，所以需要大量样本，也就是要很多很多测试，来检测这些基因。”

对于普洛明而言，影响智商的基因可能成百上千，因此有了他以下这个项目。普洛明的团队从“天才数学少年研究”项目（Study of Mathematically Precocious Youth）中选出了美国 2000 名高智商的人。这一项研究自 1972 年开始便在进行，一直在招募数学天才。普洛明说：“我们研究了从 1972 年开始收集的成千上万人的信息，又从这个样本中挑出了几千个高智商的人，几年前拿到了他们的基因信息。”

天才事实

#02 天才的智商下限一直颇有争议。一般认为，至少要在140以上；也有人认为要在160以上。加入门萨俱乐部英国分支的要求是在无文化因素智商测试（Culture Fair IQ test）中得分132以上。

普洛明团队的想法是：智商和身高体重一样，有一个正常的分布形态。把总人口的智商分布以图表显示，应该会得到一个正态分布，大部分人在中间，位于两端低智和高智的人较少。通过研究两端的极端情况，我们也许能对哪些基因正面或负面影响智商略知一二。

“我们并不是在寻找天才基因，不过高智商基因之于我们的研究是富集样本。”普洛明说。他们已与北京华大基因研究中心合作，对样本进行排序，希望能找到一些特殊的基因，不过普洛明希望能有切实成果。

他说：“我的猜想是，成为高智商，就需要尽可能多的积极的基因，尽可能少的消极基因。”基因变异如果不产生负面影响的话，最好的结果应该是没有影响。高智商人群可能没有“天才”变异，只是平均而言消极基因变异较少，比如没有那些可能造成智障的变异。

“高智商人群与我们的差别不在于质量，而在于数量。”普洛明说，“基因是一样的，只是高智人群拥有几乎所有‘积极的基因变异’，基本没有消极基因变异。”

其他科学家则认为，从基因入手是背道而驰。根据大部分的教育研究，在智商问题上社会因素影响巨大。尽管基因有高度遗传性，这毫无疑问，但仅靠遗传是不够的——真正关键的是你如何运用以及在何种情景下运用。正如《天才的基因》（*The Genius in All of Us*）的作者大卫·申克所说，我们都是基因点唱机。我们的基因并非天生设定了曲调，而是在我们出生之后才开始录制。

让我们回到爱因斯坦的例子。关

天才事实

#03 据说，记载的智商最高的人是美国人威廉·詹姆斯·西季斯（1898-1944），一名拥有极高数学和语言天赋的神童，据称他的智商可以达到250～300。然而，所有测试记录均已丢失。

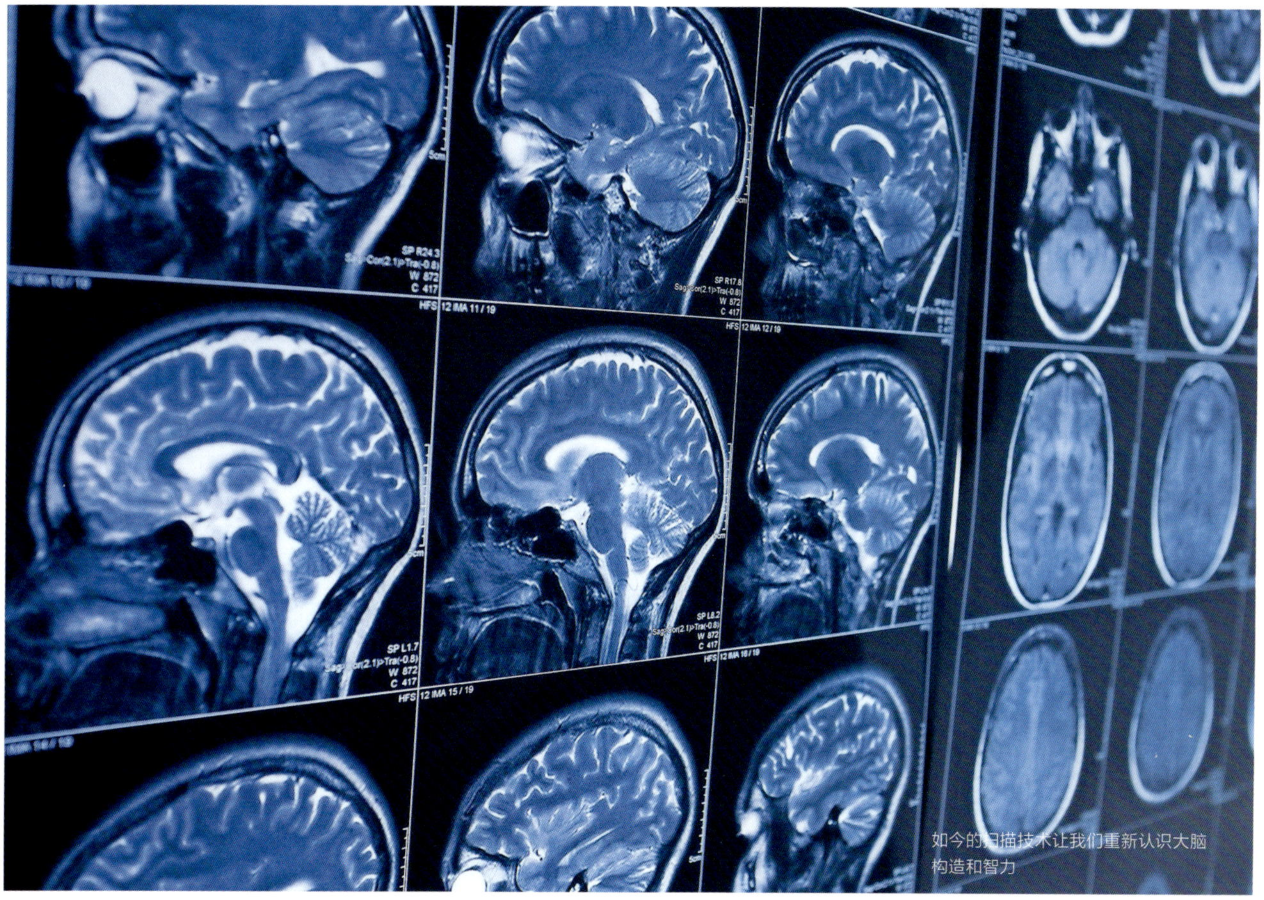

如今的扫描技术让我们重新认识大脑构造和智力

于爱因斯塔大脑的一个发现来自佛罗里达州进化人类学家迪安·福尔克教授和她的同事 2013 年的研究。福尔克认为，爱因斯坦之所以为天才，是他“对世界有着天然好奇心”和鼓励他好奇心的家庭共同促成的。“爱因斯坦的家庭培养了他的好奇心，而且是以一种‘放养’的方式，允许他追求自己的兴趣。他一度退学——因为他觉得无聊，父母亦听之任之。他的叔叔和父亲都对技术很感兴趣，所以爱因斯坦也就接触了很多机械方面的东西。他的母亲则监督他接受音乐训练。所以，爱因斯坦成长的环境有利于他的基因根据智力追求自我编程。”

福尔克在检查托马斯·哈维未曾公开的照片时发现，爱因斯坦大脑的构造，尤其是大脑皮质（外层有褶皱的部分）出乎意料地复杂，使得这一区域的大脑表面积远大于常人。

“大脑前额叶皮质对于思考未来、进行想象、制订计划至关重要。”福尔克说，“只要看爱因斯坦大脑皮质就可以知道——他确实与众不同。”这些特征可能也促进了爱因斯坦著名的思想实验，例如追逐光束、在自由

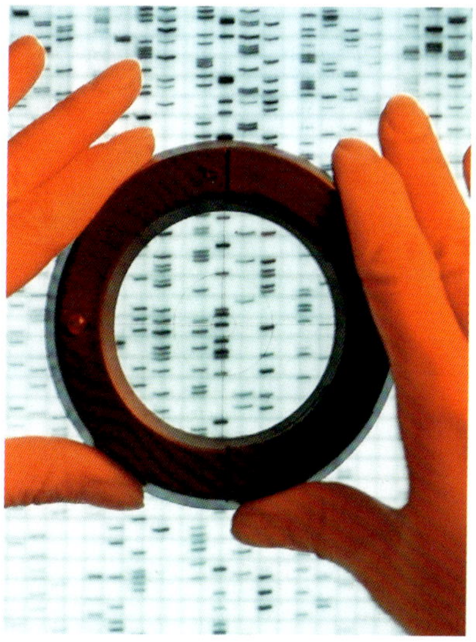

一般而言，天才是因为消极基因变异较少，而非积极基因较多

天才事实

#04 爱因斯坦称，他用图像进行思考，而非文字。他的广义相对论（theory of general relativity）可以想象成一个保龄球放在蹦床上造成蹦床弯曲，旁边的弹子则会沿着曲面滚动靠近保龄球。重物就会以这样的方式扭曲时空，把轻物引向自身。

弗朗西斯·高尔顿是第一个尝试测试智商的人，这位英国统计学家 1882 年开设了第一个智商测试中心。

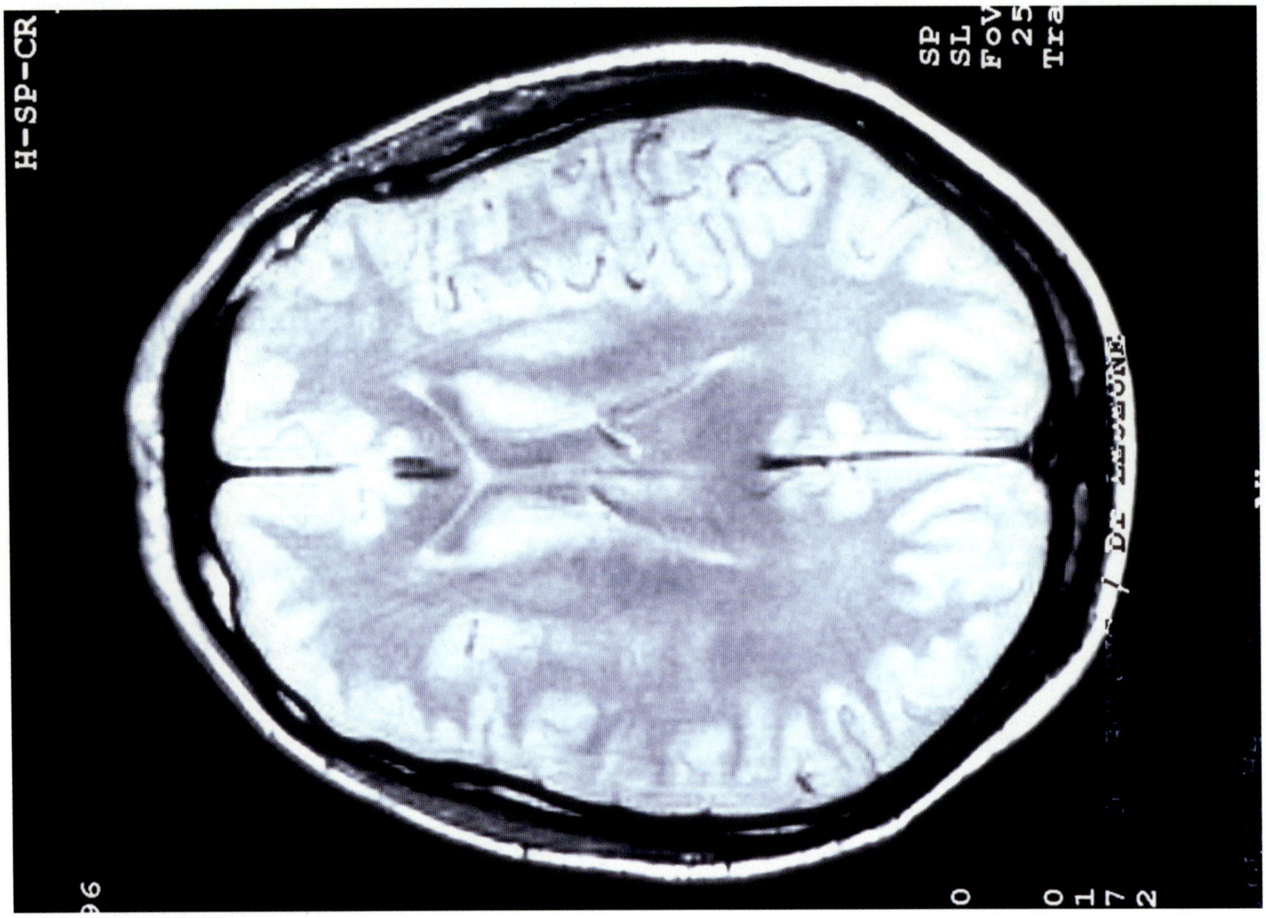

落体中乘坐电梯、坐在车里以火箭速度经过钟塔，这些实验也推动了爱因斯坦对于空间、时间和重力关系的思考。

当然，正如福尔克所言：“要做到这一点，当然首先装备要好。爱因斯坦天生聪明，基因优良。保持好奇心是关键，要对自然出现的问题刨根问底。”

“虽然我们并不是在寻找天才基因，不过高智商基因之于我们的研究是富集样本。”

雷民吉
(Mun-Keat Looi)
科学作家和编辑
雷民吉是惠康基金会（Wellcome Trust）的资深编辑以及《科学中重大问题》的作者之一。

天才事实

#05 每年，美国麦克阿瑟基金会（MacArthur Foundation）都会给20～40位个人颁发“天才奖”。匿名评审委员会会从各个领域挑选出任何“在持续进行创造性工作方面显示出非凡能力和前途”的人。

智力位于大脑何处?

大脑中控制智商的区域

爱因斯坦的大脑构造让我们一窥人脑和智慧，同时也有研究人员正在对更多人的大脑进行探索。

其中一项研究分析了越南战争中200位老兵的大脑，他们的大脑因为经受了头部创伤都在某些区域有所损害。美国神经学家对这些老兵的大脑进行了脑断层扫描，并对他们进行了一系列认知测试。之后研究人员对比了脑部特定区域受伤的老兵和大脑该区域没有受伤的人的认知能力，他们找到了大脑中控制认知能力的部分区域与智力有关。

“我们发现，一般智力取决于神经系统很明确的部分。”领导这项研究的伊利诺伊大学副教授阿龙·巴比解释道，“大脑的几个区域及其之间的联系对于一般智力而言最为重要。”

这些区域基本上都位于前额叶皮质——也就是额头下面的位置、颞叶——位于耳后以及顶叶——头顶的位置。同样对智力很重要的还有白质——连接这些不同区域的长长的管线。

巴比对老兵的研究还发现，前额叶皮质和顶叶还会影响情商——评估和控制自己和他人情绪的能力。因此，大脑中情商和智商紧密相连。

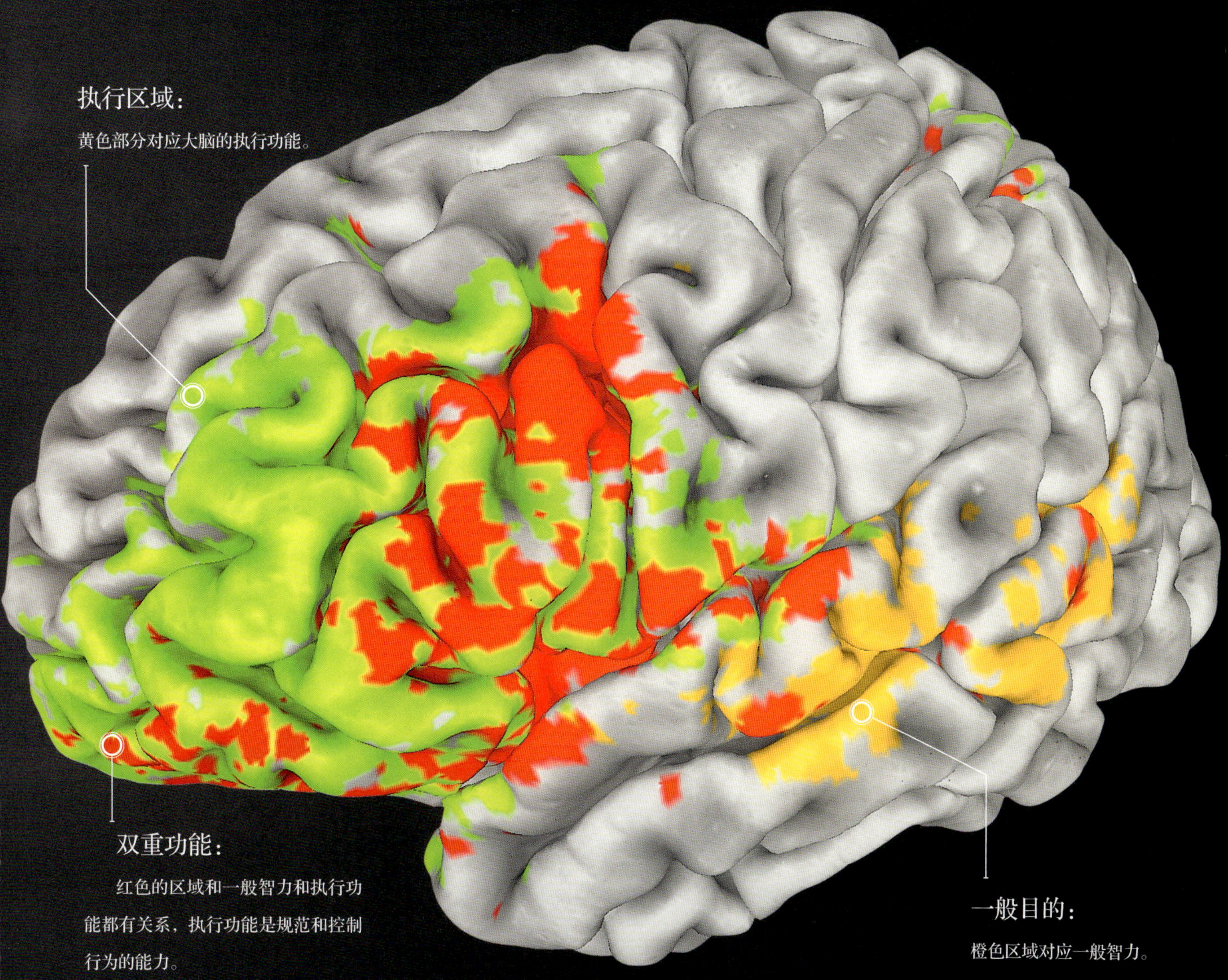

设计天才婴儿

应该挑选出高智商胚胎吗？

随着基因编辑技术的不断发展，有朝一日，科学家能够改变胚胎的“遗传性状”。不过目前，我们能做的依然有限，只能够排查某些病症，例如唐氏综合征。

问题是，对胚胎进行测试以挑选出高智商胚胎并非易事。影响智力的基因有上千个，因此选出最佳基因组合着实困难。牛津神经伦理学中心朱利安·索夫莱斯库教授表示：“胚胎数量越多，那么就更容易在影响有限的情况下选出最重要的基因组合。”

但是这就意味着需要上千个胚胎样本——这一点在伦理道德上尚有争议，且在具体操作中，数量确实有限，人工体外受精（IVF）一个周期最多能培养 20 个。然而，索夫莱斯库教授认为，我们有“道德义务”确保我们的后代在健康安全的情况下，通过科学手段，拥有尽可能多的天赋。

这对于整体人口能产生广泛影响。美国的一项调查显示，整体人口的智商增加 3 个点，贫困人口能减少 25%、福利救济接受人数减少 18%、监狱中男性数量减少 25%，为美国经济总量带来 1.5% 的增长。

索夫莱斯库进行的研究显示，高智商的发明数量（按专利数量计）是普通智商发明的四倍。“这能够进一步论证天才有利于社会整体民生，当然也能改善个人福祉。”他表示，“所以，挑选拥有高智商基因的胚胎或者增强胚胎智商水平都有理有据。”

如何把自己变为天才

或者至少增加自己的智商？

饮食会影响智力水平，尤其是在儿童阶段。第二次世界大战期间的研究表明，营养不良对智力有明显影响。2010 年在英国布里斯托进行的一项研究表明，健康的面食、沙拉和水果能够小幅提升智商，而不健康的饮食则有相反效果。其他研究也表明，用维生素和矿物质补充饮食能够提高测试分数。

音乐也能积极影响智力水平。20 世纪 80 年代的研究表明，给孕妇播放莫扎特的音乐能够让孩子在出生后口齿更加清晰。对年轻人的脑部扫描显示，7 岁之前学过乐器的儿童大脑中与语言技能和执行能力相关的区域更加发达。另有其他研究表明，那些早年学习过音乐的人中，连接大脑左右半球的白质部分神经更为发达。

对于能够增强智力的大脑训练游戏，相关证据较为混杂。英国广播公司（BBC）的《理论大爆炸》（Bang Goes the Theory）节目集结了一群来自英国剑桥大学的研究人员，对 11000 名成年人进行了 6 周以上的追踪，研究他们进行一系列网络测试的情况。研究人员总结道，尽管其中有微小效果，但这是因为他们对于游戏的熟悉程度上升，而非“流体智力”长期性增长。但也有证据表明，此类游戏有可能提高短时记忆。

最后，出生日期也可能产生一定影响。9 月份（英国开学的月份）的儿童在测试中表现最好。一项对 24 万名挪威人的研究表明，平均来看，一个家庭中年龄最大的儿童智商较高。不过，关键不在于最早出生，而是成长过程中在家里作为年龄最大的孩子——即使是那些痛失年长的哥哥或者姐姐的儿童，智商也较高。

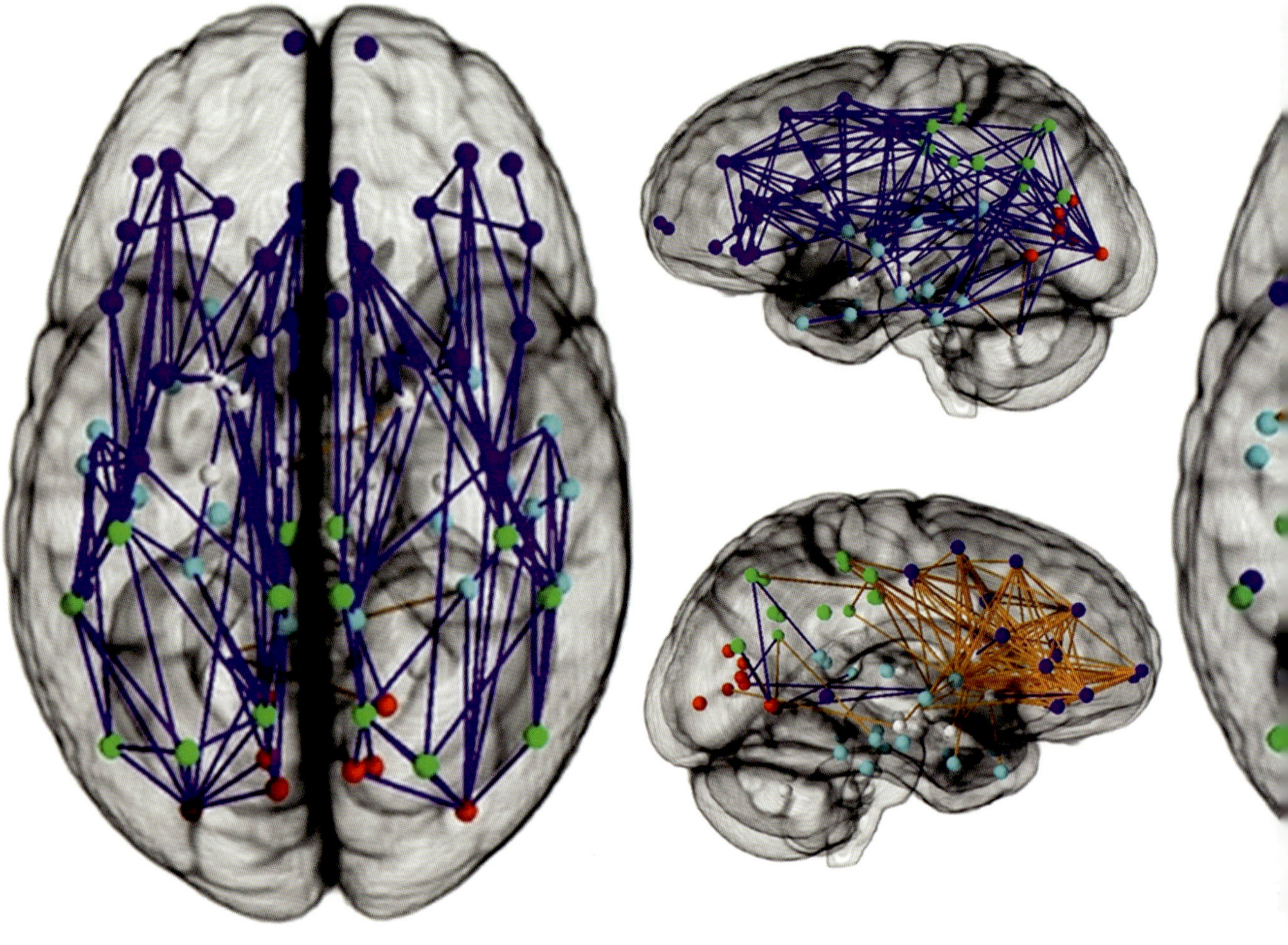

大脑事实档案

1.女性大脑内的白质多于男性。

2.男性大脑脑容量更大。那么，大脑连接构造的不同是否是因为脑容量而非性别？

3.如果连接左右半球的胼胝体(corpus callosum)遭到破坏，会损伤视觉、推理和语言能力之间的连接。

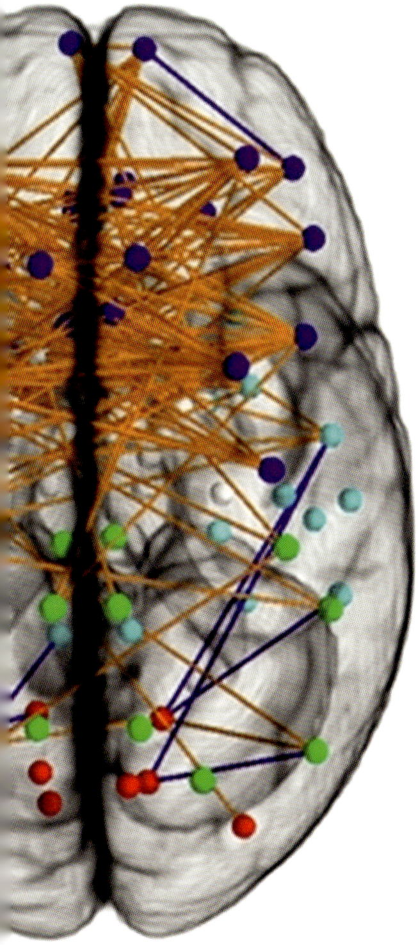

上左：男性大脑左右半球之内连接更多
上右：女性大脑左右半球之间连接更多

男女大脑大不同

但是这些差异是天生的，还是随着身体与大脑的成熟发展而来的？

美国宾夕法尼亚大学（University of Pennsylvania）和费城儿童医院（Children's Hospital of Philadelphia）发表的一项研究成果表示，男性和女性大脑的连接构造不同。他们在媒体采访中说道，这些差异是固定的，也能够解释两性之间典型行为差异，这一点招致异见。英国牛津大学（University of Oxford）神经科学家多萝西·毕晓普教授解释道，这项研究确实指出了一些微小差异。她说："研究表明，男性和女性大脑连接的不同，非常有意思。"大脑扫描显示，女性大脑左右半球之间的连接稍多，而男性大脑左右半球之内连接稍多。不过这一结果仅代表平均水平，在有些男性大脑内，大脑左右半球之间的连接可能多于女性。

那么，这些差异是否是固定的呢？"对于很多人而言，所谓固定就是天生的。"毕晓普说。不过，研究参与者当中，最年轻的为 8 岁，所以无法确定男性和女性大脑是否天生就存在这些差异。

为了真正理解两性差异，我们需要了解我们作为男孩或女孩的成长经历如何影响我们的大脑。如果女孩从小被告知应该喜欢芭比娃娃，这会影响她们大脑的发育吗？然而，正如大家所知，要让婴儿或牙牙学语的小朋友乖乖参与大脑扫描绝非易事。

尽管有人认为，这一结果可能解释所谓的"女性直觉"，以及为何男性在识别地图方面更有优势，但这一研究依然没有将大脑连接构造和人的行为直接联系。研究参与者确实进行了行为测试，测试结果展现出两性之间的细微差别，但目前没有证据表明，这些微小差异来自大脑连接构造的不同。说大脑连接构造导致了两性差异，就好像是说："我家没有果酱了；我某天看到你在吃果酱；所以你吃了我的果酱。"这个结论很有诱惑力，但未必正确。

海利·伯奇
（Hayley Birch）
自由科学作家
海利是《科学中重大问题》一书的共同作者。她曾策划制作过一张科学歌曲的专辑，获得"理查德·格雷戈里科学交流奖"。

JAMAICA
POWELL
JAMAICA
London 2012
BOLT
USA
London 2012
GATLIN

尤赛恩·博尔特在2012年伦敦奥运会100米决赛获得的金牌至少有部分归功于他的基因构成

运动才能的秘密

修士般的生活方式、教科书式的饮食和大量训练也许仍不足以让你称霸运动场。可能最终一切都归结于基因……

2012 年伦敦奥运会最经久不衰的画面之一，就是尤赛恩·博尔特以 9.63 秒的成绩再夺“百米飞人”称号，燃爆整个田径场。观众都对他佩服得五体投地，分析人员则开始争论，为什么这个牙买加人可以跑得如此之快。有人认为，那是因为博尔特四肢修长：身高一米九五的博尔特在短跑运动员中算是高大的，也就是说他跑到终点所需的步伐就少了。有人认为那是因为博尔特在百米全程都能够维持 817 牛顿的水平力。而基因学家则认为，博尔特的力量来自于他的基因。他们认为，博尔特同其他优秀百米选手一样，其速度源于他对训练的反应。

反应或不反应

21 世纪初，美国的克劳德·布沙尔博士进行了一项研究，他选出了 742 名久坐不动的人，进行为期 20 周的训练。这些人并非正在提高运动成绩的奥运会运动员，他们只是普通人，运动水平起点较低。按照逻辑，随着训练的推进，这些人的体能水平会大幅提高。但 20 周过去了，事实却不是这样。布沙尔博士发现，部分参与者的静止心率、肌肉的氧气使用效率提升了 40%，而 15% 的参与者的身体对训练毫无反应。由此产生了“反应者”和“非反应者”这

五种关键体育基因

研究人员和科学家已经发现，很多基因对于体育赛事中的表现有重大影响，不论是耐力持久能够让你完美适合马拉松，还是你生来就适合力量型、冲刺型赛事。这里有五种和顶尖体育成绩相关的基因……

1

BDKRB2

全名

缓激肽受体 B2

关联性

血压控制、肌肉收缩的效率以及细胞水化

基因组合

TT：由于肌肉随时可以使用能量，且细胞水化充分，因此对于耐力训练反应良好。

TC：TT 的一种温和形式，因此耐力潜力稍小。

CC：对耐力训练反应不佳，因此训练时注意补水。

2

ACE

全名

血管紧张素转换酶

关联性

控制血压和液体 / 钠在血液中的平衡

基因组合

II：该基因携带者有较高的最大摄氧量，这意味着他们能在马拉松这样的耐力型体育赛事中表现突出。

ID：中等耐力和力量基础。

DD：重力训练能带来较好的肌肉生长，因此在力量型赛事，例如短跑中潜力较大。

两个术语。这表明从基因上而言，有些人对训练的反应比其他人更加灵敏。

其中一位对于训练反应灵敏的著名运动员是 1992 年奥运会场地自行车赛金牌得主克里斯 · 博德曼。肯 · 马西森曾是博德曼的教练。博德曼后来三次参加环法自行车赛，目前拥有自己的自行车品牌。“当我还是博德曼教练的时候，就发现他有一种天赋，但不知道该叫作什么。”肯 · 马西森表示，“当时我们正在测试大家的表现，克里斯的测试数据十分惊人。然而，不同寻常的是，他可以休息很长一段时间，回来之后进行少量训练后，测试数据依然可以达到惊人水平。这是我第一次遇到一位超级反应者。”

用外行的话来说，博德曼是一个基因“怪物”，其运动能力的基础要优于绝大部分同龄人。教练们常用的一个比喻是自行车阶梯。如果一段阶梯有 100 级，那么那些最优秀的自行车手，比如克里斯 · 弗鲁姆和布拉德利 · 威金斯爵士，他们的水平就达到了第 100 级。不论从生理还是心理上看，他们都颇有天赋。基因天赋意味着他们的起点在阶梯的第 50 级。他们的可训练程度很高。而很多其他人也参加同样的训练项目，但因为他们没有基因天赋，所以只能从阶梯的第 0 级开始。如果他们还是慢反应者的

马西森说：“归根到底，在体育方面，你能有多少成就，90%取决于你的基因。”

3 GDF5

全名

生长分化因子 5

关联性

中枢神经系统以及骨骼、关节和软组织愈合

基因组合

CC：没有重大受伤风险。

CT：受伤风险略微上升，可能出现跟腱断裂和骨关节炎；建议进行预防受伤的项目。

TT：运动员有很大可能会出现跟腱断裂和骨关节炎。推荐进行预防受伤的训练计划加上针对结缔组织的营养计划。

4 TNF

全名

肿瘤坏死基因

关联性

控制免疫细胞；也同炎症有关

基因组合

GG：训练后炎症水平降低，因而恢复更快。GA：训练后有轻微炎症，建议增加训练之间的休息时间。AA：训练后炎症风险较大，建议延长休息时间，加上对抗炎症的营养补充，例如鲑鱼或牛油果中的欧米伽 -3。

5 PPARA

全名

过氧化物酶体增殖物活化受体

关联性

控制脂肪和碳水化合物新陈代谢。在耐力训练中，该基因能为骨骼肌肉增添动力。

基因组合

GG：与耐力训练有关。训练时脂肪酸燃烧水平更高。

GC：与耐力和力量型训练有关。

CC：PPARA 表现不明显，因此与力量型赛事更相关。

话，这就意味着无论他们再怎么努力，最终只能达到阶梯的第 25 级。

分析一下如何成为一名顶尖自行车手，就能知道马西森何出此言。“最大摄氧量”（VO_2 max）是身体利用氧的最高值；从历史上看，也是预测耐力运动员潜力的最精准方式。最大摄氧量越高，身体能为运动中的肌肉输送的氧气也越多，这就意味着你能以更快的速度训练更长时间。如果最大摄氧量较低，你的身体为了给肌肉供氧十分挣扎，这就意味着训练速度更慢、效果不佳。最大摄氧量可以通过常规训练提高。然而，基因给最大摄氧量设定了上限，因此，不管你训练如何刻苦，你的上限从出生起就已经设定。

对于未经训练的普通人而言，健康男性的最大摄氧量是 35~40 毫升 / 千克 / 分钟。换言之，每分钟他们每一千克身体都可以使用 35~40 毫升氧气。顶尖的跑步运动员和自行车手的最大摄氧量可以达到 85 毫升 / 千克 / 分钟，但也有些人天赋异禀，最大摄氧量可达 90 以上。20 世纪 80 年代三次斩获环法自行车赛金牌的美国选手格雷格 · 莱蒙德便是其中之一。他训练刻苦，饮食合理，但同时他在阶梯上的起点也高于其他自行车手。他的最大摄氧量可以达到惊人的 92.5 毫升 / 千克 / 分钟。

ACE 基因

人类基因组计划（Human Genome Project）估计，人类共有 2 万 ~2.5 万个基因，所以说莱蒙德、

过誉的基因

伦敦大学学院人类健康与体能研究所（UCL Institute for Human Health and Performance）休·蒙哥马利教授表示，成功的关键并非全在基因。

“人类所有的特征都是基因和‘环境’综合决定的。后者包括饮食、疾病、训练、情感鼓励和很多其他因素。一般认为，基因对于体育表现有两大好处：明确天赋、指导训练和/或饮食。在我看来，目前并没有任何证据能支持后者，而且很多公司在兜售基因相关的服务时，基本上都是在自吹自擂。

“至于明确天赋这一点，确实对于特定的体育项目，我们更加了解哪种基因组合能够影响运动员的某种能力。但是产生影响的基因和基因组合太多了，所以真的要通过基因选择在任何体育赛事中挑选出顶尖运动员，我们还有很长的路要走。总体而言，筛选基因的影响（例如自行车赛事中的最大摄氧量）要优于筛选基因本身。总之，‘基因测试’完全被过誉了。”

以自己的基因优势指导训练能够将运动表现最大化

博尔特和伊恩·索普——这位五次获得奥运会金牌的澳大利亚人划水如此有力的部分原因是他长 43 厘米、形为鳍状的脚，这些人的基因为他们的辉煌成就奠定了基石。2003 年，人类基因组计划完成，科学家确认了几千个基因的具体作用，体育界也对研究成果颇为关注。

“ACE 基因是收获体育新闻关注最多的一个基因。”体育营养学家和运动生理学家伊恩·克雷格说，“ACE 基因的全称是血管紧张素转换酶基因，与血压控制、力量和耐力有关。”

ACE 基因首次引起关注是在十多年前。ACE 基因同所有的基因一样，有三种可能的等位基因组合。你的基因构成遗传自父母，对于 ACE 基因，可能的基因组合形式为 II、ID 或 DD。研究人员表示，其中“I”等位基因是在耐力运动，尤其是三项全能运动中表现突出的运动员体内最常见的。“D”等位基因往往与力量和爆发力有关，因此在顶尖游泳运动员身上分布普遍。

ACE 基因只是克雷格和他在 DNA Fit 的同事测试的众多基因中的一个。DNA Fit 会根据个人的基因构成为你制订饮食和训练计划。“客户需要用一大块棉絮擦拭脸颊内部 20 秒。”克雷格说，“这块棉絮需要寄给实验室，用于基因提取。之后我们可以测试 20 种与不同运动表现相关的基因的表达，例如受伤风险、恢复速度、力量和耐力。”

实验室测试的基因举例可见第 72 页的“五种关键体育基因”。当然还有其他基因，重点在于通过明确自己的基因潜力，将自己的优势发挥到极致。

彼得·皮尔迪斯现年 35 岁，骑自行车已经有 28 年了。他完成了多

项耐力自行车赛事，但这只是他的爱好——他的工作是销售液压装置。以前他每周训练10~16小时，专注于长距离慢骑。“基因测试后，训练模式改变了。”皮尔迪斯说，“测试结果显示，我在力量型体育运动中能够表现得更加突出，因此训练强度应该是中等至高等。在力量方面潜力较大同时意味着我的耐力还有提升空间。测试还显示，我的跟腱天生容易受伤。”

DNA Fit的教练改变了彼得的训练计划，让他更专注于高强度骑行，每三周强化训练之后进行一周的测试。“这一计划改变之后，我的耐力和力量显著提高。”

道德伦理的马蜂窝

DNA Fit也为环法自行车赛的队伍进行过测试，但他们不对16岁以下的人测试。很多类似组织对此规定并不严格，因此也在伦理方面遭到诸多诟病。

想象一下。9岁的罗恩·特里是一名出色的足球运动员。他每天训练，周末时为当地球队丘吉尔联效力。罗恩的队友很崇拜他，他也很喜欢和队友们一起踢球，但罗恩的父亲则有一个宏大的计划。他希望不惜成本把罗恩培养成专业运动员；他希望罗恩能完成他未竟的梦想。所以，父亲带着罗恩去做了基因测试，根据测试结果，罗恩在耐力运用方面，例如马拉松比赛中才能将自己的潜力发挥极致。父亲并不理睬罗恩的反对，罗恩还没反应过来，足球训练箱就被换成了跑鞋，然后他每周需要独自一人训练7天。

“儿童对外界无法操控，所以他们会被强迫参加基因测试吗？”斯蒂芬·罗思是美国马里兰大学（University of Maryland）的副教授和硕士生导师，他的研究领域包括基因学。他说：“虽然不是很明确，

塔姆辛·刘易斯说，努力加上结构性的训练和基因同样重要

专业三项全能选手塔姆辛·刘易斯博士的问答时间

塔姆辛在基因对于体育影响方面有独特立场

运动表现多大程度上可以归功于基因?

如果天才不用功的话，后天努力可以打败天赋。话虽如此，成为顶尖运动员当然有基因成分在里面。力量型和耐力型项目会要求一定的肌肉构成。

精神状态方面也有很大影响，尤其是赛事的距离不断增加。精神上的韧性一部分来自遗传，还有部分来自早年经历。

最大化自己的基因是否为时过晚?

有些人直到很晚才意识到他们有超强基因构成，所以之前一直没有参加体育赛事。但他们仍然有天生的优势，包括较高的最大摄氧量、较低的体质指数，但有些基因需要一些“刺激”才会表现出来。

身体还在发育时就参加体育运动——尤其是身体的激素水平较高时——可以对肌肉生长产生重大影响。所以，如果青年时期你喝着酒荒废过去，那么不管你是否有优良的体育基因，之后要再进行体育运动都会有一定劣势。

你是否知道自己有基因优势?

很早的时候我就擅长耐力型运动，但不擅长曲棍球这样技巧性较强的运动。2007年我开始参加全能三项的训练，并开始测量自己的最大摄氧量。当时大约是68，但我其实并没有接受很多训练。对于我的身高和体重而言，我的力量非常突出，但最明显的是，佳得乐体育与运动研究院（Gatorade Sports Institute）的科学家测量了我在单车上的效率，数值非常高，说明我每踩一次踏板，消耗的力量远少于其他人。

归根到底，良好的基因加上合理的训练、营养和休息才是体育赛事中成功的秘方。

“基因兴奋剂”的案例

安迪·米亚教授认为体育赛事中的基因兴奋剂不应被法外开恩。

基因兴奋剂——世界反运动禁药机构将其定义为‘出于非治疗性目的使用细胞、基因或遗传物质，或改变基因表达，以提高运动员的表现’，对此不论是支持方还是反对方都有强大的伦理依据。

不过，在基因兴奋剂被接受之前，不论是公众意见还是科学实践都需要进行重大转变。首先，我们不能再认为对于健康人体的实验一定是不符合伦理规范的。我们对此尤为担忧，主要是出于历史原因，以及更宽泛的担忧，即健康个人可能为了经济利益而牺牲自己的生物完整性。我们还担心本就已经稀缺的医学卫生资源会被用于恢复或治疗之外的目的。

但是，世界在改变。目前，我们的担忧在减少。我们也理解到，预防可以比治疗更加有效，沿着这条道路继续发展，就是在期待更加强健的人类。如果你真的想要躲过高龄对健康带来的负面影响，那么我们就要更早地开始塑造自己的生物遗传。正因如此，那些反对对健康人体进行实验的声音就此消散。

健康和疾病的边界，就像我们对生活质量的定义一样，非常模糊。比如眼部激光手术。这到底是一种治疗还是强化？如果你接受了这种手术，可能视力会更好。很多治疗形式随着其优化，正在让我们优于平均，让我们成为某种意义上的超人。我们如何使用生物技术和其他科学的文化在转变，这也正是为什么反禁药行业会在适时妥协。如果在这个越来越有毒的世界里，每个人的生物系统都能够更加抗病，就没有人会关心运动员是否在使用抗鼻塞药了。

我打赌，在未来的100年内，普通人也能跑得像今天的博尔特那么快。如果我对于科学和技术的猜测没错，也许我还能活到看见自己赌赢的那天。我还想加一点，我觉得我们需要一个支持运动禁药的机构来和世界反运动禁药机构抗衡。我们需要一个组织来积极推动对安全增强运动表现的研究。

安迪·米亚
（Andy Miah）
生物伦理学家
安迪是西苏格兰大学（University of the West of Scotland）伦理学和新兴科技专业的教授。

但美国有些公司就在针对家长进行广告宣传。我知道的就有五六家。大多数都以一种微妙的方式向家长营销。我这个年纪的人为什么还要去参加测试呢？我已经知道自己肯定不会成为一名顶尖运动员！”

专业运动员也被推入了基因测试的道德泥淖。几年前，NBA 篮球运动员埃迪·柯里被他的球队芝加哥公牛队所迫，去参加基因测试。因为球队担心柯里的心脏病家族病史，所以对于续签合同一直犹豫不决。柯里拒绝参加测试，最终因为争论无果而离开球队。

“所以你可以看到测试的两面性。”罗思说，“公牛队投了一大笔钱，且在考虑再追加投资，所以他们当然想知道这个球员是不是会猝死在球场上。但问题是，如果测试结果不是仅告知个人的话，那球员的市场就会大打折扣。”

基因对体育运动表现的影响还有待进一步研究，但毫无疑问，随着时间流逝，这一定会成为一个大热门。很有可能到了 2048 年奥运会，100 米冠军得主可能从出生那天起就开始接受这项赛事的训练——就是因为基因测试显示他继承了博尔特的力量和不易受伤的特质。

当然，这个领域还有很多未知之处，例如 DNA Fit 这样的知名机构也承认现在存在的局限——比如，如何从基因角度衡量一个人的动力？但无论是竞技体育还是娱乐体育领域，都金钱涌动，所以基因学的影响势必会日益扩大，永久改变体育界的发展。

詹姆斯·威茨
（James Witts）
科学作家
詹姆斯是常驻布里斯托的自由作家，专长体育科学，他在英国伍斯特大学（University College Worcester）获得科学学学士学位。

悬浮的奥秘

为何磁场和声波能让我们抵抗重力——至少抵抗一小会儿?

图片：麦克·贝尔

当我们在电视上看到大卫·布莱恩或者悬浮大师飘在空中的时候，我们知道这一切都只是魔术，但科学家已经做到了其他形式的悬浮。其中之一就是德国物理学家瓦尔特·迈斯纳，他于 1933 年发现了迈斯纳效应，即小型金属物体能够悬浮在超导体产生的磁场中。东京大学的研究人员利用聚焦超声波让铁钉、小水滴和水珠悬浮并以完美形态运动。声波悬浮以前就实现了，但是以前并不能让物体在三维空间里这样运动。汽车生产商麦克拉伦表示，他希望能将这一技术用于雨刮器挡雨。

如果超导体的温度低于临界点——例如使用液态降温，超导体就会开始排斥磁场，产生迈斯纳效应。

在过去的300多年中，有记载的人体自燃现象有200多起

人体自燃之谜

人体真的会突然没由来地燃烧吗？我们来探索一下人体自燃背后的神秘和科学。

那是1951年7月2日佛罗里达州圣彼得堡的一个清晨。67岁寡妇玛丽·里泽的邻居看到她家冒出浓烟。等邻居冲进玛丽家中一探究竟时，发现玛丽正坐在她的椅子上，已经被烧得面目全非。椅子周围烧出了一个黑色的圈，只剩下玛丽的脚和脊背骨。尽管玛丽的身体被烧毁，但家中剩余部分完好无损。那么玛丽是纵火案的受害者，还是被更为神秘的力量吞噬？

人体自燃（SHC）指的是没有外部火源的情况下，人体的燃烧现象。这一现象过于神秘，针对多起自燃案例，也有无数理论争锋。有人认为，肠道内累积过多甲烷，在转换成甲醇过程中可能产生火花。但是这一理论，同很多其他自燃理论一样，都没能拿出确凿证据。因此很多人认为，极有可能是有人纵火。

但是，官方报告中依然将人体自燃作为一种死因。2011年，76岁的麦克·法赫蒂被发现烧死于戈尔韦（GALWAY）的家中，当地验尸官夏兰·麦克洛克林未能解释死因。他在官方验尸报告中写道：“我只能把死因归为人体自燃。”

目前有关自燃的证据少之又少，科学界对自燃成因的辩论十分激烈。1961年，英国验尸官加文·瑟斯顿提出了“烛心效应”是自燃的成因。他认为，衣服相当于外部的烛心，体内的脂肪酸渗透到衣物上后，衣服会持续燃烧。

这一理论看似合理，直到剑桥大学教授布莱恩·J.福德于2011年用猪肚子上的组织做了一个实验。“我们把猪腹部组织在乙醇中浸泡了一周。”他在采访中说，“即使将制成衣物的棉纱用酒精浸泡，衣物也不会燃烧。通常我们体内组织中并没有乙醇，但人体内确实有一种浓度能够增加的可燃烧物质——丙酮。”人体的代谢过程往往会排出这一化合物，福德教授认为，浓度增加可能会成为人体自燃的助推器。

多姆·雷塞-林肯

神秘的心灵感应

无须言语便能沟通，听起来非常诱人，但几乎没有证据能够证明其可实践性。至少，目前没有高科技的帮助是做不到的……

现代西方世界，每个人可能都听过心灵感应的概念——指不借助任何感官或物理途径，将信息传递给另一个人的现象或能力。换言之，你能够读懂别人的想法，以及/或者别人能够读懂你的想法。不过也许你会惊讶，心灵感应的概念19世纪才出现。

大概在那个时候，人们对大脑的兴趣日益增加，通过意念交流这一概念也逐渐发展起来，在小说作家中尤为流行。你会发现很多书籍、漫画、电台节目、电视剧和电影中，心灵感应都是情节的一部分。但是真的有人能做到这一点吗？

很有可能你自己或者你认识的人中就有关于心灵感应的故事。常见的例子是你正在想一位很久没有联络的熟人，此时电话铃响起，正是那位熟人来电问候。或者你不知为何就知道别人在想什么，或者你感觉你认识的人中有人出

人脑对于积极结果的记忆更加清晰，所以我们总是回想起有人打过电话，但是总是忘记自己犯错的时候。

心电感应的益处

如果每个人因为心电感应而互相连接，这个世界会是怎样？我们来看一看心电感应能够带来绝佳益处的五个领域……

1

体育

团体运动将从此被改变：每个运动员都知道其他运动员在哪里、他们接下来打算如何跑动。也许因为某个运动员已经想好要跑到哪个具体位置，你就有可能把球传到精准的地方。

2

法律

伪证将不复存在，法律体系会更加快捷、公平。律师这个昂贵的职业也可能不被需要：如果你能窥视别人的大脑，立即知道他们到底有没有犯下被指控的罪行，法律体系的存在还有何意义呢？

了事故，需要紧急救援。有的人坚信他们能和动物交流，能够和动物坐在房间里或者看着动物的照片就理解它们所遭受的痛苦，或者有时候只要知道这个动物的存在就能理解相关问题。

关于心灵感应的流言四起，大量书籍出版，讲述了政府机构如何对心灵感应进行研究，以及将心灵感应和其他心灵现象作为终极秘密武器，对抗任何真实存在或想象中的敌人。

那么，这一切有证据吗？为何会有人四处测试这种能力呢？

其中一个著名的测试便是利用卡尔·齐讷在20世纪30年代发明的齐讷卡片。这一组卡片共25张，五种易于区分的图案，每张上面一种图案。“发送者”集中注意力，随机选一张卡片，“接收者”要说出选中的是哪张卡片。之后不断重复这一流程，直到一组卡片用完。最初，卡片测试得到了一些有趣的结果，但这种测试太容易作弊了。之后安全系统升级，防止作弊，猜中图案的高精确率不再出现，而是基本符合偶然概率。

当然，还有很多其他研究，例如鲁珀特·谢尔德雷克博士进行的研究试图探明一个人是否真的能在拿起电话前便知道是谁来电。谢尔德雷克博士表示研究表明很有可能，但他的实验被很多质疑者批为缺乏科学严谨性。质疑者指出，实验对象只有四个人，

齐讷卡片

3

育儿

如果在新生儿脑部植入能产生心灵感应的装置，那么父母终于能知道到底为何宝宝哭个不停。稍稍看一下他们的大脑，就立马能知道婴儿是在长牙，是饿了，是要换尿布了还是要抱一抱。

4

面试

因为每个人不得不实话实说，所以面试将被简化。作为求职者，你立马知道面试官是真的被你打动还是只是装装样子，而面试官也能知道他们是不是在跟一个用花言巧语美化了自己简历的人浪费时间。

5

政治

如果政客不能再谎话连篇、黑白颠倒，听起来是不是大快人心？只要扫描一下他们的大脑，就能知道他们是否在说谎，他们是会利用自己的职位真正帮助选民，还是只是希望自己赚个盆满钵满？

且这些人知道即将来电的号码范围。

然而，当科学实验的研究对象是心灵感应这样的主题时，就会出现上述问题。对于大部分实验而言，将研究对象与外部刺激隔离完全可行，但若实验有关人类大脑，那样做就相当于把人放在一个非自然的环境中，从而影响了实验结果。另一个极端——仅仅要观察一个人在日常生活中的行为——也是不可能的，因为太多变量都可能影响实验结果。

为何仍有人坚信？

合理测试心电感应几乎不可能，这也可能是在暗示这种能力根本不存在，或者太过罕见以至于无法进行实验，而且如果有人能掌握心电感应，这样的人一定聪明到可以骗过我们所有人。如果后者属实，那么这种心电感应能力不是会构成巨大的进化优势吗？这样，这种技能不就会得到众人追捧，最终导致心电感应能力和看到色彩的能力一样，为大多数人所拥有吗？然而我们没有心电感应的能力，这一事实就证明了我们确实无法心电感应。

佩斯大学的神经学教授特伦斯·海因斯在《伪科学与超自然》（*Pseudo-science and the Paranormal*）一书中写道：“我们要意识到，在超心理学过去100年的研究里，从未有足够证据证明任何超自然现象。”尽管诸多证据表明心灵感应并不存在，各种奇闻逸事依然让人们选择相信，世上存在着我们无法理解之事。这也许能够解释为什么在美国，相信超感官知觉的人比相信进化论的人更多！

甚至有些顶尖科学家表示，根据量子力学，心灵感应现象完全可能存在。然而事实是，量子现象几乎可以（而且也经常）被用来解释任何事情，但神经心理学家唐纳德·赫布曾说过：

揭穿诺斯特拉达姆士

现代对于诺斯特拉达姆士“预言”的解读仅仅是猜测。

心灵感应并非人类认为自己拥有的唯一超知觉能力。另一种是占卜——预测未来的能力。最著名的预言家大概要属米歇尔·德·诺斯特拉达姆（1503–1566），也被叫作诺斯特拉达姆士。

他最闻名于世的著作《百诗集》（*The Prophecies*）中共有近1000首四行诗，主要以法语写成。但问题是，这些预言没有日期，句法晦涩，还混杂不同语言来遮掩其含义。有人认为，诺斯特拉达姆士预言了伦敦大火、拿破仑和希特勒的崛起以及“9·11”事件（尽管他呈给国王亨利二世的信中写道他的预言关于欧洲、北非和小亚细亚），但这种论断都是基于进一步诠释和翻译——或者蓄意歪曲，以将特定预言与真实事件挂钩。

事实上，在任何真实事件发生之前，或一系列事件导致不可避免的后果之前，诺斯特拉达姆士的任何一个预言都不曾被破解。你愿意怎么想，就怎么想吧。

“如果心灵心理学被证明是正确的，那么物理、生物和神经科学在很多基础方面就大错特错了。”

赫布补充道，现在我们之所以还无须急着将现有知识都抛至窗外，是因为“这些超正常现象还不足以被纳入主流科学研究的范畴”。

人造感应

但是，如果我们的大脑单独无法实现心灵感应，这并不意味着以大脑的发达程度，无法人工制造出这种能力。这正是美国杜克大学（Duke University）的神经科学家米格尔·尼科莱利斯目前研究的课题。他以电子的方式把两只老鼠的大脑连接起来。在老鼠大脑的运动皮质内植入电极，之后把它们放在相同的迷宫里，但不能看或听到对方。同时，老鼠已经接受过训练，看到光闪烁就拉动杠杆喝下饮料。其中一只老鼠看到了光，但另一只并没有。这种人工的连接会不会让第二只没有看到光的老鼠感受到同伴的行为，然后拉下正确的杠杆呢？根据实验结果，有 85% 的概率第二只老鼠会拉下正确杠杆——这一概率远高于偶然概率。

这都是较早时期的实验，但仔细想来，尼科莱利斯所用的技术依然存在于一般的手机里。所以无论我们在世界哪个角落，我们都是互相联系的，都允许接受对方的信号；现在我们要做的就是抛掉手机，用自己直接与外界连接。在上文的老鼠实验里，两只老鼠位于不同的地理空间，但它们脑内植入的电极依然能够通过“网络”互相沟通。

如果人类作为一个物种，真的以这种方式相连，那尼科莱利斯的研究对我们意味着什么呢？我们会变成《星际迷航》里半有机半机械的、可怕的博格人吗？抑或，这会引领我们走入一个前所未有的启蒙时代？这难以想象。尽管如今是社交媒体爆炸的时代，但我们依然享有一定程度的隐私，可

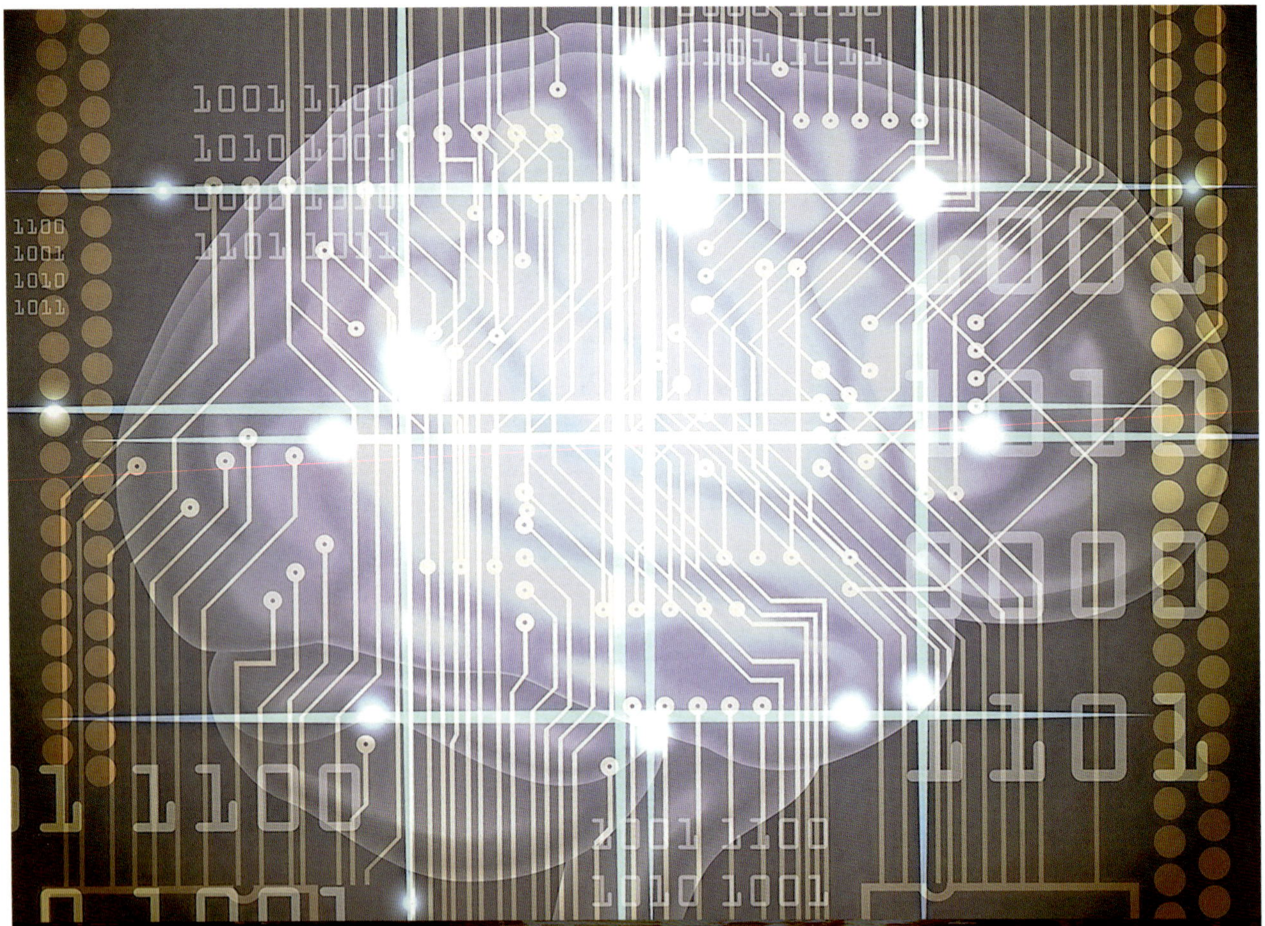

给了一台计算机一个大脑的男人

贾科莫·因迪韦里教授构建了一个人脑，并把大脑放入“神经形态芯片”。

人类作为一个物种，已经取得了极大进步，从最初羊皮纸上的涂写，到现在瞬时“无线”沟通。苏黎世大学神经信息研究所的贾科莫·因迪韦里教授正在采取一种稍有不同、但非常有意思的方法。他并不是要在大脑和机器之间设计一个界面，而是重现大脑如何在CPU中运作。

因迪韦里教授的团队创造了一种叫作“神经形态芯片”的东西，能够实时模仿大脑处理信息的过程。教授解释道，目标是“直接在芯片上效仿生物神经元和突触的特性”。他设计中的网络连接模式“与哺乳动物的大脑结构高度相似”。

因迪韦里和他的团队称，他们已经创造了一个与人类大脑容量、速度和能耗相似的系统。这一系统有潜力让机器更加智能、独立，能够独立完成任务，并且在不需要人类输入更新程序的情况下适应周围环境。借助这些芯片，因迪韦里和他的团队构建了一个系统，能够完成需要短时记忆、决策力和独立分析能力的任务。

不难想象，如果计算机能像人脑一样运作，那么把二者连接起来将更加容易，这带来的无限可能让人又喜又惧。

解密！

双胞胎之间的联系

一直有人提出，同卵双胞胎之间可能有类似心电感应的联系。其中一个例子是我的朋友。小学时的一天，他突然感到腿部剧烈疼痛，无法行走。结果发现，就在同一时刻，在他不知情的状况下，他的哥哥腿部骨折了两处，我的朋友腿部感受到的剧烈疼痛部位，正是哥哥腿部骨折的地方。虽然我的朋友从生理上来讲并无大恙，但两人都被送往了医院。我们目前对大脑运作的理解还不足以解释此类事件。

心电感应与其他动物

是否有任何一个物种能够通过心电感应沟通？

据我们所知，没有任何一个物种能够通过心电感应沟通。即使动物能够心电感应，它们也不愿将其同我们分享！

我们知道，在动物王国，沟通方式非常多样。鲸鱼通过歌声沟通，海豚利用声呐，蜜蜂跳舞，但它们都要以某种物理形式传递信息。我们甚至教授一些动物学习手语，这样它们就能与人类沟通（猩猩的声带不如人类发达，所以不可能像人类那样说话）。

但是已证实有某个物种能通过心电感应交流？暂未发现。

如果我们的每一丝念头都要和他人分享，隐私将不复存在。

此外，我们还能够辨别自己和别人的想法吗？我们的大脑会不会被黑客攻击，然后在不自知的情况下被植入错误记忆？滥用这种力量的潜在风险简直不可估量。

当然，这也会带来好处。我们能够像《黑客帝国》里那样快速学习，这个世界也会变成一个无比安静的地方，不再会有电话铃声和短信提示的纷扰。瑞士苏黎世大学（Zurich University）的贾科莫·因迪韦里甚至在研究如何让计算机模仿我们的大脑活动。这是否会允许我们将自己的意识传输给机器？我们真的还能认出这样的未来世界吗？

不论结果如何，研究不会止步。让我们希望人类对于大脑和心灵感应——无论自然或人工——的痴迷不会让我们忽略自己真正的意识。

史蒂夫·帕里斯
（Steve Paris）
科学作家
史蒂夫拥有应用分子生物和生物技术学士学位，不过他对大多数科学领域都有强烈兴趣。

濒死体验之谜

我们距离揭开濒死体验之谜还有多远？

隧道尽头有一道光；感觉向上飘浮，灵魂抽离身体；见到了死去的亲友。这些都是常见的濒死体验（near-death experience，NDE）的特征。那么，濒死体验是否有科学依据？

濒死体验的神奇之处在于，体验过的人，不论年龄、性别或文化背景，都是同一种感觉。对这一方面的研究一直少得惊人，不过1968 年，加州大学已退休的心理学教授查尔斯 · 塔特博士进行了一项著名的研究。研究中，一名女性能够在濒死体验中回忆出之前架子上写着的五位数字。但是，之后未有类似的实例。

濒死体验常常是强效镇定剂的副作用，比一般人想的要常见许多。对此最新的研究来自荷兰阿纳姆莱恩斯塔特医院的皮姆 · 范 · 隆梅尔博士和他的同事们，他们的研究显示，心脏病发作的病人当中，五分之一都有过濒死体验。这一研究发表在《柳叶刀》上，研究调查了344 名从心脏骤停复苏过来的心脏病患者。在他们的治疗过程中，从临床上讲，所有人都在某一时刻死亡过，其中 62 人表示有过濒死体验。研究人员表示：“我们的研究结果表明，医学因素并不能解释濒死体验的出现；尽管所有患者都有过临床死亡期，但大部分人没有经历濒死体验。如果濒死体验是由纯粹生理原因造成的，那么大部分患者都应该有濒死体验。”

彭妮 · 萨托里博士出版过一部濒死体验案例集。萨托里博士当了20多年护士，其中17年都在重症监护室工作。在她的《濒死体验的学问》（*The Wisdom Of Near-Death Experiences*）一书中，她写道：镇定剂往往会减少濒死体验出现的可能性，而非增加，且濒死体验一般被视作积极的体验，经历之后将不再畏惧死亡。

萨托里博士写道：“确实，我在分析研究结果时发现，止痛剂和镇定剂，尤其是高剂量的情况下，不太可能导致病人出现濒死体验。换言之，医生给垂死的患者注射大剂量镇定剂，虽是出于好意，却可能剥夺了病人看到自然、舒适的最后一幅图像的权利。”

有可能我们永远无法完全解释濒死体验，但随着越来越多研究的进行，有趣的案例也日益增多，距离我们确认隧道尽头是否真的有一束光也就越来越近。

格雷姆·巴洛

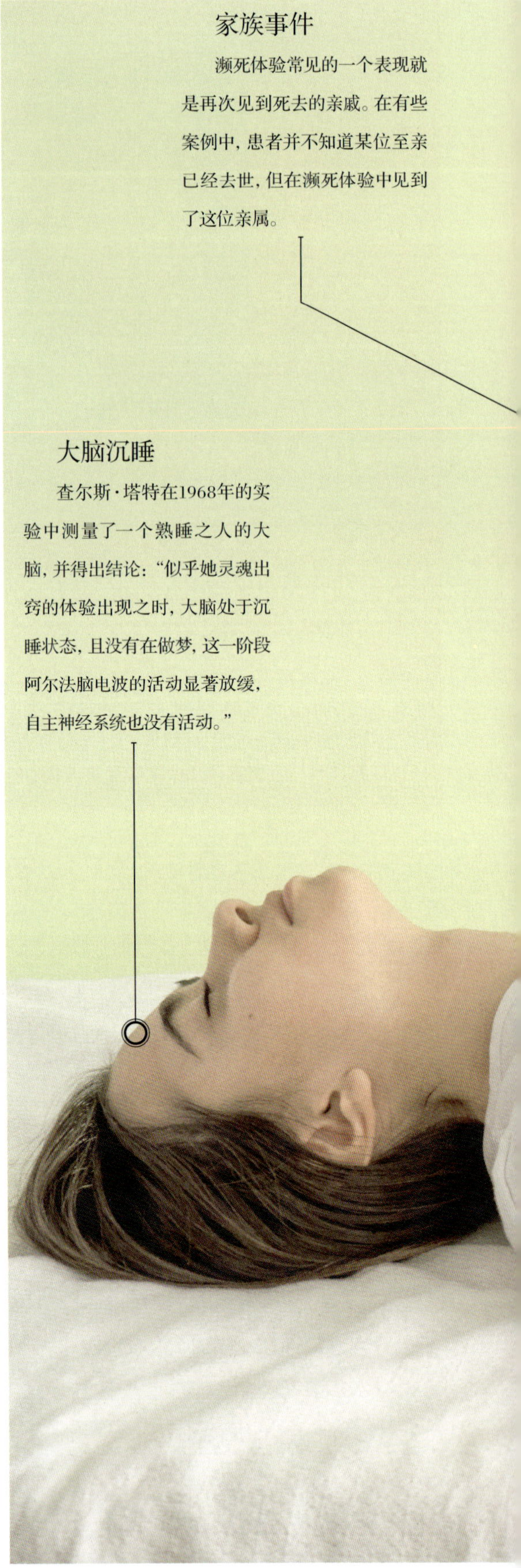

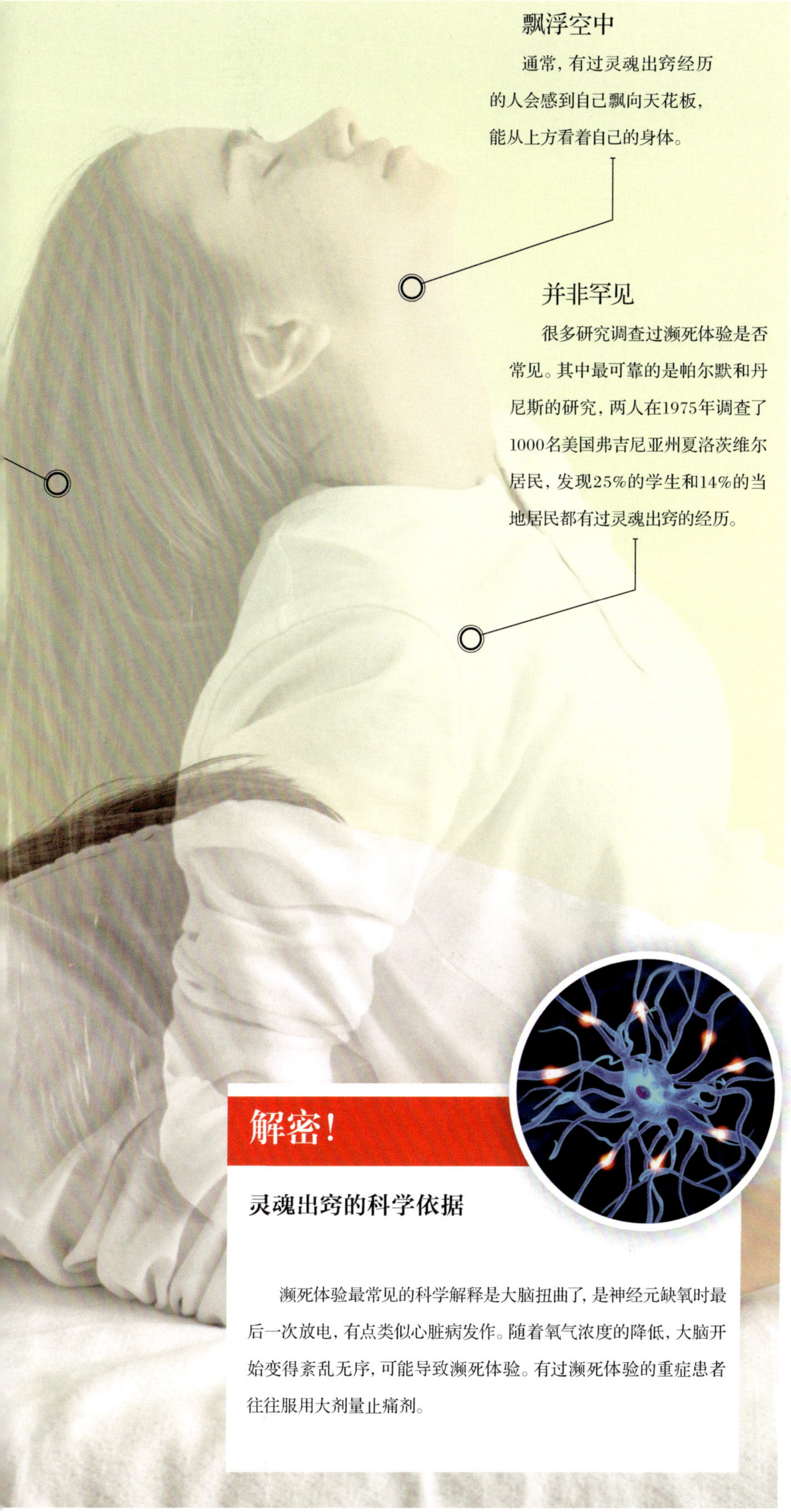

飘浮空中

通常，有过灵魂出窍经历的人会感到自己飘向天花板，能从上方看着自己的身体。

并非罕见

很多研究调查过濒死体验是否常见。其中最可靠的是帕尔默和丹尼斯的研究，两人在1975年调查了1000名美国弗吉尼亚州夏洛茨维尔居民，发现25%的学生和14%的当地居民都有过灵魂出窍的经历。

解密！

灵魂出窍的科学依据

濒死体验最常见的科学解释是大脑扭曲了，是神经元缺氧时最后一次放电，有点类似心脏病发作。随着氧气浓度的降低，大脑开始变得紊乱无序，可能导致濒死体验。有过濒死体验的重症患者往往服用大剂量止痛剂。

很多有过濒死体验的人都表示看到隧道尽头有一束光

神奇的“灵魂出窍”

彭妮·萨托里博士在研究过程中记录了大量灵魂出窍的案例。

隧道中的男人

2009年威廉·豪厄尔心脏病发作。“当时我躺在医院病床上，身边是我的妻子，然后护士告诉我的妻子，‘我觉得你最好出去几分钟’。突然一下子，我来到了一条狭长黑暗的隧道，周围的声音都在呼唤我的名字。我就那么飘着，我可以听到身边的声音。隧道尽头有一个男人，他在呼唤我。他一身黑衣，但我知道他很友好——有可能是我的祖父，他在叫我过去。下一秒我能看到的就是站在我面前的医生——我只能看到他的眼睛和牙齿，听到他对护士说，‘没事了，救活了’。”

唱诗班的歌声

儿童读物作家谢莉·E. 帕克四个月来经历了一系列大剂量化疗，在感觉身体难受的同时，她在家经历了一次灵魂出窍。“当时我在卧室，盯着左手边的书架，突然觉得，虽然电视开着，但房间变得寂静。我就那么盯着书架，感觉自己好像飘起来了，开始通过一个新的视角看着书架——就感觉自己从床上升起来，向天花板飘去。一切感觉祥和，我也很镇定。那种感觉非常美妙，我感到自己从心理上和生理上都被治愈了，一切变得如此完美。不过还有很奇怪的部分，我无法解释，但我‘感觉到’——而不是听到了声音，而且我觉得应该是唱诗班的歌声。”

人体五大未解之谜

我们对于自己血肉之躯的认识仍有些令人吃惊的欠缺。

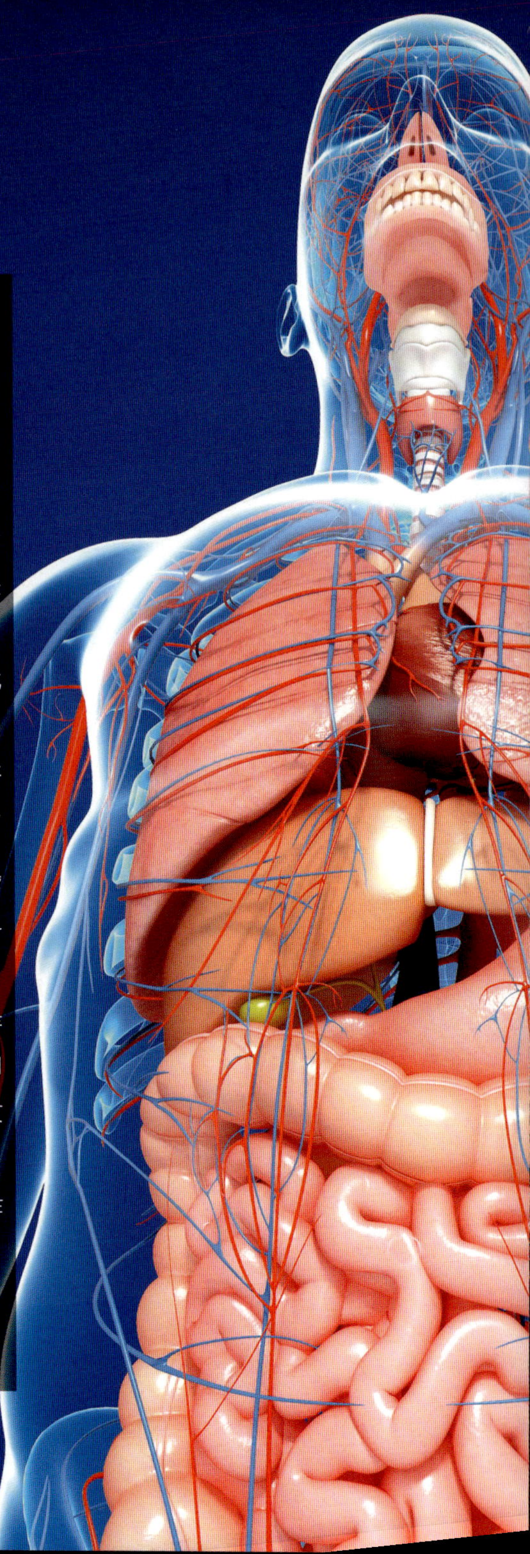

大脑

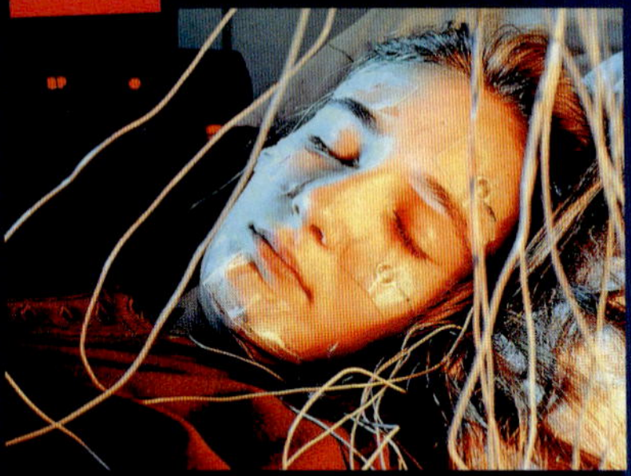

1. 我们为什么要睡觉

人的一生中，三分之一的时间都在睡觉，然而科学尚未能解释我们为何要睡觉。曾经人们一度以为，睡觉可以节约很多能量，但事实证明，八小时的睡眠只能节约45卡路里。

看起来大脑能从睡眠中获益最多，快动眼睡眠和巩固记忆相关。缺乏睡眠会影响大脑的思考表现，会导致幻觉，甚至致死。

2013年10月，一组科学家发现，老鼠在睡觉的时候，脑脊液在大脑内流动的速率大大增加，清除毒素。这说明睡眠能够帮助大脑“排毒”。

腹部

2. 阑尾有什么用处

对于大多数人而言，阑尾只有在发炎需要摘除时才有存在感。以前我们认为，人类祖先需要阑尾消化植物，但这个结肠形成的11厘米长的结构到底有什么作用，依然是个谜。

目前最主导的理论由位于北卡罗来纳州杜伦的杜克大学研究团队提出，该团队2007年发表了研究论文，称阑尾给有益细菌提供了一个安全港。有益细菌能够在阑尾存活，并且在肠道内污物被清空之后，重新在肠道活跃。

在发达国家，阑尾基本上是多余的。然而在非洲部分国家，由于缺乏现代卫生设施，阑尾炎的发病率远低于美国。研究人员认为，这表明阑尾在这些地区有关键作用——相当于有益细菌的诺亚方舟。

药物

3. 安慰剂效应如何骗过我们的身体

一项对英国社区医生的调查显示，97%的医生给患者开过安慰剂。这些药物并不直接产生医疗效果，但依然能够改善患者的身体状况。

部分研究显示，当人们被告知他们在服用止痛药，就会激活大脑的疼痛减轻系统，也就表示安慰剂成功骗过了大脑。然而，对于抑郁的研究则表示，安慰剂会激活大脑实际治疗的一个部分，因此安慰剂为何有如此神奇功效，尚不得知。

其中一个理论是，安慰剂能够作为免疫系统的精神触发器。通常免疫系统处于休眠状态，因为激活免疫系统需要消耗很多能量。一项针对西伯利亚仓鼠的研究显示，如果笼子里的光照模拟夏天，加上充足的资源，仓鼠能比冬天光照下更能抵抗轻度感染。

手部

4. 为什么绝大多数人都是右撇子

90%的人都是右撇子，没人能解释这一现象。其中可能有文化方面的因素，但是最初的起因在子宫里——90%的胎儿喜欢吮吸右手拇指。

最著名的理论称，用手习惯与语言相关。语言主要由大脑左半球处理——这一区域控制身体的右侧。这可能是由于语言由手势演化而来，或者因为将大脑两个复杂区域更紧密地结合能够提高效率。但为什么语言能力会在大脑左半球形成呢？这有可能是因为数千年前随机的基因突变。

2013年9月，科学家发现PCSK6基因和用手习惯之间的关系；但另外一项实验研究了近4000对双胞胎，但并没有发现明显的基因因素，驳斥了前一项发现。美国堪萨斯大学（University of Kansas）的研究人员发现了一些牙齿化石上的痕迹，表明古代人类也以用右手为主。但除了这一特性长久以来的趋势，左右手习惯依然是个谜，让众多科学家束手无策。

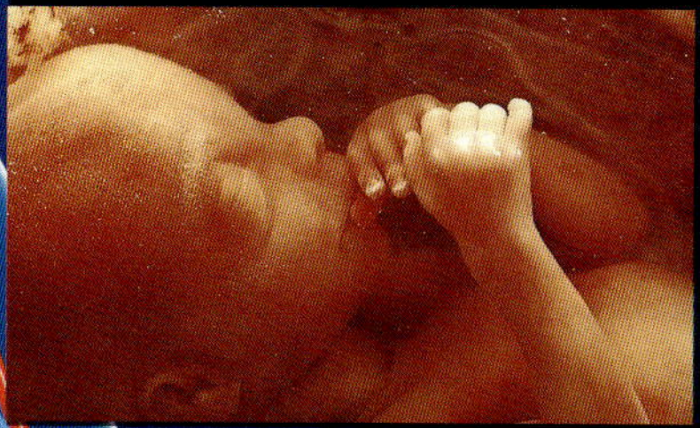

反射

5. 我们为什么打哈欠

以前，这个问题不会引起太大兴趣，因为我们一直以为，人在疲倦或无聊时呼吸减缓，所以打哈欠是为了吸入更多氧气。然而，美国巴尔的摩大学进行了一项实验，实验中研究人员改变了氧气浓度，但没有发现打呵欠的频率有任何改变。目前有些科学家认为，打哈欠是为了给大脑降温。位于阿尔巴尼市的纽约州立大学（State UNiversity of New York）的研究团队发现，给人的额头降温就能够让他们停止打哈欠，而且冬天时气温较低，我们打哈欠的频率也会降低。

这种降温作用加上更多血液流向大脑，能够维持警觉性，所以我们打哈欠可能是希望自己保持清醒。这也许能解释伞兵在跳下飞机之前会打哈欠，以及为什么打哈欠会传染——这也许有助于一群动物共同保持警觉。这种传染性还会出现在不同物种间——人类打哈欠也会传染给狗和猩猩。

艾米特·卡特瓦拉
（Amit Katwala）
科学作家
艾米特是一位常驻伦敦的获奖记者，毕业于牛津大学实验心理学专业。

你问我答

宇航员在宇宙中会长高吗?

是的，会高一阵子。人体脊柱的椎间盘会因为重力向下而被轻微压缩。宇航员长时间在零重力的环境中生活工作，因此椎间盘会轻微扩张，导致脊柱伸长，身体长高。具体长高的程度因人而异，一般而言，不超过3%，换算起来为5~8厘米。不过当他们回到地球，脊柱会再次受到重力影响，最终会回到原来的身高。

零重力条件带来的另一副作用便是，随着身体适应所需要承载的重力，骨骼密度下降、肌肉力量萎缩，以及体液循环的变化和心血管系统功能失调。

杰西卡·安吉拉 (Jessica Angelo)
英国，威尔士斯旺西

为什么音乐让我快乐?

多项研究表明，听音乐能够增加对疼痛的耐受度，改善心情。从神经学上来看，这是因为大脑内的激励信号——多巴胺的释放。科学家无法解释的则是，为什么音乐会触发如此强烈的生理反应？部分科学家认为这纯属偶然，只是我们大脑处理声音时的一个副作用。其他科学家则认为，母亲通过轻声细语能与婴儿建立联系，因此在我们不断进化的过程中，形成了对音乐的鉴赏能力。另一学派认为，这是让一大群人产生联系的方式。也许我们永远都不会知道真相。我们可以借助扫描仪来研究音乐对大脑产生的影响，但为什么人类普遍能够创造并欣赏音乐，这个问题恐怕只有我们古老的祖先能回答了。

玛丽·斯蒂文斯 (Marie Stevens)

英国，诺福克

僵尸电影真实度有几分?

一句话来说，所有的僵尸电影里存在一定的科学可能性。世界上的确有某些可以进入生物大脑、控制寄主行为的寄生虫或是疾病，就像是《行尸走肉》里演的那样；也存在一些可以减缓人的代谢率的毒素让人看上去就像是死去了一样——《生化危机5》里的场景；啃咬绝对也是个传播疾病的好方式，所以如果被僵尸咬了一口，很有可能会染上造成它们变成僵尸的那种病毒。

不过，当电影里僵尸开始行走的时候，就有点脱离现实了。要知道这些僵尸已经死了，按照常理，得开始腐烂了。首先，一只僵尸绝对没办法偷偷靠近你，因为你绝对可以闻到尸体的恶臭。此外，要让身体里的铁原子和分子待在该待的位置上并带动肌肉运动需要大量的能量，但是僵尸可没法进行这样的生理过程，因而僵尸完全没可能移动，更别说猎杀人类了。最后，我们还可以找到一个穿帮镜头——一具腐烂的尸体怎么可能不吸引苍蝇?

里奇·汉考克斯

推特网

人类消化牛奶的技能是什么时候开始出现的?

牛奶中含有 2%~8% 的乳糖，只有那些身体里面含有乳糖酶的人才能够消化它。

在 1 万 ~ 2 万年前，成年人类才进化出消化牛奶的乳糖酶。它似乎是和牛的驯化在同一时间出现的，但是确切的原因我们还不清楚。有一个理论认为，在饥荒时期，牛奶成为了人们主要的食物，因而具有乳糖耐受性的成年人会更容易生存下来。世界上大约有三分之一的人口可以消化牛奶，而这一特性正随着全球化而蔓延到世界的每一个角落。

玛丽亚·罗梅罗

美国，芝加哥

132

100

108

118

134

3 古代之谜

116

波斯湾和底格里斯河与幼发拉底河三角洲：这里可能曾是伊甸园吗？

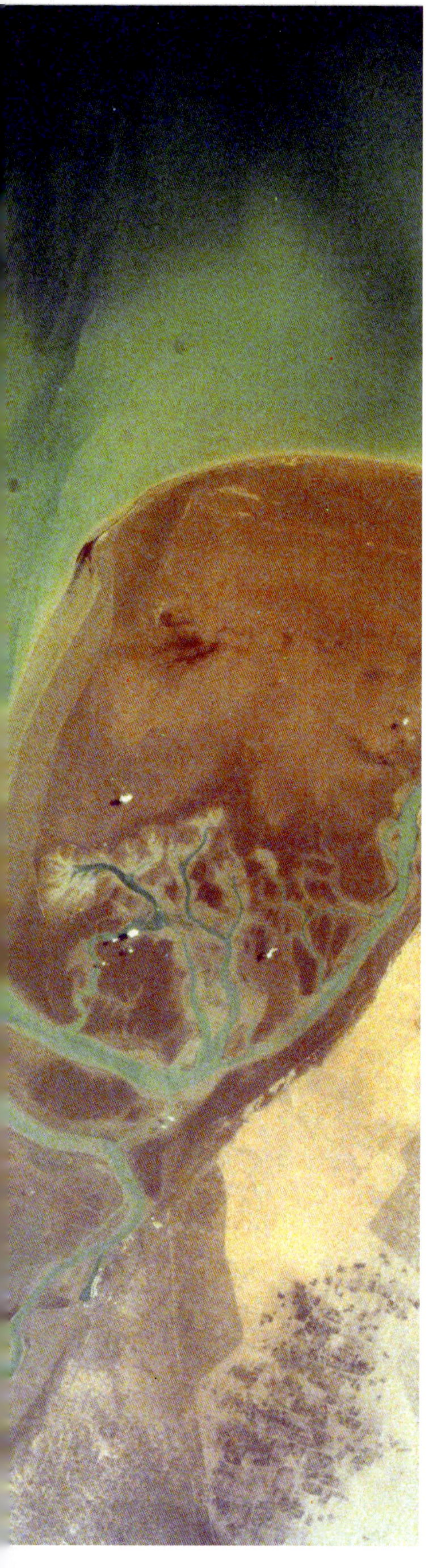

伊甸园真的存在吗?

伊甸园是《圣经》中的核心，但真的存在伊甸园吗? 考古学家和神学家正在努力寻找答案……

伊甸园是个富足之地，亚当和夏娃曾和谐生活于此，但伊甸园也是个永恒之谜。是否有足够的考古证据能够证明伊甸园中的故事? 每隔几年，总会有报道称在埃塞俄比亚或者土耳其“找到”了亚当。但是，《圣经》已经无数次被编辑、翻译，要将考古发现与《圣经》所书相联系并非易事。

《圣经》里确实也有关于伊甸园具体位置的蛛丝马迹。《创世纪》(*Genesis*)第2章10-14提到，伊甸园中的一条河分流成四条：比逊河(Pishon)、基训河(Gihon)、希底结河(Hiddekel)、伯拉河(Ferat)。后面两条即现代位于西亚的底格里斯河(Tigris)与幼发拉底河(Euphrates)。争议则在于前两条河到底在哪里。《创世纪》在第2章11-12写道，比逊河位于哈腓拉(Havilah)，该地有黄金和玛瑙。美国路易斯安那泽维尔大学(Xavier University of Louisiana)的迈克·M. 霍曼表示，哈腓拉可能就是努比亚[①](Nubia)，那么比逊河即为尼罗河(Nile)；或者哈腓拉是印度(India)，那么比逊河即为印度河(Indus)或恒河(Ganges)；或者哈腓拉位于阿拉伯，那么比逊河即为比沙(Wadi bisha)和拜什干河(Wadi baish)。

圣经学者威廉·奥伯来认为比逊河与基训河指的是蓝尼罗河和白尼罗河。早期犹太历史学家约瑟夫斯则认为比逊河是恒河，基训河是尼罗河。美国密苏里州立大学(Southwest Missouri State University)的尤里斯·扎林斯博士认为比逊河位于阿拉伯，基训河则为伊朗(Iran)境内的卡伦河(Karun River)。扎林斯博士使用了美国陆地卫星(Landsat)传回的空间图像来支持他的论点，他认为伊甸园位于波斯湾(Persian Gulf)水域之下，伊甸园的故事讲述的则是人类从狩猎采集社会发展为定居群落。在农耕之前，人类四处寻找粮草，土壤肥沃的波斯湾则提供了充足的食物。

但为什么这些人被赶出了天堂呢? 扎林斯认为这次迁徙发生在7000年前，当时最后一次冰河时期(Ice Age)刚刚过去，紧接着是佛兰德海侵(Flandrian Transgression)，这期间冰川融化，海平面上升。这就把定居者从肥沃的平原永久驱逐，当时正好这些人开始播种种植、圈养动物。

史蒂夫·帕里斯

① 努比亚：埃及南部和苏丹北部尼罗河谷的沙漠地区和古代王国。

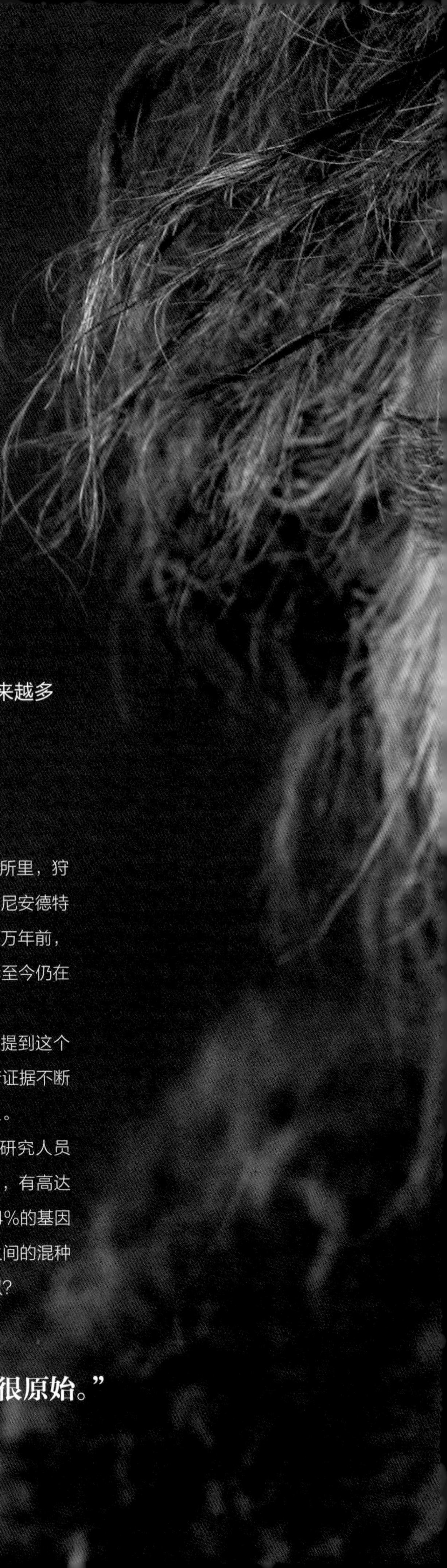

邂逅尼安德特人

这些已绝迹的人类总会被描绘成粗俗、野蛮、原始。但越来越多的证据表明，他们其实很复杂，会关爱他人，甚至能品鉴饰物。

尼安德特人的日子过得艰苦。15万年前，他们居住在粗糙的庇护所里，狩猎猛犸象，穿着勉强蔽体的动物皮毛抵御严酷的风吹雨打，勉强度日。尼安德特人在粗糙、残酷的生活方式的摧残之下，少有人能活过30岁。到了约3万年前，尼安德特人便灭绝了。这并不是最糟糕的结果，对于尼安德特人的侮辱至今仍在延续。

称某人为“尼安德特人”，意思是这人是个愣头愣脑的恶棍。一提到这个词，人们就容易想到邋遢的穴居人，四肢发达、头脑简单。然而，随着证据不断积累，事实是另一幅景象，也就是说一直以来我们都误解了尼安德特人。

事实上，我们每个人都在某种程度上与尼安德特人有所联系。研究人员已确认尼安德特人的基因仍存在于现代人的体内。早期人类基因组中，有高达20%仍在现代人类体内，另外，现代分布于亚欧人类体内的，有2%~4%的基因信息来自于尼安德特人。这是4万年前人类的直接祖先与尼安德特人之间的混种交配而遗留的。所以真正的问题是：尼安德特人与现代人类到底多相似?

“尼安德特人看起来原始，但不意味着他们就很原始。”

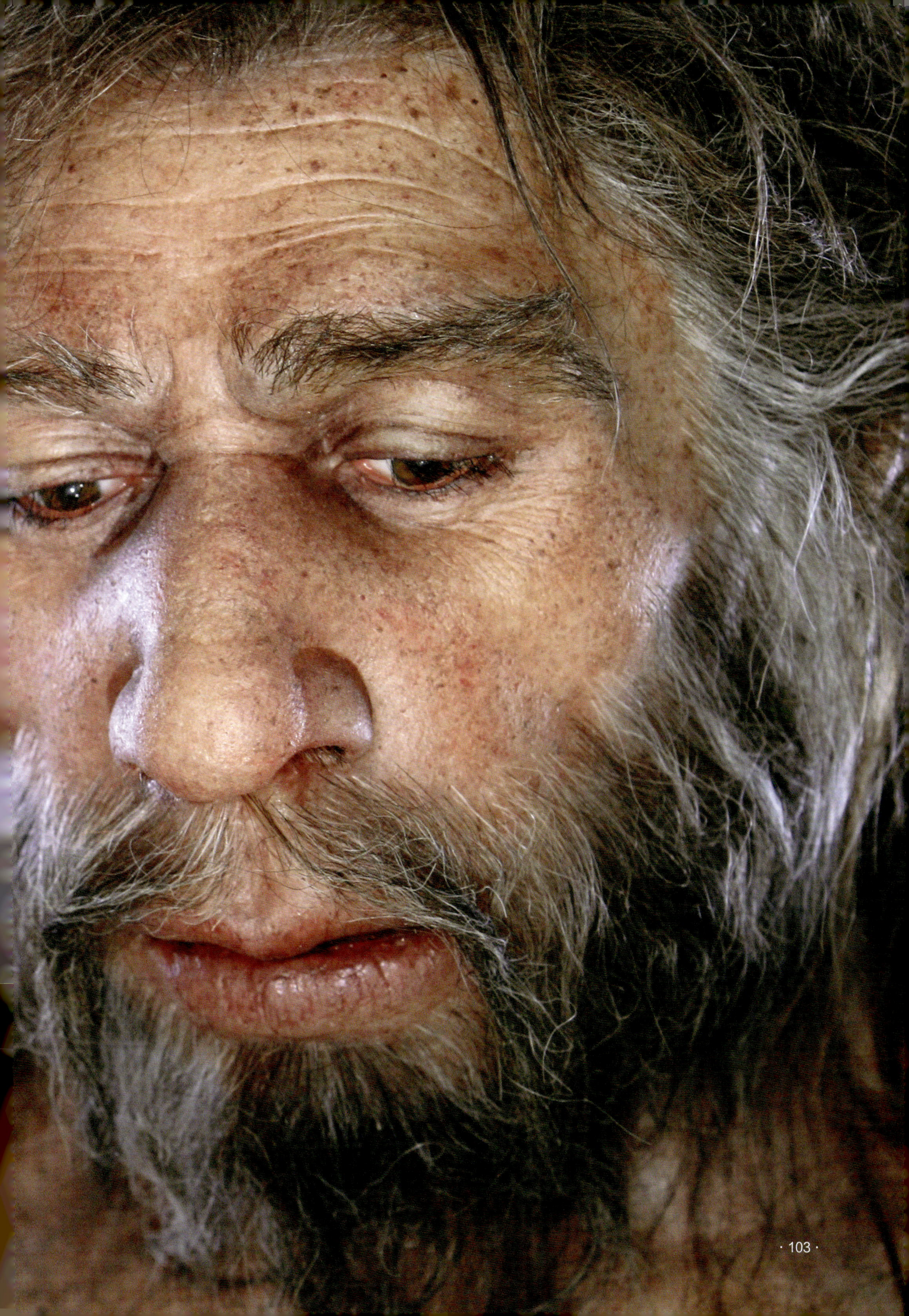

关于尼安德特人的几大疑问

区分事实和虚构绝非易事。

1 我们是混种吗?

近期的基因分析确认现代人类和尼安德特人确实有过混种交配，多年来的争议就此熄灭。但如今，留在亚欧人种体内的尼安德特人的基因信息仅仅是两个物种300次左右交配行为的结果。

2 他们做饭吗?

在尼安德特人炉灶附近发现了大量骨头，但骨头上没有宰杀痕迹，因此研究人员不确定他们是否将肉煮熟后食用。但是研究表明，尼安德特人可能用火烤制蔬菜，并加热树脂以制作胶水。

3 是我们消灭了他们吗?

4万年前，现代人类来到欧洲，此后尼安德特人很快就灭绝了，因此有人推测称是我们导致了他们的灭绝。然而更有可能是因为尼安德特人人口稀少、基因库单一，又长期受到恶劣天气的影响。

4 他们聪明吗?

尼安德特人当然不是爱因斯坦，但他们还是聪明的。尼安德特人脑容量很大，还能制作工具，适应性强。他们甚至能够深谋远虑，有复杂的行为，还有可能举行过丧葬仪式。这一文化可能让他们在某种程度上与人类比肩。

5 他们能说话吗?

尼安德特人绝对可以交流，但他们是否能说话，仍有争议。计算机建模显示，尼安德特人有舌骨，即脖颈中马蹄铁状的结构，这表明，尼安德特人有发声的生理条件。

尼安德特人可能通过合作狩猎大型哺乳动物

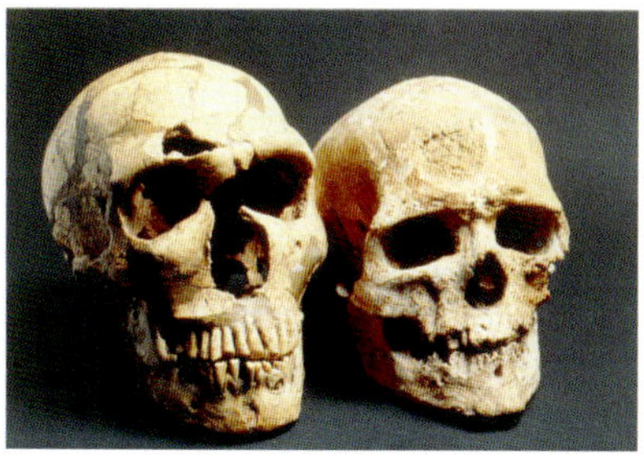
尼安德特人的头骨（左）与欧洲早期现代人的头骨（右）

欺骗性的外表

150 多年前，在德国的尼安德河谷（Neander Valley）首次发现了尼安德特人，自那之后，一直争论不断。尼安德特人的眉毛和鼻子突出，身材短粗、肌肉发达，这一外貌特征也是其名声恶化的开始，维多利亚时代的人甚至将尼安德特人称为原始的“缺失的一环”。美国宾夕法尼亚大学的哈罗德·迪布尔博士表示：“尼安德特人看起来原始，但不意味着他们就很原始。”

此后，研究人员仔细考察了超过 100 个尼安德特人的遗骸，这些人生活的时间跨度长，地域广，从西班牙到西伯利亚都有他们的身影。遗留的化石表明，尼安德特人并不野蛮，他们以小团体群居，在社群里还会照顾、关爱伤病者、残疾者。伊拉克札格洛斯山脉（Zagros Mountains）出土的一个成年尼安德特人显然曾因头部创伤而半盲，但仍在受伤之后存活多年。如果没有其他人在身边关爱他，他应该很快就去世了。同时也有证据表明，尼安德特人在搭建庇护所、狩猎时互相合作。

复杂的行为

有些人认为尼安德特人的技术已经相当复杂。2013 年，法国西南部多尔多涅省（Dordogne）的研究人员发现了尼安德特人的磨光器（lissoir）。这是一种由鹿的肋骨制成并经过打磨的工具，用来梳理兽皮，让皮具更加柔软、防水。在法国和西班牙的其他出土发现中也找到了弯曲的石制刀具，刀具的一头特地打磨得比较钝，这样可以用手握住；还发现了长约一英尺的象牙矛，一端有小切口，以便

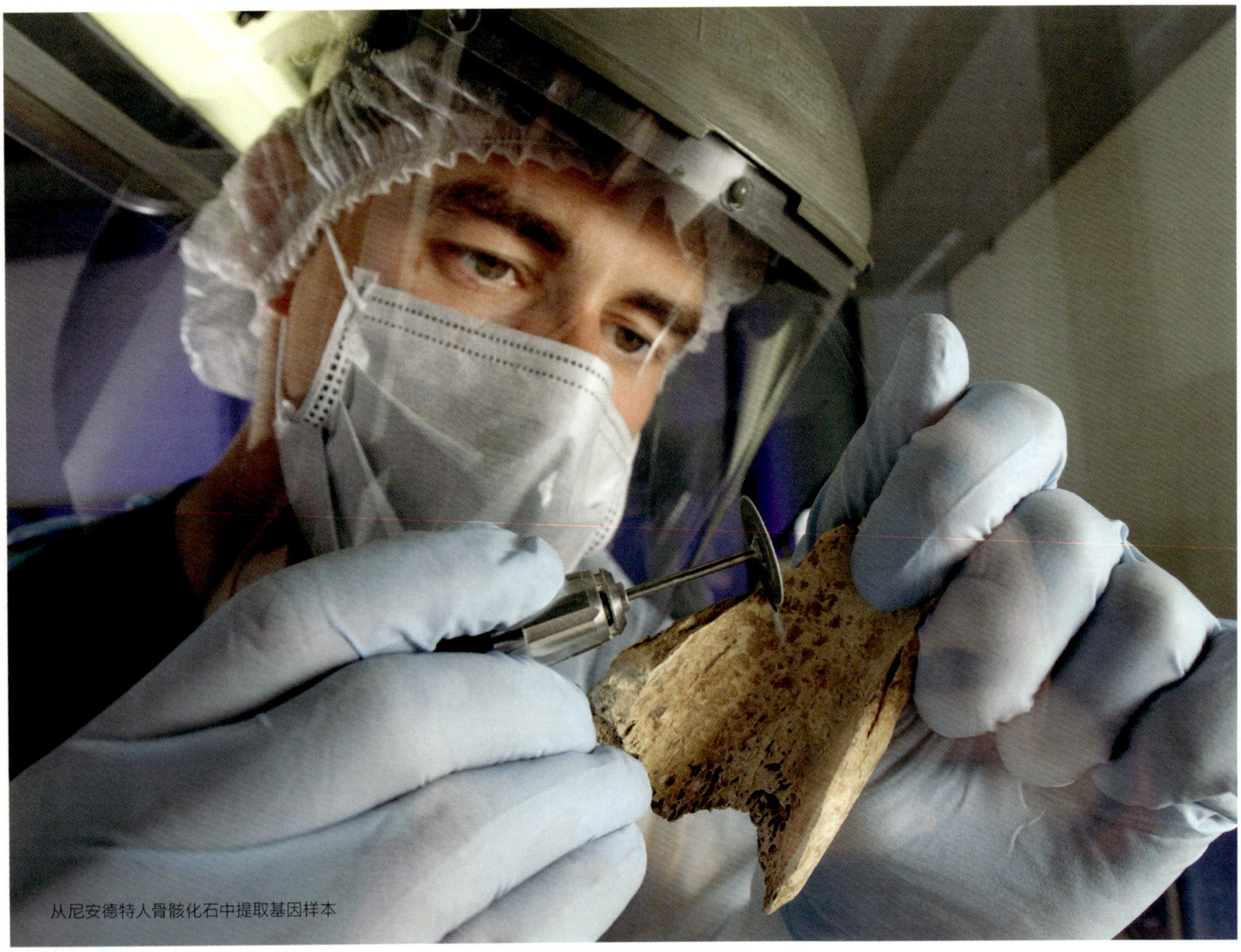
从尼安德特人骨骸化石中提取基因样本

手握时更加贴合。法国波尔多大学（Bordeaux University）的弗朗切斯科·德里科博士说："制作这些工具需要相当复杂的行为。"

然而，即使尼安德特人有复杂的工具，也不代表他们有了自己的文化。毕竟很多动物，例如乌鸦、水獭也会使用工具，但它们绝不会参观画廊。为了确定尼安德特人是否有自己的文化，考古学家在寻找前者象征性思维的证据。他们认为，能够创造符号就可以证明已有语言、交流和其他现代人类的行为。

在过去几年中，研究人员挖掘了不同的发现物，他们认为这些出土发现证明了尼安德特人与现代人类相似的特征。2010年，德里科博士和他的同事研究了西班牙东南部两个尼安德特人遗址中的大量人工制品。其中包括绘制过的扇贝壳，可能用作挂饰，还有扎手的牡蛎壳，上面有颜料残留。研究人员认为，后者是用来制造和储存化妆品的。其中一个遗址还出土了一根骨头，一头沾有颜料，这可能是用来混合颜料并着色的。英国南安普敦大学（University of Southampton）的阿利斯泰尔·派克博士没有参与这一研究工作，他表示："我们并没有看到尼安德特人用颜料来绘制洞穴。但可以推测，他们用这些制品来装饰自己。"这些考古发现年代约为5万年前，比现代人类从非洲到达欧洲早将近1万年。派克说："这些都能证明尼安德特人有象征性思考的能力。"

丧葬证据

尼安德特人的人类文化还有更加动人的证据。在欧洲和一些其他遗址中出土的尼安德特人遗骸摆放十分整齐，因此有人认为，埋葬是有意为之。2013年，研究人员完成了法国一处尼安德特人丧葬遗址的再挖掘，发现了更多的人体遗骸和动物骨骸。在该遗址研究的科学人员表示，尼安德特

关于尼安德特人技术的四大趣闻

大量研究人员称，尼安德特人的技术在当时已相当复杂。

胶水

尼安德特人加热并处理桦树皮，用来生产黏稠的、类似树脂的胶水。他们可能用胶水黏合石制短刀和木制手柄。这一黏合剂的生产需要在固定温度下长时间加热，这说明他们对火的使用非常成熟。

化妆品

近期考古发现了斑斓的贝壳，其上有颜料残留，因此有人猜测部分尼安德特人能够制作、存储化妆品，并用此来装饰自己的身体。不过颜料也可能有其他用途，例如加深动物皮毛的颜色。

工具

尼安德特人确实已经能打磨石头，制作短柄斧。不过他们也可能制作了更加复杂的工具，例如弯曲的石制短刀和磨光器。后者由鹿的肋骨打磨而成，用来梳理动物毛皮，使其更具光泽且防水性更佳。

饰物

越来越多的证据表明，尼安德特人喜欢亮闪闪的东西，目前已发现的包括牙齿、骨头和贝壳制成的装饰品。研究人员对精心切割的翼骨进行了分析，结果表明其上的羽毛是特地去掉的，说明翼骨可能用作个人装饰品。

人的骨骸没有风化，说明死后很快就被掩埋了。

威廉·朗迪博士是纽约人文社会科学国际研究中心（New York' s Center for International Research in the Humanities and Social Sciences）的古生物学家，他表示：“这一发现不仅证实了西欧的尼安德特人的墓地，也表明他们已经具有复杂的认知能力，能够建造墓地。”

对于部分人而言，象征思维和复杂行为的证据不断累积，已经足够让他们将尼安德特人与现代人类等同。克里斯·斯特林格教授是伦敦自然科学博物馆（Natural History Museum）的人类学专家，他表示：“近年来，尼安德特人与现代人类之间的鸿沟缩小了。至少可以认为，他们在某种程度上与人类平等。”但对其他人而言，现有的证据仍然过于模糊，文化方面的证据依然不足。迪布尔说：“我们不能确定到底是谁制作了这些工具和装饰。”人工制品的定年技术还不精确，且位于地下不同岩层的考古遗址可能互相混淆。如果这些工具确实属于尼安德特人，又能如何证明他们不是与现代人类进行了交易，或从现代人类处模仿了技术？“我认为尼安德特人确实有才智。”迪布尔表示，“但我不认为他们拥有了现代人类文化。”

有一点确凿无疑：尼安德特人存活了几千年，度过了艰难岁月，但没有破坏他们生存的星球，这一点至少能说明他们足够聪明、适应性强、有韧性。也许我们现代人类喜欢自诩有聪明才智，但在我们生活的这些年，却把地球弄得一团糟。也许是时候改变“尼安德特人”一词中贬低的意味，而是将其用作赞赏。

海伦·皮尔彻博士
（Dr Helen Pilcher）
科学作家
海伦拥有神经科学博士学位，对生物学、动物学和尼安德特人尤为感兴趣。她养了一条狗叫希格斯，又叫作“粒子狗”。

法老无声的守护者。那么狮身人面像从何时起就这样不眨眼地瞪着面前的沙漠呢？

狮身人面像之谜

研究表明，狮身人面像（The Sphinx）的年代远比传统埃及学的考证要久远得多。我们考察了相关证据，试图揭开埃及最大的谜团之一……

2013 年，两名德国游客进入吉萨大金字塔群的胡夫金字塔（The Great Pyramid），刮走了其中一个小型墓室墙上绘制的法老胡夫的碑文边饰的样本。这两名游客实际上是德累斯顿大学的考古爱好者，正在完成一项任务，即试图证实一项颇具争议的理论——胡夫金字塔以及狮身人面像比埃及学家认为的要古老得多。

他们的研究结果还未证实发表，但两人表示，该结果有悖于通常认为的金字塔的建造时间。上文提到的碑文边饰是用来鉴定胡夫金字塔建造年代的关键证据之一。但也有许多人认为碑文边饰很可能是后人加上去的，比如 19 世纪那些破墓而入的探险者。

重新鉴定建造时间可以追溯到一篇 1992 年的文章，作者是波士顿大学的罗伯特·肖克教授。肖克教授在学习地质学过程中就研究了狮身人面像建造年代的鉴定。传统埃及学认为，胡夫金字塔由胡夫法老下令建造，其在位时间为公元前 2589 年至公元前 2566 年；而狮身人面像则由他的儿子雷吉德夫（前 2566~ 前 2558 年）或哈夫拉法老（前 2558~ 前 2532

古代世界七大奇迹中，目前唯一存在的胡夫金字塔。其他六大奇迹，例如罗得岛太阳神铜像等皆已毁坏。

从狮身人面像的砖石堆砌可以看出修复痕迹

狮身人面像的体积

有争议的不仅是狮身人面像雕刻的年代……

狮身人面像由一整块岩石雕刻而成，长73.5米，宽19.3米，高20.22米，是世界上最大的整块巨石雕像。狮身人面像所在的区域在雕刻之时就已经低于周围地面。因此，狮身人面像并不是雕在山上，或像金字塔那样由石块向上堆砌而成，而是由地平面以下一整块石块雕刻而来。肖克和里德都认为，最先雕刻的是石像的头部，可能由一块从主体突出的巨大岩石雕琢而成。两人也认为目前巨像的人面是在原始头像基础上重新雕刻的，因为如果头部更大的话，会受到更严重的侵蚀。巨像头部最初可能是雄狮的头。稍作观察就会发现，目前头部的大小与巨大的狮身并不成比例。

年）建造。然而，肖克教授在狮身人面像的石块上看到了水流侵蚀的痕迹，认为这是由于狮身人面像长期暴露在雨天环境之中。在埃及，数千年都不曾经历长时间的雨期，因此肖克教授认为，狮身人面像至少是在公元前7000年，甚至更早的时候雕刻的。

里德 vs 肖克

肖克1992年所著文章引起了英国地质学家科林·里德的兴趣。后者已对狮身人面像的建造年代进行了20年的研究。虽然里德得出了同样结论，认为侵蚀确实是由水流造成的，但他只把狮身人面像的建造年代往前推了几百年，认为石像建于公元前2800年。

“我对此进行了研究，也很高兴看到我们开始考察狮身人面像四周的水流侵蚀留下的特征，但我不认为要把其建造年代往前推那么久，”里德解释道，“帝王谷（Valley of the Kings）内的陵墓建造年代远远晚于狮身人面像，但这些陵墓周围也堆满

肖克认为，狮身人面像的建造时间为公元前7000年，甚至更早。

狮身人面像由地面本身，而非突出的巨石雕刻而成

了山谷洪流冲刷下来的残石瓦砾。山谷的洪流是埃及偶尔的强降雨之后出现的。这些降雨往往很突然，却来势凶猛，产生所谓的径流。埃及历史上的所有时期，都有众多证据证明此类强降雨时有发生。”

“在我看来，径流从吉萨高原（Giza Plateau）而下，流向狮身人面像，可能会导致肖克所说的那些岩石的侵蚀，而且历史上，埃及不断经历这样的强降雨，因此只靠雨水侵蚀并不能判断狮身人面像的建造年代早于公元前2500年。”

但是里德同意肖克的结论，即狮身人面像早在胡夫金字塔之前就存在了。

“狮身人面像在高原上形成了一个斜坡，当时该地是一个巨大的采石场。巨像所在的盆地形成可以追溯到金字塔时期，而正是这一采石场改变了一切，否则水流无法穿过其中。因此，狮身人面像被水流侵蚀正说明石像比采石场的年代更久远，也就是说，狮身人面像比金字塔的年代更久远。”

那么在里德看来，狮身人面像有多老呢？“在这里，地质学就用不上了，我们需要纵观历史。”他说，“吉萨还有哪些考古特征和狮身人面像来自同一时期？要考证这一点就比较困难了，因为通常认为，吉萨这座城市

肖克和里德都认为狮身人面像的头部原来可能是狮头，目前的人头是对原始雕像的重塑

狮身人面像所在地的四周墙面有水蚀痕迹，从此处观察尤为明显

梦石碑位于狮身人面像前爪之间

解密！

狮身人面像的梦石碑

曾经在长达几个世纪的时间里，狮身人面像只有头部露在沙石之上。第一次有史料记载的挖掘是在公元前 1400 年，由一位年轻的埃及王子图特摩斯四世下令动工。一次狩猎途中，图特摩斯四世在狮身人面像的头部下方休息，梦到如果他复原狮身人面像，就能成为法老。之后他命人清除沙石，在狮子的前爪之间立了一块碑，称为梦石碑（Dream Stele），上面刻的碑文详述了他的梦境。

是在金字塔建造之后才建立起来的。所以在那之前，狮身人面像不可能属于任何其他部分。”

自 1997 年开始，里德的研究就在挑战上述的基本假设。里德仔细考察了吉萨，研究了几代考古学家在那里进行的考古工作，最终找到了金字塔建造之前的考古证据。

“大部分证据都在金字塔建造时期被毁坏了，但仍留下了一些蛛丝马迹。我认为，吉萨的早期发展始于法老时期（Pharaonic Period）的早期阶段（约公元前 2800 年），狮身人面像属于该早期建设的一部分。在我发表了这一结论之后，其他独立研究

狮身人面像的含义

关于狮身人面像的象征意义仍未有定论。

哈夫拉法老

目前狮身人面像的头部显然是某个王朝的帝王造型。传统埃及学认为，建造狮身人面像是为了向哈夫拉法老致敬。为了展现王权，最好的方式莫过于建造一尊神话人物的象征性雕塑。

狮头

如果狮身人面像最初的头部是狮子的头，那巨像很可能是权力的象征，以及史前埃及两大王朝上埃及（Upper Egypt）（吉萨的尼罗河南岸）和下埃及（Lower Egypt）（三角洲地区）的标记。王朝时期，这两个地区统一在一位法老的统治之下。

死亡之神

有研究者指出，狮身人面像的人头是后来添加的。尤其是罗伯特·K.G.坦普尔提出，狮身人面像最初是胡狼阿努比斯（Anubis）的雕像。阿努比斯是古埃及的死亡之神，保护并指引亡灵。

冉冉升起的太阳

狮身人面像朝向东方，面对升起的太阳。如果公元前1万年狮身人面像就已经存在，那么春分日，太阳位于狮子座。因此，狮子可以让人联想到春分日和秋分日太阳从狮子座以及其后的金牛座方向升起。

的埃及学家也找到了吉萨地区在金字塔建造之前的活动和发展。”

无效论点

我们联系了肖克教授，询问他对于里德上述论调的看法。“里德忽略了托马斯·多贝克和我一同收集的地表之下的地震数据。该数据能校准狮身人面像主体的最初雕刻时间。”肖克表示，“在我看来，里德还低估了形成狮身人面像四周风化水蚀现象所需的降水时长和降雨量。位于萨卡拉的马斯塔巴（mastaba）泥砖的年代可以追溯到约公元前 2800 年，但上面并没有明显的雨蚀痕迹。因此，里德推断公元前 2800 年的论据是站不住脚的。”

近期，土耳其的新发现支持了肖克的理论。“里德和其他人认为，主要的石块结构并未在我所提出的时期用于雕刻狮身人面像的原型。但近期在土耳其发现了 1 万年前的遗址——

公元前11000年至公元前8000年间的埃及考古记载有所空缺。

阿努比斯是埃及的死亡之神，部分学者认为狮身人面像原始头部来自该形象

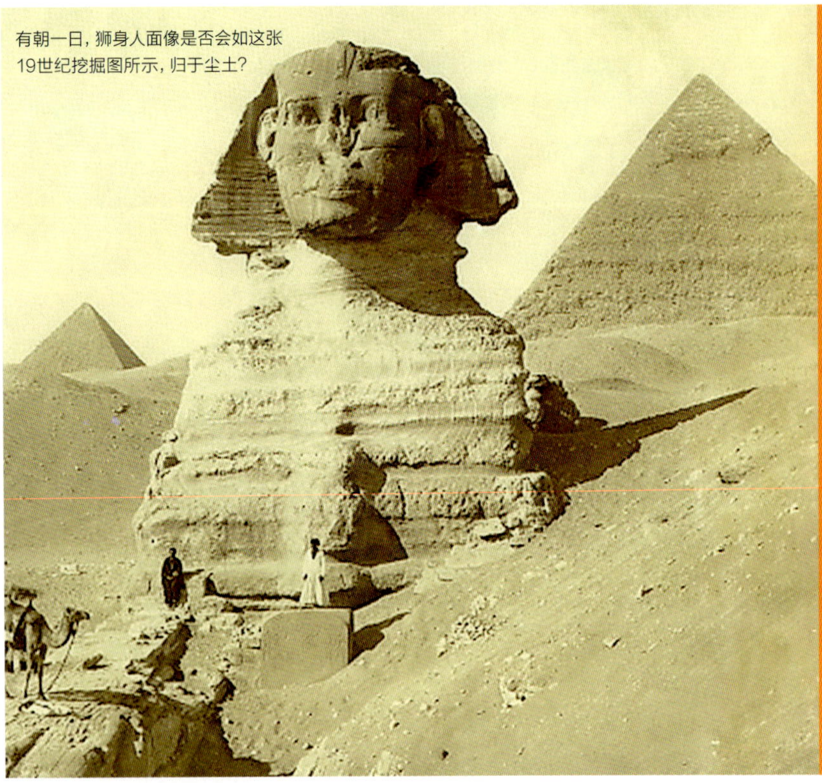

有朝一日，狮身人面像是否会如这张19世纪挖掘图所示，归于尘土？

狮身人面像的未来

80年的风吹日晒进一步侵蚀了狮身人面像。人类能够挽救它吗？

狮身人面像不会再遭到雨水侵蚀或蓄意毁坏，但会受到沙漠风蚀，进而被侵蚀。即使在现代，狮身人面像也经历了多次修复。就在1931年，巨像头饰的一部分不得不修复。你可以观察一下狮身人面像，尤其是前爪的一些石块。那些都是对原始石像的砖石修复，有些修复可以追溯到公元前1400年。几个世纪过去了，修复工作大大改变了狮身人面像的外观，有时候对于原始石块的破坏甚至大于保护。1989年新的狮身人面像委员会（Sphinx Committee）成立，其中包括了来自埃及最高文物委员会（Egyptian Antiquities Organisation）、埃及多所大学的专家学者以及多名外国专家，委员会正在逐步出台新的修复计划。

狮身人面像、金字塔、多座神庙以及通往吉萨高原陵墓群（Giza Plateau Necropolis）的堤道

哥贝克力石阵（Göbekli Tepe）（参见126页），其中含有巨石构造。这一发现证明里德等人的论点无效。”

哥贝克力石阵中精雕细琢的石块高达5米，虽然规模无法比拟狮身人面像，但其重要性不容小觑：哥贝克力石阵是迄今为止发现的最古老的人类祭祀场所。

但里德并没有被肖克说服。“肖克将狮身人面像与土耳其的遗址相比较，但并不能证明埃及彼时有同样的情况。埃及在公元前11000至公元前8000年之间的考古记载有空缺，但空缺前后的文化都得到了研究，可以证明当时社会以狩猎采集和捕鱼为主。与土耳其人不同的是，那些时期的埃及人并未开始建造城镇或留下任何纪念性建筑。基于这一背景，认为公元前1万年就建造了狮身人面像实属非同寻常之偶然。”

不管狮身人面像的建造时间到底是应该往前推几千年还是数百年，有一点是肯定的：越来越多的证据表明狮身人面像至少比传统埃及学家认为的要古老得多。每一次有新的发现，我们就离解开狮身人面像之谜更近一步。

格雷姆·巴洛

关于狮身人面像的五大知识

关于这座埃及地标，你可能不知道的五件事！

1. 消失的鼻子

狮身人面像的鼻子不见了。据传说，鼻子因为拿破仑士兵的炮击而脱落，但大部分考古学家认为，15 世纪时，苏非派穆斯林穆罕默德·萨依木·阿尔－达尔由于反对当地农民崇拜狮身人面像，便蓄意破坏了巨像的鼻子。最终他因这一破坏行为被处以绞刑。

1

2. 胡子的传说

狮身人面像曾经还有过胡须。胡须的一部分残骸现藏于大英博物馆（British Museum），其他部分藏于埃及博物馆（Cairo Museum）。专家认为，胡须并不是最初雕刻的一部分，而是后来修复过程中加上去的，时间极有可能是在埃及第十八王朝（Egypt's Eighteenth Dynasty）（公元前1550~前1295 年）期间。

2

3

3. 女性斯芬克斯

埃及的斯芬克斯一般都被描述为男性，但在古埃及神话里，比如俄狄浦斯的故事中，斯芬克斯为女性。斯芬克斯的雕像一般用来守护庙宇，文艺复兴时期的欧洲尤为流行，随后流传到世界各地。

4

4. 斯芬克斯神庙

狮身人面像与位于其正北方向的神庙，即斯芬克斯神庙（Sphinx Temple）和正南方向的神庙，即河谷神庙（Valley Temple）的建造时间相同。建造神庙的巨型石块重达200吨，采自狮身人面像四周的基岩，因此神庙和狮身人面像的建筑风格亦相同。

5

5. 哈夫拉之谜

狮身人面像南部的堤道连接了哈夫拉河谷神庙和哈夫拉金字塔（Pyramid of Khafre）前方的葬祭庙。河谷神庙里挖掘出多尊哈夫拉的雕像。哈夫拉金字塔由于地势高于胡夫金字塔，因而看起来更大，事实上比胡夫金字塔小。

苏格兰的克拉德海澜发现了尸体遗骸，其中一具可追溯到公元前 1300 年，约为埃及国王图坦卡门统治时期。

神秘的沼泽遗尸

2011年，爱尔兰出土一具人类遗骸，科学侦探开始拼凑他神秘的一生。

乍一看，你不禁会怀疑这堆骨头曾经真的是个人吗？尽管如此，左手侧突出的确实是一只脚，这正是世界上发现的最古老的沼泽遗尸。

2011年，这具卡舍尔人（Cashel Man）的遗骸出土于爱尔兰莱伊什郡（County Laois）卡舍尔（Cashel）附近的库娜蒙娜（Cúl na Móna）沼泽，遗骸约有4000年的历史。但是遗骸的头部、脖颈、左臂以及一部分胸膛都被操作中的泥炭挖掘机的铣床损害，因此具体死因仍是谜。

出土后，考古学家很快到达现场。爱尔兰国家博物馆（National Museum of Ireland）的古物保管员埃蒙·凯利带领了一支调查团队。我们向他询问了遗骸身份的相关情况。“在我看来，卡舍尔人是现在的莱伊什郡，也就是青铜时代（Bronze Age）莱伊什王朝（Kingdom of Laois）的国王。”他告诉我们，“遗骸主人应该是暴力致死的。我们把这些残骸和其他类似考古发现对比之后，基本可以确定，他很可能死于某种献祭仪式。”

确定死因与祭祀相关，这又告诉了我们很多信息。凯利说：“爱尔兰出土的所有史前沼泽遗骸都出现在两个地方，要么是古爱尔兰王朝的边境，要么就像这具卡舍尔人一样，在王朝加冕山周围的特定区域。”古爱尔兰国王都是站在祖先骨骸之上加冕的，被视为是太阳神（Sun god）的半神式代理。如果粮食收成不好，或者出现自然灾害，都被视作失去了神的眷顾，因此就需要献祭……而献祭的重任就要国王自己来承担。

尸体作为祭品的一部分会被放入沼泽，这也是保存国王龙体的关键所在。卡舍尔人遗骸出土前为两米多厚的泥炭所覆盖；其中潮湿、酸性以及部分分解的苔藓和其他植物能排出氧气，保持环境稳定，这样细菌便无法腐蚀尸体。这也就意味着，目前已经出土的卡舍尔人状态十分脆弱，对其的处理必须比将其放入沼泽前更加谨慎。

伊恩·埃文登

手臂上的伤口

卡舍尔人的手臂在死前骨折，应该为利器所伤，考古学家认为很有可能是斧子。这些献祭的尸体都有一个共同点——“过度伤害”，即受害人受到的击打次数远远多于杀害他所必要的次数。

头皮

卡舍尔人的部分头皮在尸体不远处被发现，应该是被铣床带到那里的。从头皮可以看到，卡舍尔人的头发很短，但没有任何头部受伤的证据。

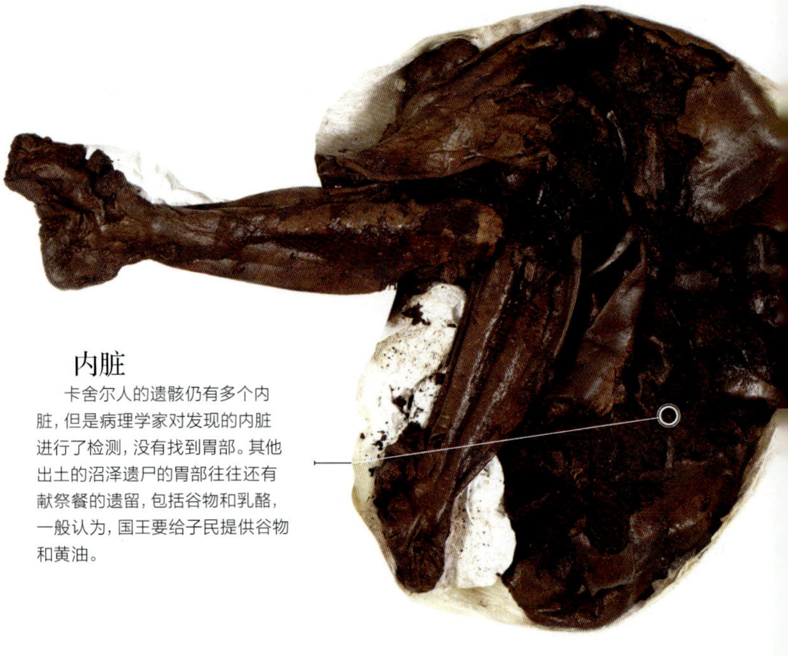

内脏

卡舍尔人的遗骸仍有多个内脏，但是病理学家对发现的内脏进行了检测，没有找到胃部。其他出土的沼泽遗尸的胃部往往还有献祭餐的遗留，包括谷物和乳酪，一般认为，国王要给子民提供谷物和黄油。

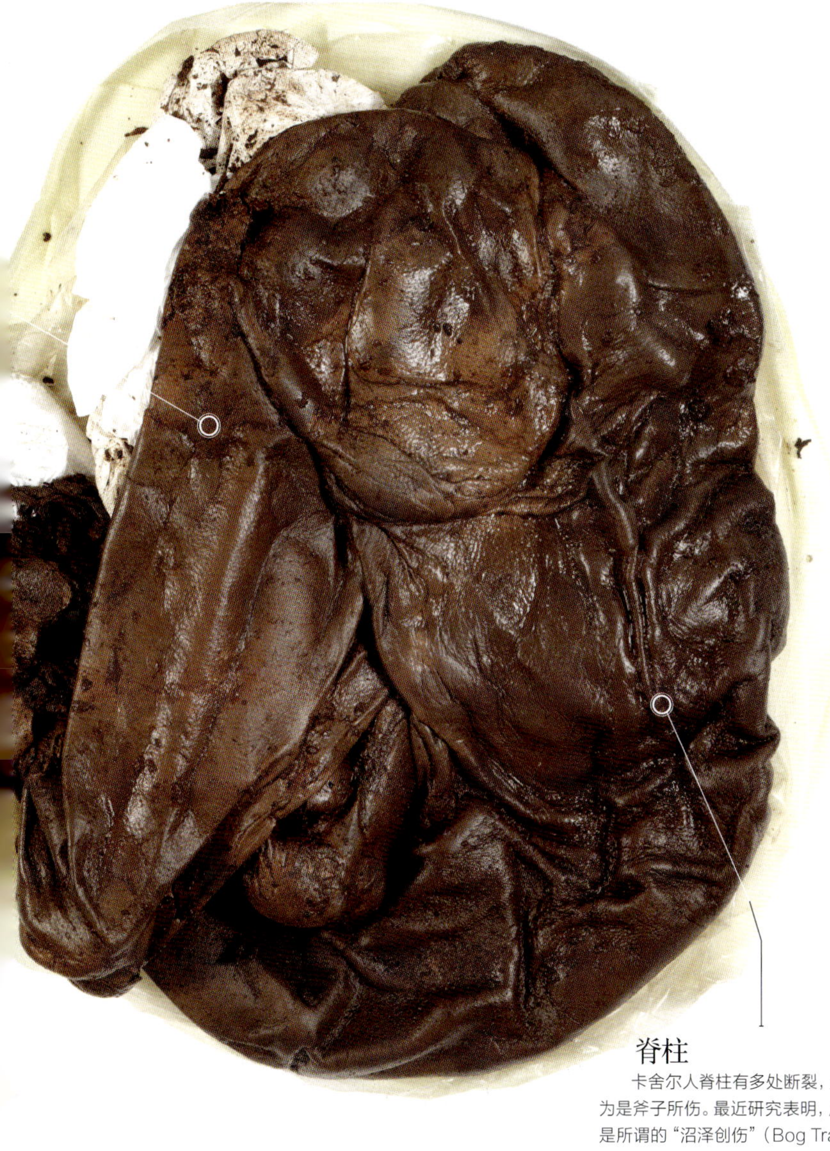

脊柱

卡舍尔人脊柱有多处断裂，起初被认为是斧子所伤。最近研究表明，原因可能是所谓的“沼泽创伤”（Bog Trauma），即沼泽酸性的环境软化了骨骼，上方泥炭的重量压在尸体身上，造成骨骼断裂。

分布广泛的沼泽遗尸

世界多地都有遗尸出土。

卡舍尔人是仍有肌体的最古老的沼泽遗尸，但并非个例。目前，古尸中年代最久远的是丹麦出土的骨骸科尔比约女子（Koelbjerg Woman），约为公元前 8000 年；但大部分都属于铁器时代（Iron Age）（约前 1200~400 年），当时欧洲森林繁茂，因此没有树木的沼泽既是与另一个世界的边界，又是能看到太阳神的地方。沼泽遗尸多在北欧被发现，美国佛罗里达州（Florida）也有部分出土，并且死因基本都与祭祀有关。近期，俄罗斯的湿地里，在第二次世界大战中丧生的士兵的尸体也开始形成沼泽遗尸。

分析手段

前沿科技如何测定古尸龄？

英国约克大学（University of York）的一支团队已经对卡舍尔人进行了碳元素测试。这具遗骸年代之久，考古学家都为之震惊。据测试，卡舍尔人可以追溯到青铜时代早期，比已知的第二古老的沼泽遗尸要早 600 多年。

爱尔兰出土的其他沼泽遗尸的乳头都被切除，用作祭品的一部分。由于卡舍尔人在沼泽里受到的破坏以及挖掘过程中遭到的损害，研究人员无法找到其乳头，但其他科学考察工作仍在进行。考古学家埃蒙·凯利表示：“我们仍然抱有希望，目前正在进行的测试应该能获得一些成果，如果能够检测遗尸肠道中的成分，就能推断出其死前最后一餐吃了什么。”

考古学家正在仔细清除掩埋卡舍尔人遗骸的泥炭

解密巨石阵

是谁建造了这一巨石圈阵？古代工程师又是如何做到的？考古学家正在运用最新技术试图解密。

4500多年前，人们聚集在现在位于英格兰西南部的威尔特郡（Wiltshire）。在那之前400年，有史以来首次将骨骸围在圈内，火化并埋葬在这里。但这次人们聚集并不是为了再次举行丧葬仪式。他们要开启一项伟大的工程，将这个地方转变成建筑史上的奇迹。

如今，他们的成果成为了英国最著名、最神秘的考古遗址——巨石阵。巨石阵建造之时，英国还远未有文字记载，最初建造的动机和建造使用的技术也早已在历史中销声匿迹。

几个世纪以来，关于巨石阵的确凿事实一直成谜，这也让巨石阵成为了神话。流传至今最久远的传说可以

威尔士的普瑞斯里群山——离巨石阵路途遥远

追踪蓝砂岩

研究人员可以利用化学分析精准定位蓝砂岩来自何方。

20 世纪 20 年代，研究人员意识到巨石阵中所用的蓝砂岩来自威尔士的普瑞斯里群山。自那之后，研究人员继续追寻，定位当年所用的采石场，并试图解释蓝砂岩巨石是如何被运到威尔特郡的。普利茅斯大学的蒂姆·达维尔教授称：“如果你从石块中取些样本，并溶解在强酸里，探测器可以检测到其中主要的代表性化学元素，包括微量元素。但因为这一过程会破坏巨石阵的 60 多块蓝砂岩，所以目前我们只取了其中 11 块巨石的样本。”

尽管普瑞斯里群山中不同的岩层露头都形成于同一岩浆，但蓝砂岩中不同的化学元素可以帮助我们匹配到不用的岩层露头。伦敦大学学院的麦克·帕克·皮尔逊教授挖掘了其中一处岩层露头的基岩，发现了一处采石场的踪迹。研究人员将借助碳元素定年的检测结果确认该采石场是否与巨石阵有关联。

那么蓝砂岩巨石是如何被运到巨石阵的呢？“之前我们一直估算最大的蓝砂岩巨石重达 3.6 吨，近期对巨石阵的激光扫描提供的数据更加精确，最大的那块大概重 2.7 吨。”达维尔说，“一群健壮的人可以搬起这个重量的巨石。不过，当时的人们开始运用新的牵拉方式。尤其是当时出现了由牛或马牵引的木制 A 型架子。在爱尔兰和威尔士地区，这种架子一直用到近代。因此当时的人无须航行的船队或童子军利用数千只轮滑在两地之间穿梭，巨石的运输方式比较简单。”

除了萨尔森石，还有体积相对较小的蓝砂岩

巨石阵的踵形石高约20米，位于圈阵之外

萨尔森石是巨石阵中最独特的阵形

追溯到公元 1136 年。据称，传奇人物梅林用航船将巨人建造的爱尔兰巨石圈阵运回了不列颠。此后，罗马人、腓尼基人（Phoenicians）、德鲁伊特[1]（druids），甚至外星人都曾在这一伟大建筑上投射自己的才略（参见“巨石的神话”，第 123 页）。

科学调查

20 世纪 60 年代放射性碳元素定年法引入，直到那时才揭开了巨石阵的真正建造者的神秘面纱。研究人员检测了巨石阵建造之时废弃的有机材料中放射性碳元素的衰变比率，并将

① 德鲁伊特：古代克尔特人中的祭司。

所谓的“屠杀石”并非用于屠杀，只是该石块形同桌子，因此得名，但其实最初这块石头是立起来的。

巨石阵历史上的关键时刻

公元前3000年

第一个圈阵是个墓地，焚烧后的遗骸被放置在坑洞里。但当时活动的主要区域范围更大。公元前3400年，巨石阵北部开凿了一条长达1.7千米的壕沟，以模拟堤岸和水沟。

公元前2600年

萨尔森石被运到该地，并放置在内圈和外圈的马蹄铁圈阵。蓝砂岩则被放置在两个萨尔森结构之间的双层圈阵内。建造完成之后，萨尔森石的位置就固定了。

公元前2300年

一条长约3千米的道路建成，连接了巨石阵和埃文河（River Avon）。这条道路向巨石阵延伸，夏至日时太阳会沿着道路轴线升起。

公元前2200年

两层蓝砂岩圈阵被拆卸，这些巨石以新的排列阵形被竖立起来。两个萨尔森石结构之间有一圈蓝砂岩。萨尔森石马蹄铁内部又有多组蓝砂岩矗立。

公元前1700年

青铜时代，当时的人们在马蹄铁内圈的部分萨尔森石上雕刻了匕首和斧头的象征图案。通过进一步激光扫描，目前已发现115个斧头和3个匕首图案。

公元43年

古罗马人入侵不列颠期间巨石阵的建造工作也在继续。目前挖掘所发现的古罗马人遗留物的数量和范围之广，说明此处可能存在一个古罗马人的神龛。

公元1978年

出于对游客数量过多的担忧，巨石阵的内圈已经关闭，不向游客开放。近年来，内圈在冬至日和夏至日会向游客开放。每年依然有超过100万人参观巨石阵。

1771年的巨石阵平面图，展示了巨石的位置

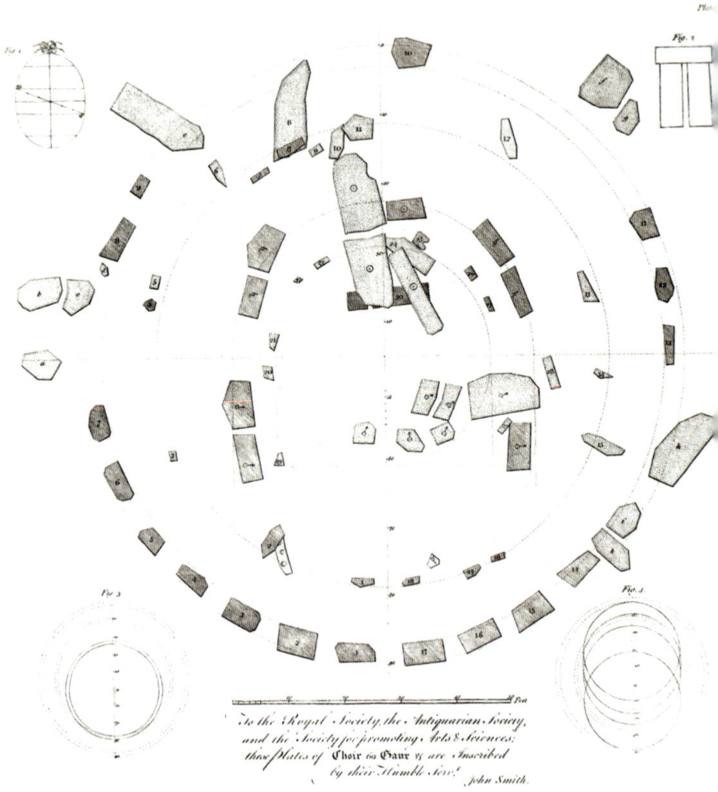

15 块

构成了内部马蹄铁圈阵的萨尔森巨石共15块。

33 米

每块萨尔森巨石圈阵的直径为33米。

45 吨

直立巨石上方作为横梁的石块重达45吨。

4.7 米

巨石阵的踵形石高达4.7米。

80 块

最初巨石阵内部蓝砂岩巨石的数量约为80块。

该数据与树木年轮中获得的数据进行比对，这座纪念遗址的起源终于浮出水面。

巨石阵既非梅林运送至此，亦非由罗马人建造，其创造年代更加久远。第一个巨石圈阵约建于公元前2600年，也就是英国石器时代（Stone Age）末期新石器时代（Neolithic period）之时。

20世纪60年代以来，研究巨石阵的科技手段不断成熟，进一步的放射性碳元素定年，加之地貌法（geomorphology）和激光扫描的运用，向世人呈现了更多有关巨石阵建造年代和手法的细节。但是这些细节

巨石的神话

巨石阵的建造手法和目的仍属未知之谜，于是便有了各种神话……

梅林运送至此

12 世纪，传教士蒙默思的杰弗里是个写故事的好手。1136 年左右，他写了一部英国国王的历史，据他称，该书由古籍翻译而成。众多故事中，有一个讲述了梅林如何拆卸了爱尔兰的巨石圈阵，又将其运送至一位英国贵族被杀害之地，重新组装。

由异邦人建造

早期的历史学家都读着古典书籍长大，这些书籍将凯尔特人讽刺为无知野蛮之人，因此历史学家认为巨石阵必定是在异邦人的协助下建成的。1953 年，在其中一块巨石上发现了匕首的痕迹。有些人将其视作对迈锡尼短剑的模仿，认为这能够证明得到过外邦人的协助。

祭祀遗址

17 世纪就有人提出，巨石阵是德鲁伊特的神庙，祭司在此地将祭品献给神，此后这一猜想根深蒂固。德鲁伊特教存在于尤利乌斯·恺撒统治期间，而根据巨石阵的真正建造时间，德鲁伊特教与其相隔 2500 年，这比我们与古罗马人相隔的时间还要长。

是否能让我们离解开巨石阵之谜更近一步？巨石阵究竟为何而建？

“我觉得如果想要用一个理由解释巨石阵的建造原因，未免有些天真。”蒂姆·达维尔教授是伯恩茅斯大学（Bournemouth University）的考古学家，也是知名巨石阵研究专家，“我相信巨石阵有很多不同用途，蕴含多重意义，我们可以通过分析遗址的一些考古材料，抓住其中的蛛丝马迹。巨石阵遗址的历史非常久远。因而，它也是很多象征意义的化身。最初，这里是个墓地，但当人们开始建造这些巨石圈阵时，那些都消失了。我觉得那个时候这里变成了一座庙宇。但是就像中世纪那些宏伟的大教堂一样，庙宇的存在也不应该只有一个目的。相反，这里就像一个大熔炉，可以糅合很多活动。”

巨石阵同很多新石器时代的纪念遗址一样，也和太阳在空中的轨迹息息相关。在一年中白昼最长之日——夏至，巨石阵的入口和升起的太阳位于同一轴线。冬至时，巨石阵中最大的几块石头支起的框架，刚好能将坠入地平线的落日框在其中。2008 年，由英国伦敦大学学院（University College London）的麦克·帕克·皮尔逊教授带领的挖掘工作显示，巨石阵与太阳的联系可能不仅是人类天才智慧的产物。

“这一点实在令人惊叹。”皮尔逊教授说，“我们的人类学家意识到，巨石阵所在之处运用了地面上的两条自然连线。所以很有可能是因为天地在此处以某种非同寻常的方式融为一体，才选址在这里建造巨石阵。”

沉重负荷

巨石阵建造的年代，金属还未被用于切割石块，因此巨石阵建造者需要用榔头和鹿角锤敲打石块进行塑形。即使费时费力，塑形的工作量也难以与固定巨石相提并论。组成巨石阵标志性阵形的萨尔森石必须从 30 千米

2013 年超过 3500 人在巨石阵庆祝了冬至，对于异教徒而言，一年中白天最短的日子象征着太阳的重生。

巨石阵被一圈壕沟围绕。巨石阵建造1500年前，壕沟就已存在于此。

甚至更远的地方运输至此。

一般会认为，巨石阵建造者在适合巨石阵建造的采石场中，选择了距离最近且操作方便的那种石头。但事实并非如此，巨石阵所用的另一种石块的来源就不符合此例。“这种石头通常被称为‘蓝砂岩巨石’。”达维尔说，“但这种岩石包括不同种类，例如粗玄岩、火山岩和砂岩。蓝砂岩比萨尔森石小得多，且非常独特。直到 20 世纪 20 年代，人们才意识到，大部分蓝砂岩都来自于威尔士西部彭布罗克郡（Pembrokeshire）的普瑞斯里群山（Preseli Hills），该地区位于巨石阵西北 220 千米。”

为何要把石头从相隔如此遥远的地方运到威尔特郡呢？“我们可能太过专注于蓝砂岩了。”达维尔说，“蓝砂岩只是巨石阵使用过程中的一个阶段，但这个阶段持续了四五百年，贯穿了巨石阵作为庙宇最鼎盛的时期，所以这也是一个重要阶段。

“在更近代的时期，普瑞斯里群山的山泉因其有治疗的功效，而被认为是圣水。这些山泉也是新石器时代活动的焦点之一，所以我相信，巨石阵建造过程中选中蓝砂岩正是出于治疗目的。但萨尔森石才是巨石阵作为庙宇的根本所在，所有一切都以此为基础。”

“传统观点认为，巨石都来自于当地丘陵，但这一观点值得商榷。”

另一种视角

达维尔对蓝砂岩的解读是巨石阵是生者的活动场所，帕克·皮尔逊则提出了另一种视角。马达加斯加的著

巨石阵的排列考虑了夏至、冬至日太阳的位置。

名考古学家兰弥里索尼亚称，在马达加斯加，岩石是给逝者的，木头给生者。受此启发，帕克·皮尔逊认为，巨石阵可能是为逝者而建的纪念遗址；在距离巨石阵3千米的杜灵顿墙挖掘出一圈木桩，该址与巨石阵建于同期，这个地方则是为生者而建的。“那是一个全新的视角。”帕克·皮尔逊说，“兰弥里索尼亚来自不同的世界，只是做了简单的观察。祖先是永恒的，所以需要与永恒之物（岩石）相联系，而生者只是过客，所以用木头象征。”

巨石阵的含义极有可能随着时间流逝而改变，但无论事实如何，这一遗址依然意义重大。

“我认为巨石阵在后期社群生活中作为一个神圣之地的活跃程度远超我们的想象。”达维尔表示，“2600多年前，罗马人抵达不列颠，那是在巨石阵建造之后。人们一度认为，巨石阵所举行的活动不过是几次野餐而已。但2008年我们的挖掘成果显示，建造者还在增加巨石阵中间的结构，很有可能还移动了巨石。时至今日，巨石阵依然受人崇敬。越来越多的人来这里参观、致敬，自其建立伊始，巨石阵一直以某种方式作为一个神圣之地存在着。”

马修·西蒙兹博士
（Dr.Matthew Symonds）
作家、编辑
马修有考古学博士学位，是《当代考古》（*Current Archaeology*）杂志的编辑。马修是纽卡斯尔大学（Newcastle University）的访问学者，其研究方向包括罗马史。

走近哥贝克力石阵

土耳其西南部发现了一处古老的寺庙，重新书写了人类最早的历史记录。

土耳其安纳托利亚（Anatolia, Turkey）东南部的农民一直抱怨农田里有石头出现。1994 年，德国考古学家克劳斯·施密特便来到此地。这里自 20 世纪 60 年代就发现了很多石制人造制品，施密特一来到这里就被大型的石灰岩巨石吸引。看到这些巨石，他就想到了附近他曾工作过多年的一处新石器时代遗址——奈瓦利邱瑞神庙（Nevalı Çori）。

1995 年挖掘工作开始，这处遗址的重要性也立刻显现。施密特从未见过数量如此庞大的 1 万年前的构造，这一发现足以永久改变我们对社会变革历史的认

尚勒乌尔法省

哥贝克力石阵所在的区域有众多珍贵考古遗迹。

在土耳其的尚勒乌尔法省（Sanliurfa），哥贝克力石阵并非当地出土的唯一一个，也非第一个重要考古发现。幼发拉底河河岸有着奈瓦利邸瑞神庙，包括多处庙宇和纪念建筑。尽管奈瓦利邸瑞神庙的规模不能与哥贝克力石阵媲美，但前者依然向我们提供了前陶新石器时代人类的重要信息。其中的多项发现可以直接与哥贝克力石阵的发现相比较，以探讨重复出现的主题和图像。比如，在奈瓦利邸瑞神庙和哥贝克力石阵的雕刻中，都可以看到人类头上画着秃鹰的图案，像是某种图腾。在哥贝克力石阵附近，还有三处考古遗迹：塞费里石阵（Sefer Tepe）、卡拉汉之丘（Karahan Tepe）和哈姆扎石阵（Hamzan Tepe）。有证据显示，这些石阵也有类似的T字形石柱，但是仍未挖掘。

识。施密特发现了哥贝克力石阵，石阵中有大量T字型的构造围成圈，在被挖掘之前，石阵被掩埋在泥土之下数千年之久。

德国考古研究院（German Archaeological Institute）负责该遗址。研究员延斯·诺特罗夫说：“根据放射性碳定年法测定，哥贝克力石阵大约建于公元前10000年至公元前9000年，即前陶新石器时代。那是狩猎采集时期，因此遗址中没有出土任何圈养动物、种植植物的相关材料。”

这就让我们得以一窥新石器时代社会体系的发展。一般认为，狩猎采集社会规模太小，无法建造如此大型的纪念物。而哥贝克力石阵直径300米，高15米——不用参考其他，其规模本身就足以让我们质疑上述印象。

发人深思

一般认为，农业的发展促使早期人类聚集成为更大型、有组织的群体，而哥贝克力石阵的存在推翻了这一理论。建造哥贝克力石阵需要大量有组织的人手。也许这种人力需求要求的食物比狩猎或采集所能获取的要多。哥贝克力石阵是否能证明农业的发展并非由于人类聚居的需求？毕竟，目前已知的最古老的农作物——单粒小麦出土于附近的卡拉贾山（Mount Karaca）。

“哥贝克力石阵中纪念性的建筑展现出丰富的自然主义和象征主义特征，说明当时社会复杂，毫无疑问，这一遗址也成为迄今为止的神话。”诺特罗夫表示，“另一方面，我们也

走进哥贝克力石阵

哥贝克力石阵的生动图案向我们展示了人类祖先如何生活。

1. 野猪形象

每一圈 T 字形石柱都根据其发现顺序配上了字母编号。第三圈，C 区域包括至少四个由墙体和石柱组成的同心圆。这一区域中，包括多处雕刻了野猪的形象的石柱。

2. 破坏行为

当考古学家挖掘到 C 区域时，他们发现中心石柱不见了。这些石柱都在古时被敲碎，并掩埋在特地挖好的坑洞里。考古学家借助激光扫描技术，可以完整复原这些石柱。

3. 动物雕刻

在目前挖掘的石柱圈阵中，保存最完好的是区域 D，同时这也是最大的，其中有两根巨大的中心支柱，周围有 12 根小型石柱。这里也有无数动物雕刻，以狐狸和蛇为主。同时还可以看到手掌和手指的痕迹。

4. 盛酒器皿

哥贝克力石阵的部分房间内发现了大型石灰岩制成的盆。鉴于附近地区都曾种植单粒小麦和二粒小麦，所以这些器皿可能是用来盛酒的。目前共发现 6 个此类器皿，其中有些内部有灰黑色残留物。

5. 人力需求

哥贝克力石阵规模如此庞大，说明建造之时一定使用了大量人力。毕竟移动 7 米长、50 吨重的石柱并非易事。有没有可能这几百号人在移动完石柱之后，得到了器皿中的美酒作为奖励呢？

6. 集会场所

在区域 F 发现了大型聚会的进一步证明，在这里石柱圈阵被一些石灰岩长凳分隔。长凳与中心石柱的位置关系让这一区域看上去是个集会场所。

哥贝克力石阵的部分石柱重达50吨，将这些石柱放置妥当绝非易事

没有在同时期的遗址中，例如奈瓦利邱瑞神庙和卡育努（Çayönü）找到任何能与哥贝克力石阵相比肩的建筑。”

让哥贝克力石阵独一无二的另一个因素是，石阵看起来被人有序填埋了，而且很有可能是由经常出入于此的人填埋的。因此，要确定石阵和出土的人造制品的年代就更加困难了。

除了传统的定年法（比较工具、人造制品等），研究人员还使用了放射性碳定年法。第一次用放射性碳对石阵进行定年使用了成土碳酸盐，这种物质会在掩埋时形成于石灰岩之上。但是，这一数据只能告诉我们哥贝克力石阵是何时被掩埋的。目前研究人员正在对墙体和植物遗留进行定年。区域 D 是哥贝克力石阵最古老的一部分，该区域的样本显示，石阵有 95% 的可能可追溯到公元前 9745 至公元前 9313 年，比英国巨石阵还要古老 6000 年。

但石阵的建造年代并非困扰研究人员的唯一问题。

及时的援助

诺特罗夫表示：“目前只挖掘了遗址的一小部分，还有很多问题亟待解决。我们仍然不知道此地举行了什么样的活动，也不知道为何要建造石阵。”

对于这些问题，一支以“我们在世界中的位置”（Our Place in the World）为口号组建起来的研究队伍正在寻找答案。团队中的一名史前考古学家李·克莱尔表示：“这个项目旨在召集一批考古学家、进化心理学家、人种学家和文化历史学家，共同寻找关于新石器时代早期人类认知演化问题的答案。重要的是，这一项目不仅关注哥贝克力石阵挖掘的证据，也重视美索不达米亚的多处遗址中发现的考古特征。”

哥贝克力石阵的柱子上刻有鸟类图案，同时也有证据表明，经常出入此地的人也会把自己扮作鸟的样子，这可能是宗教仪式舞蹈的一部分。克

哥贝克力石阵区域A石柱2，其上有公牛、狐狸和鹤的雕刻

挖掘哥贝克力石阵是一个漫长且辛苦的过程，挖掘工作还需时日

宴会的证据

关于哥贝克力石阵过往的蛛丝马迹。

研究人员仍在努力确定，哥贝克力石阵到底进行过何种活动。杵和臼的发现表明这里可能有过某种形式的植物加工；大量的动物骨骸又能证明此地曾有过大规模宴会。需要注意的是，考古团队并不想把整个哥贝克力石阵挖掘出土。相反，他们只希望挖掘对答案必要的部分。

解密！

为前陶新石器时代发现搭建数据库。

挖掘工作的一项重要成就就是搭建了项目数据库，集合了与象征或仪式相关的考古发现。目前已经从140个不同遗址收集了超过2000种考古发现的信息，并整理了其中的相似之处和趋势。研究人员希望，数据库能够提供前陶新石器时代共同的社会文化网络背后的含义。

莱尔和同为考古学家的约尔格·贝克认为，这些“图案、象征和隐喻……可能对于那些仍在适应自我与环境的新石器时代早期人类而言非常重要。”

这一项目仍在相对初期阶段，哥贝克力石阵考古重要性的深度和广度可能影响未来。“很显然，整个哥贝克力石阵所在的土丘都非常重要。”诺特罗夫表示：“我们进行了地磁测量，包括运用了透地雷达，结果表明哥贝克力石阵并非仅限于山丘的某一部分，而是包括整个山丘。目前正在挖掘的有7处，此外地球物理图上显示还有10处遗迹正待发掘。”

随着研究的进展，也许人类历史上又能书写新的篇章。研究人员正在努力发掘，终有一日，哥贝克力石阵能够揭示我们的社会结构从何而来。

马特·吉尔曼
（Matt Gilman）
历史作家
马特对历史很感兴趣，因此他踏遍全球，到过埃及的遗迹，也见过日本的山间神龛。

8000多尊形态各异的兵马俑围绕着秦始皇陵

兵马俑之谜

研究表明，古代中国所用兵器比同时期其他地区平均水平先进2000年！

1974年3月，一群农民在挖井时发现了埋在地下的陶塑人像。人像出土后，考古学家发现，这只是8000个兵马俑中的一个。在出土之前，兵马俑已经在地下被埋了2000多年。兵马俑阵排列整齐，两翼配有战车和铜制马匹，这支军队在戍卫中国第一位皇帝——秦始皇的陵寝。围绕陵寝的共有四个兵马俑坑，似乎秦始皇下葬时，整个世界都是陪葬品：兵马俑中有乐师俑、杂耍俑、文官俑以及士兵俑。历史学家认为，这些兵马俑是用来伴随皇帝进入来世的，且每一个真人大小的陶俑都独一无二，有着独特的面部表情、发型和特征。当时绝大部分的大型工程都强迫非技术性劳工完成，但秦始皇兵马俑显然出自技艺精湛的匠人之手，这也让考古学家颇为困惑。为什么如此大费周章？

同样令人费解的还有兵器制造中所用的专业知识。那些兵马俑并不仅仅是拿着兵器的陶俑，而是古代实实在在的军工厂。此前，在不破坏兵器的前提下很难进行分析，然而最近新技术不断发展，我们得以对兵器建造的方法有了进一步了解。科研人员给兵马俑手中所持弓箭制作了硅制模型，并用扫描电子显微镜进行分析，发现所有4万支弓箭的箭头都被车床打磨得一样尖锐。这是最早的证据，证明那时能够大规模使用此类工具生产尖锐得足以致命的武器，即使手持这些弓箭的士兵根本不可能真正使用。

目前，考古学家正在利用X射线荧光光谱分析兵器的化学成分，发现当时的中国人使用了另一种铜的混合比例，使得制造出来的兵器有致命杀伤力。士兵携带的弓箭在当时也是颠覆性的，弓弩上配有精巧的十字弓弩机，这样弓弩在发射时速度极快。

“这是这一大规模、标准化生产的军事装备中最有创造性的一部分。”军事历史学家迈克·罗德斯如此评价，“这一装置看起来简易，却领先时代2000年。”

秦始皇陵至今尚未完全发掘，目前已有2000多尊兵马俑得到修复。每年兵马俑都能吸引250万游客，他们从各处蜂拥而至，只为一睹兵马俑的风采。不过，想要完全理解古代中国的文化和技术，恐怕还有很多地方值得我们挖掘。

阿龙·博德利
（Aaron Boardley）
科学作家
阿龙有数学和物理学学位，目前致力向公众普及社科知识。他也时常做客科学广播节目《摘要》（*In The Abstract*）。

英国约有 19 处白马，但只有阿芬顿白马可追溯到 18 世纪。

阿芬顿白马

山丘有眼睛、有身体——这一切都要归功于景观艺术，这种古老的艺术形式可以追溯到青铜时代。

在英国牛津郡（Oxfordshire）的绵延山丘之间，有一个不起眼的辖区叫作阿芬顿（Uffington），辖区内其中的一个上坡有着弯弯曲曲的沟渠，里面填满了白垩岩。站在这些沟渠之间只能看到全貌的一角，那是一匹马的形象，四肢健壮、舒展，仿若正在闲庭信步。

这匹英国阿芬顿白马（Uffington White Horse）不是英国唯一一处山丘上马的形象，但它是最古老的一处。不过，多年来，其确切年代和源起一直争议不断。经常有人提出，雕刻这一白马是为了庆祝公元 871 年阿尔弗雷德大帝在阿什当（现为阿芬顿城堡）之战（Battle of Ashdown）战胜丹麦人。然而，由于缺乏确凿证据，专家认为这种猜测不过民间传说罢了。

牛津大学考古系的西蒙 · 帕尔默和大卫·迈尔斯提出了更可靠的理论，他们认为白马雕刻于 2000 多年之前的铁器时代，当时是作为部落象征，圈出特定部落的区域。帕尔默和迈尔斯带领的挖掘行动组于 1990 年发现，白垩岩的裸露并非由于简单地移除表面草皮，沟渠之内有不同岩层，有些含有青铜时代晚期的细沙。这一发现为上述理论增添了可靠依据。

然而，部落象征的猜测大多来自于白马创造者独特的风格。白马身体微微弯曲，尾巴和脖子舒展；有棱有角的头部中间有一只眼睛，前后四肢与躯干稍有脱离，看起来白马正在奔腾。这些特征都是典型的凯尔特艺术，而这一地区在铁器时代晚期，古罗马人入侵之前，确实由凯尔特多布尼部落（Celtic Dobunni tribe）占领。

传说中在白垩岩山峰龙山（Dragon Hill），圣乔治杀死了一头传说中的野兽。站在山崖北侧 3.5 千米之远，也能看到山谷对面的阿芬顿白马。所以，如果你坐火车从斯温登（Swindon）到迪德科特（Didcot），无意间瞥到白马，可以想象自己正从古老的阿特雷巴特王国南部的草原远眺，第一次看到了白垩岩标记的警告，就知道自己正在进入一片属于神秘部落的领地，前方凶吉未卜。

这匹英国阿芬顿白马（Uffington White Horse）不是英国唯一一处山丘上马的形象，但它是最古老的一处。

解密！

阿芬顿白马是如何雕刻的？

阿芬顿白马是用挖掘沟渠的方式创作的。地表之下的白垩岩不足以露出地面，所以必须挖掘一道沟渠，然后用另一处的白垩岩填满。因此，尽管山丘上草木丛生，还有风化作用，但阿芬顿白马依然可以保留数百年之久。

白马

阿芬顿白马确实令人惊叹，但绝非独一无二。

维多利亚人每七年举办一次“洗刷”节，这原本为了保证阿芬顿白马的白净，却成了一项庆典。可能正是这项庆典激发后人创作了更多山丘上的白马，也着实为英国乡村增色不少。

奥斯明顿白马

1808年，奥斯明顿白马被雕刻在韦茅斯（Weymouth）北部的石灰石山丘之上，描绘了这个小镇的常客——乔治三世。这一雕刻的形象展现了国王正骑着马离开韦茅斯，据传言，国王因此觉得自己不受欢迎。

基尔本白马

基尔本白马位于约克郡的瑟斯克郊外（Thirsk, Yorkshire），由当地居民于1857年创作。该居民称，他游览了阿芬顿白马，认为北方地区也应该有类似的景观。

彻希尔白马

1780年，来自附近卡恩（Calne）的克里斯托弗·艾尔索普博士创造了彻希尔白马。艾尔索普被人称为“疯狂博士”。据称，他利用扩音器远程指导了创造过程。

奥尔顿巴恩斯白马

奥尔顿巴恩斯白马坐落于威尔特郡的牛奶山（Milk Hill），是1812年应当地居民罗伯特·派尔的要求而建。派尔先生出钱请画家罗伯特·索恩进行设计，并管理挖掘工作。但在完工之前，索恩先生却失踪了，派尔先生不得不再次掏钱雇人。

韦斯特伯里白马

韦斯特伯里白马可能是威尔特郡最古老的白马了，有人称其可追溯到1742年。据传言，此处白马景观最初为纪念堂。但是，也有人推测，现存的白马是为嘲讽盎格鲁-撒克逊而建的假古迹。

古印度文明为何消失

古印度文明所跨区域大于古埃及，人口增速惊人。然而之后……却一无所有。古印度文明为何消声匿迹？

青铜时代，最复杂的古代文明之一在现今的印度和巴基斯坦发展繁盛。古印度文明所跨区域比古埃及大，人口曾发展壮大至 1000 万，之后保持在 500 万人左右……然而其迅速消亡一直成谜。

古印度文明以印度河命名，在其鼎盛时期（公元前 2600 年—前 1700 年）是世界上技术水平最发达的文明。古印度出产铜、铅和锡；古印度文明还首创了独特的度量衡体系，还有了牙医。古印度以城市规划著称，烤砖造的建筑构成集群，还配有下水道系统，住户还饲养宠物。然而，古印度真正的突破在于贸易。古印度人很早就采用了轮式交通工具，联结了哈拉帕（Harappa）和摩亨佐－达罗（Mohenjo-daro）两座城市。古印度人还使用了牛拉车，建造运河和码头，在整个东南亚地区进行贸易，古印度也因此繁荣。最终古印度文明的消失是否是因为贸易的衰落呢？

有人认为是一场旱灾重创了古印度的农产品加工业。水资源日益紧缺，古印度人无法继续种植他们赖以生存的谷物、枣和棉花，最终古印度人要么因此灭绝，要么迁移到恒河流域定居。到了公元前 1700 年，大部分城市被遗弃，而对遗骸的分析却显示，多数居民可能死于截然不同的原因。

印度文明最大的城市哈拉帕的遗址，建于公元前3,000年

骨骸研究发现，很多古印度人的颅骨受伤程度在史前南亚地区是最高的，说明多数人死于野蛮暴力行为。人类学家格温·罗宾斯·舒格表示，这与“和平印度的神话”截然相反。尽管之前对于士兵或杀戮的描绘少之又少，加上研究人员对其解读也大相径庭，但格温依然认为，暴力是“生活的一部分”。

至于此种暴力是由于人口过多，还是来自于其他文化的入侵，还有待确认。在更多遗迹被挖掘之前，在破解神秘的古印度铭文之前，这将一直成谜。

阿龙·博德利

你问我答

研究古罗马人的粪便能告诉我们什么？

如果有任何信息的话，那就是庞贝人对美食十分热衷。城里有一大块马赛克，描绘了大量海鲜，包括鳗鱼、鲻、龙虾、鱿鱼和章鱼。还有壁画描绘了圆形面包、水果、家禽和鱼，还有私人家宴、红酒盛宴的场景。庞贝还有“酒吧”遗迹。那些酒吧相当于古罗马的快餐店，长长的柜台上有用来放食物容器的孔洞。

在庞贝进行的新的挖掘专注于古城的门户斯塔比亚地区附近的商店和餐饮区。商店后面的厕所和污水坑则为庞贝人的饮食提供了新的证据。食物残渣和人类排泄物，历经两千多年依然保存下来。排泄物显示，当地人的饮食大部分为扁豆、坚果、鱼和橄榄。

但也有证据证明还有异域食物——长颈鹿的骨头和印尼香料表明，罗马精英阶层的饮食口味出人意料的复杂。庞贝的考古发现告诉我们，进餐是古罗马人社交和文化的重要部分。

哈里·琼斯（Harry Jones）

英国，兰迪德诺

古罗马人的马赛克告诉了我们什么？

古罗马人用马赛克来装点公共和私人场所。马赛克图案的主题包括食物、农耕、狩猎、角斗、体育、宗教和服装，且不同地点选择的主题也有所不同。公共澡堂内的马赛克图案为我们提供了许多海洋生物的信息。研究者们分析了20多幅描绘一种名为鮨科鱼（groupers）的马赛克图案，发现这种鱼类通常被描绘成体型巨大的生物，几乎成了海怪。与其假设古罗马人夸大事实，科学家们更愿意相信地中海沿岸的生态曾发生过变化，导致这种鱼类的体型缩小。

房屋和别墅等私人场所中发现的马赛克为我们透露了神秘的宗教信息。研究者们调查了在英国萨默赛特的牛顿圣洛（Newton St Loe）发现的一幅马赛克。这幅作品描绘的人物是俄耳甫斯（Orpheus），是他在英国萨默赛特富饶的罗马别墅中开创了狄俄尼索斯（Dionysus）邪教。我们甚至还能从马赛克中学习拉丁语。庞贝古城中一幢巨大别墅的入口处就以马赛克写着“HAVE”（“ave”的变体），这个词能同时表达“你好”和“再见”。

艾米丽·马尔科姆（Emily Malcolm）

英国，纳尼顿

未勘探的区域正通过谷歌地球等方式的卫星图像被展示出来

地球上无人涉足之地是否藏着遗迹?

考古学家正在利用谷歌地球等应用寻找被遗忘或被掩盖的遗迹，比如在阿富汗、沙特阿拉伯和澳大利亚内陆等地。已解密的冷战时期一颗美国间谍卫星拍下的图像显示，中东地区存在遗迹，而过去50年内这些地区已经建起了现代设施。这些是已经勘探过的遗迹，只不过勘探时间较短，还有待进一步勘探。事实上，地球上还有许多尚未勘探过的可能存在遗迹的地方，分布在世界各地的海岸线上。例如，有重大理论认为，人类曾经沿着环太平洋海岸线朝北美迁徙。由于气候和地理变化，这条路线有很大一部分都已经被海水淹没。考古学家如今刚开始在海洋中寻找第一批北美迁徙者的蛛丝马迹。

米亚·怀特海 (Mia Whitehead)

英国，切斯特费尔德

谁是第一个化妆的人?

最早的颜料使用者是 75000 年前的早期智人：在南非的布隆伯斯洞穴（Blombos Cave），我们发现了被装饰过的大块赭石（一种富含氧化铁的天然燃料）。此外，我们还在 2 万年前法国和西班牙的洞穴壁画中发现了赭石的运用。不过，人类历史性地把赭石（ochre）、指甲花（henna）和化妆墨（kohl）运用到化妆上则是在 3500 年前的埃及。

瑞秋·史密斯

英国，德比

152

160

144

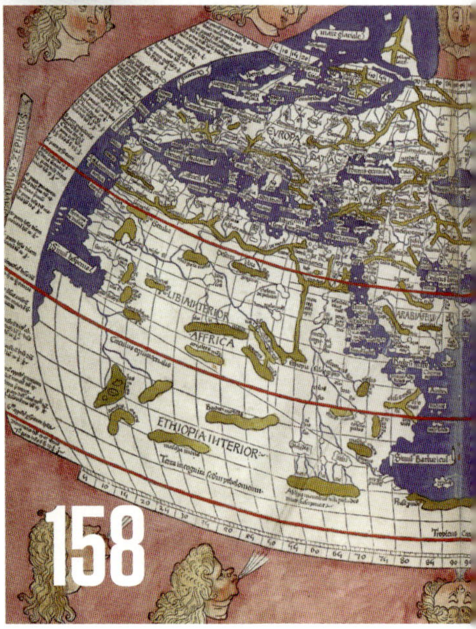
158

4 密码之谜

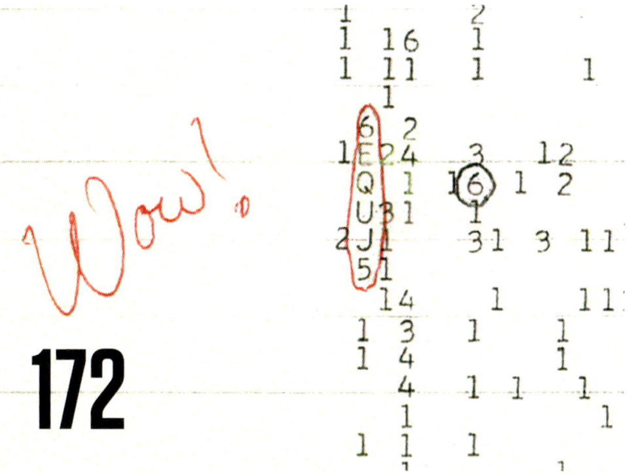

神秘的伏尼契手稿

一本书无人能懂，若其中密码得以破译，也许会诉说来自过往的神秘故事。抑或，一切都只是个骗局？

19世纪早期，让-弗朗索瓦·商博良试图破解古埃及象形文字时，手边能参考的线索不少。包括罗塞塔石碑（Rosetta Stone）（参见160页），其上将同一段文字用两种埃及语言和相对熟悉的古希腊文字各刻了一遍；还有科普特语，是古埃及的一种语言；以及体现了埃及人的书写习惯，即在碑文边饰雕刻名字，再用文本中的其他文字绕名字一圈，突出名字。即使有诸多线索，工程量依然浩大。

现在，想象一下，发现了加密文字，却没有任何有用线索。有些内容只存在于已知的一本书中，而目前试图破译这本书的努力都失败了。这甚至让人怀疑一切是否只是骗局。这正是那些试图破译伏尼契手稿的研究人员面临的难题。手稿约240页，里面充满了无法破译的文字。书页上的内容看起来是从左读到右的，文字可能共由40个字母构成，有些熟悉，有些陌生。书页是处理过的牛皮制成的牛皮纸，并装订分类成18卷。手稿的文本中没有清晰的标点，且在成书之后，书页被多次重新排序。目前书稿全文根据插画的主题可分为六个章节，包括草药、宇宙论、天文、生物学、医药和配方。书中插画几乎和文字一样神秘难懂。其中有奇异的植物，有些图案仅在书页边缘处能依稀辨认出形状，还有一些可能代表着星星、星座或生肖的圆形图表，甚至有被放入类似生物机械器材中的裸体女性。

书页上的内容看起来是从左读到右的，文字可能共由40个字母构成，有些熟悉，又有些陌生。

手稿中的五页

伏尼契手稿中的插画和文本同样有趣

第一眼看到手稿，你可能会觉得应接不暇。部分书页中文字多于插画，而即使在最平淡无奇的文字中间，也蕴藏有趣的发现。尽管书稿年代久远，但依然色彩斑斓。图片各异，且可能是破解书稿密码的关键。有的插画描绘了不同的植物和星座，如果能够识别其中一二，就能从文本中挖掘更多信息。这里，研究伏尼契手稿的专家尼克·佩林为我们介绍了手稿中最值得注意的五页。

仍未识别的奇异城堡

“这一页美丽、奇异，也非常脆弱。书页展开后比手稿更大。”佩林说，“上面有一系列非常神秘的图案，也激起了后人成百上千种不同理论。”书页上绘有城堡，其上有明显燕尾状的图案；这描绘的可能是意大利北部或法国尼斯的建筑。

未完成的书页

“这一页上面有红色的铅印，看上去像是作者时间不够，只能匆匆几笔画完。这也能让我们一瞥手稿的创作过程。”15 世纪时，铅笔还未发明，因此把红色铅棒（一种铅氧化物）当作今天的蜡笔用。

有人认为这一页画的是蓖麻

插画之外，便是那流水般的文字，全部手书，却无一处错误或涂改。自然而然，关于书稿确切含义的各种理论亦层出不穷。当时，商博良有一整个文明的书面记载可以分析，而伏尼契手稿恰恰相反，书稿长 25 厘米，厚 5 厘米，却独一无二，无其他资料可参考。

神秘的历史

亚利桑那大学的研究人员利用放射性碳，检测了书稿封面，结果显示书稿可追溯到 15 世纪（参见“测定手稿书页的年代”，第 149 页）。美国芝加哥麦克隆研究机构（McCrone Research Institute）对手稿所用的墨水进行了碳测定，测定结果与封面年代相近。手稿早期的历史已不可知。据称，玄妙事务的忠实爱好者神圣罗马皇帝鲁道夫二世（1552—1612）可能曾为手稿的其中一任主人。不过可以确定的是，格奥尔格·巴雷施——这位来自布拉格

二战期间盟军对纳粹密码的破译加快了战争的结束。分析人士认为数百万生灵得以幸存。英国的密码破译在布莱切利园进行。

精美日历

“上面有一张精美的月亮脸，周围有12个标有名字的图标。有人说，这可能是月份或生肖。且日历用浓重的红色和蓝色绘成。”原本这一页和下一页之间还绑有其他书页。

解剖图示

“书页上方画着一个女人，她的手在某种管子里。还有各种各样奇怪的东西。图案看上去古怪、诡谲，却又很奇妙。最棒的理论是雷纳·扎德贝根提出的，他认为这画的可能是不同的医学病症。”不过这些管子看起来确实有点像肠子……

古怪文本的最后一页

这一页和所有其他书页都不一样。“尽管这一页看起来一点都不像密码，但就是无人能懂。书页的具体内容也因此成谜。我怀疑手稿的某一任主人看到书页上字迹模糊，就试图根据他所认为的语言进行修正，却猜错了。”

的炼金术师和古董经销商，曾于1639年在给耶稣会会士、通才学者阿塔纳斯·基尔舍的书信中提及了他所收藏的一本神秘书籍，并希望基尔舍能够读懂。1666年，基尔舍终于拿到了那本书。除了书稿之外还附有一封信，信中称该书为逝于1294年的英国哲学家、方济各会修士罗吉尔·培根所著。但根据放射性碳测定结果，此作者应为不实传言。已知事实是，该书稿同基尔舍的其他论文一起被收入罗马的宗座额我略大学（Pontifical Gregorian University）图书馆，直至1912年，书稿同诸多晦涩难懂的论文一起被出售，以筹措资金。

“毫无疑问，手稿的内容是实实在在的。无论是手稿的外形或形式，从任何一个角度看，这都不是一个骗局。”

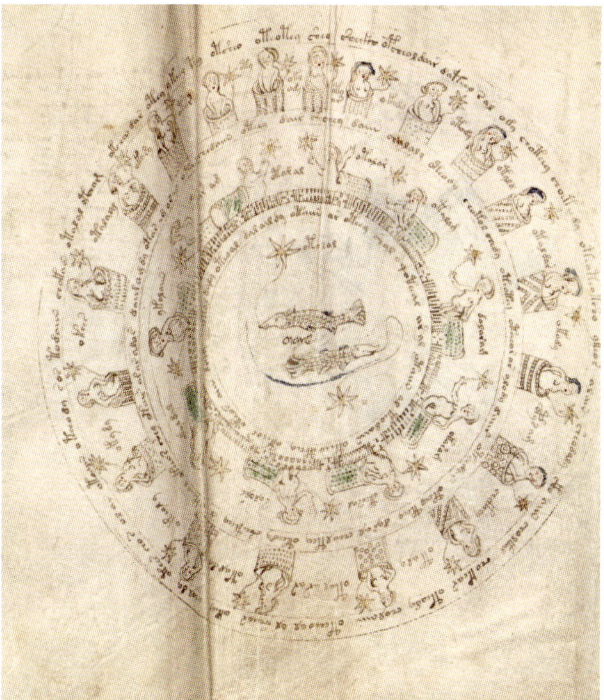

伏尼契手稿这一页画的是围着2条鱼的女人们形成的圆环

威尔弗雷德·伏尼契的人生与时代

他的名字将永远与手稿联系在一起。

在拿到手稿之前，威尔弗雷德·伏尼契生活在一个有趣的时代。1865 年伏尼契生于一个波兰裔的贵族家庭。他出生的城市现在属于立陶宛（Lithuania），但他出生之时，那座城市还是沙皇俄国的一部分。出生时他的名字为威尔弗雷德·米哈尔·哈柏但可·沃尼茨。1904 年入英国籍之后，伏尼契才改了名字。

当时，俄罗斯的边境动荡不安。伏尼契学习了化学，掌握多门语言，获得了几个学位，包括一个博士学位……最终成为了一位波兰革命民族主义者。他的冒险行为甚至包括我们今天所谓的恐怖主义行为。伏尼契因帮助几位面临死刑的朋友越狱而被监禁。在监狱期间，他患了肺结核。

1890 年，伏尼契从西伯利亚的监狱中逃出，逃亡到了当时的北平（现为北京），并取道德国，抵达伦敦。他在伦敦成立了一个革命组织——俄国自由友社，不过 1896 年该组织不再活动。1898 年，伏尼契开了一家书店，四年后，与埃塞尔·布尔成婚。埃塞尔也曾是一位革命同志。随后，伏尼契沉浸在古董书籍交易中。1912 年，他获得手稿，并以自己的名字命名。

这时，威尔弗雷德·伏尼契出现了。当时，伏尼契是伦敦的书籍经销商，他买下了手稿，无意间给手稿起了自己的名字，却意外流传至今。伏尼契去世后，手稿传给了身为作家的遗孀埃塞尔·莉莲·伏尼契。埃塞尔逝世后，书稿经多位经销商之手。1969 年，手稿被赠予位于康涅狄格州纽黑文（New Haven, Connecticut）的耶鲁大学（Yale University）图书馆，迄今为止手稿未再转手他处，却也至今无人能懂。

事实还是骗局?

有人认为，伏尼契手稿就是个骗局，永远无法破解其含义。2004 年，基尔大学（Keele University）的计算机科学家戈登·鲁格表示，借助“卡登格”可以写出与伏尼契手稿特征类似的文本，而这样的文本毫无深层含义。所谓卡登格，即把前缀、后缀和其他字母写在纸上，另一张纸有随机排列的空格，用第二张纸盖住第一张，就能拼凑出单词。

历史上确实有不少“骗子”书籍。托马斯·查特顿写了诗，却称这些诗歌由 15 世纪的一位僧侣所作，但在 18 世纪 70 年代被拆穿。1983 年，全世界都被希特勒的日记被发现一件事欺骗了。不过很快这一骗局被拆穿，这些日记皆由康拉德·库哈伪造。然而不久前，还有多位知名历史学家对这些所谓的日记进行了“验真”。

《科学探秘》对尼克·佩林进行了访谈。尼克是一位计算机程序员、历史密码破译者，也是《伏尼契的诅咒》（*The Curse of the Voynich*）一书的作者，书中分析了伏尼契手稿包含真实讯息的可能性。“毫无疑问，手稿的内容是实实在在的。”他如是告诉我们，“无论是手稿的外形或形式，从任何一个角度看，这都不是一个骗局。”至于手稿与伏尼契的关系，似乎并非那么简单。尼克说：“如果将骗局理论抛诸一旁，还剩下两大理论。其一由美国密码专家威廉·弗里德曼提出，他曾在二战时破译了日本的外交密码‘紫色密码’；其二由英国密码专家约翰·蒂尔特曼准将提出，他则在二战时破译了德国的洛伦兹密码。这二位都是 20 世纪密码破译方面赫赫有名的专家。”

佩林表示，弗里德曼阅读了伏尼契手稿，发现其中有非常多相似的词

测定手稿书页的年代

这都要归功于原子的规律活动。

美国亚利桑那大学（University of Arizona）的研究人员利用放射性碳测定书页年代。该定年法较为常用，可以精准确定不超过 6 万年的物品年代。地球上，碳有三种自然存在形式，或者说同位素，即碳 -12、碳 -13 和碳 -14。自然界中存在微量碳 -14，生物存活时，碳 -14 会在体内积累。当有机物死亡后，体内的碳 -14 水平会以可预测的速率下降，由此可以推算出动植物已经死亡多长时间。伏尼契手稿的羊皮纸书页由动物皮制成，因此可以用放射性碳定年。根据测定，书页的年代可追溯至 15 世纪。

放射性碳年代测定法被广泛用于确定有机材料的日期

语。“因此他认为，这不可能是一种语言——至少不是我们一般认知意义上的语言。相反，这很有可能是人造的‘语言’，毕竟在 16、17 世纪曾有过人造语言热潮。”而伏尼契手稿成书又早得多，不过弗里德曼也有他自己的理由。

佩林还说：“另一种观点就是蒂尔特曼提出的。他认为伏尼契手稿并非由一种密码组成，而是一系列密码综合在一起。他还认为，这些不同密码的组合方式非常巧妙。”

佩林本人支持蒂尔特曼的想法，并致力于研究构成手稿整体密码的单组密码或编码。他表示：“其中有很多常见的字母组合，比如有很多 OR、OL、AR 和 AL 这样的字母组合。这些通常都可以构成单词，这样的字母组合也有一个名字，即配对密码。每一组都可以用来掩盖字母的重复，我认为伏尼契手稿中所用的配对密码源自早些时候用来掩盖罗马数字的密码。密码中，罗马数字往往会‘泄露天机’，因为其中太多重复的字母。比如，30-XXX 这样的就是一组糟糕的密码，但如果你用 OLOLOL 来替代，就避免了字母重复。”根据佩林的理论，伏尼契手稿中有些部分并不像语言，可能是被加密后的罗马数字。

真正的语言

曼彻斯特大学生命科学学院马塞洛·蒙泰穆罗博士认为，手稿中的文本是一种语言。他对文本进行了计算机分析，但并没有试图破译密码，只是希望确定文本中是否有任何有用信息。他解释道：“在任何一本书中，如果要对某一主题进行阐释，就必须在几个句子里说清楚观点或主旨。”

为了更好地进行分析工作，蒙泰穆罗博士用这种方法分析了几千本书，并把分析结果用于伏尼契手稿的研究。他还对比了伏尼契手稿中的语言与基因序列和计算机程序语言，后二者虽然不是严格意义上的语言，但也传达信息。蒙泰穆罗博士表示：“最终结果显示，伏尼契手稿与自然语言有高度相似性。”

伏尼契手稿中有些部分并不像语言，可能是被加密之后的罗马数字。

恺撒使用了一组以他的名字命名的密码。这位罗马独裁者在私人笔记中使用了这套密码。这组密码主要是将字母表的字母向前移动了固定数目的位置。

有些植物插画可能画的是墨西哥植物

蒙泰穆罗博士的分析还能够回答，伏尼契手稿的语言模式看似人为或随机，但是否可能是一个骗局？“那些语言模式当然有可能是随机产生的，但当你开始寻找其中的蛛丝马迹，你就会发现这些线索都指向同一个结果。” 蒙泰穆罗博士说，“每一条线索单独看来可能是随机的结果，但是那么多线索放在一起，都是随机结果的可能性微乎其微。相互关联的词汇结构是语言的一种隐性特征，因此需要运用现代理念，分析过程往往也很复杂，而伏尼契手稿中也能够找到自然语言里的那种复杂结构。”

继续向前

根据蒙泰穆罗博士的观点，手稿中不同部分可能是破解手稿的关键。“如果对不同文本部分的词汇运用方法进行分析，就能够推测，运用相似词汇的部分是有关联的。”他表示，“在伏尼契手稿中，语言上关联最密切的部分也有着同样的插画，因此语言结构和图片结构之间有互通性。”

然而，蒙泰穆罗博士的研究也不能告诉我们手稿的具体内容。如果要知道文本内容，就必须破解手稿中的密码。佩林以及英国贝德福德大学的斯蒂芬·巴克斯教授正在用商博良用过的方法，试图通过姓名梳理手稿的含义。不过，更多的研究关注了其中的插画。特拉华州立大学的植物学家亚瑟·塔克研究了手稿插画，并在一本 16 世纪的墨西哥植物志中找到了类似图案。

不过，在这些研究取得突破之前，这本神秘之书将继续对其字里行间的秘密守口如瓶。

伊恩·埃文登
（Ian Evenden）
科学作家
伊恩·埃文登是一名自由记者，专长于科学、技术和摄影领域。他著有多部书籍，对自然有浓厚兴趣。

马塞洛·蒙泰穆罗博士的问答时间

研究神经元如何帮助我们揭开伏尼契手稿的秘密？

问：如何将你的工作与伏尼契手稿相联系？

答：我主要研究大脑信号，即神经元的活动。大脑进行计算的方式以及信息在大脑内加密的方式依然是个谜，所以从这个角度来讲，我已经习惯了未知语言。你可以先假设不会从某种语言中获取任何知识，但是可以估计其中的信息量。这也是我们在解密伏尼契手稿时应该遵循的原则。

问：你用了什么方法研究手稿？

答：我在不断研究如何应用信息理论来衡量一个系统中的信息量。这一理论是一整套数学工具和理论，发展较为成熟。我的目标是改良并使用信息理论来测量语言中的信息，估计其中有多少有意义的内容。几年前我们就做到了这一点。我们可以摘取一段文本，运用这一理论，并从中选出信息量最大的词汇，也就是在不了解这种语言语法或词汇的前提下，大致了解这本书的内容。我们所要知道的就是最小语义单元，即构成这种语言的词汇、字母或者其他内容。我们对中文文本也运用了这一方法，结果证明有效。

伏尼契手稿无人能懂，正是测试我们这一理论的理想框架。甚至如果我们获得了外星语言文本，我们可以利用这一理论从中摘取语义结构。

马塞洛·蒙泰穆罗博士
(Dr. Marcelo Montemurro)
英国曼彻斯特大学
马塞洛·蒙泰穆罗博士有一个理论物理学博士学位，他的研究关注于大脑如何加密信息。他也出版过有关伏尼契手稿的研究成果。

我们甚至可以将这一理论用于摘取外星语言中的语义结构。

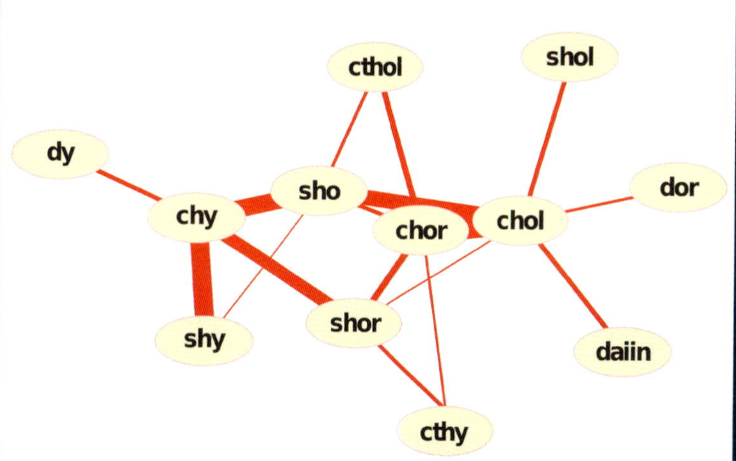

蒙泰穆罗博士的研究联系了手稿中经常出现的词汇

破译圣经密码

数百年来，人类一直在宗教文本中追寻更深层次的含义。但这些古老巨著中真的隐藏着真相吗，还是一切都只是传说？

自远古时代，学者们就开始研究世界各地的宗教文本，希望从中找到隐藏的讯息。很多人相信，这些宗教文本中蕴藏着深层次的信息、姓名和日期，这些信息由原作者（抑或是上帝本人）嵌入文本中。据说，这些信息所涉及的个人和时间都发生在成文之后多年，这一理论的支持者甚至认为，这些语言可以改变我们的未来。

最著名的便是传说中的“圣经密码”。有趣的是，圣经密码与基督教的宗教文本无关，而是关乎《妥拉卷》（*Torah*）——犹太教的教义集合。据称，《妥拉卷》成书于3000多年前，这一希伯来文写成的巨著（或者更具体地来说，全卷的第一部分《创世纪》）得到了几乎每位重要人士的研究，从拉比（犹太教贤人）到艾萨克·牛顿爵士都曾研读过。研究这些据称存在的信息，最常用的手段是等距字母序列（ELSs）（参见第158页方框内解读）。这种密码形式下，信息被等数量的字母隔开。数百年来，这种方法一直被用来研究《妥拉卷》中的关键词。而过去60多年，计算机的使用再度点燃了圣经密码理论研究者们的热情。

大拉比实验

早在13世纪，神学家和有声望的宗教人士就拿出了证据，证明《妥拉卷》中蕴含着秘密信息，但真正引起大量关注的，是以色列数学家伊利亚胡·里普斯和他的同事道伦·魏

何为等距字母序列?

如何运用等距字母序列?

多年来，人们运用了多种方法来试图解读《妥拉卷》中所谓的隐藏信息，但有一种方法备受关注，也收获颇多争议，那就是等距字母序列。等距字母序列的基本使用方法是，将宗教文本中单词间所有的空格和标点去掉（在本文的例子中，就是《创世纪》中的78064个希伯来文字母），得到了一连串没有任何间断的字母。运用等距字母序列最期望得到的结果就是找到两个及以上互相有内在联系的单词，这样这一连串字母就可以分成段，每一段有同样数量的字母或行。比如《创世纪》中，如果从第一个字母t开始，跳过49个字母，第50个字母是o，再跳过49个字母，下一个字母是r，最后再跳过同样数量的字母，就会得到字母h，合起来可以拼成“Torh”，这在希伯来语中是妥拉或圣经的意思。

解密!

隐藏的密码是否能预测未来?

拉比米海尔·贝尔·魏斯曼德声称发现的预言已经成为了最吸引人的圣经预言之一。拉比魏斯曼德称，《圣经》中绞死哈曼10个儿子的故事已经预言了1946年10月16日被绞死的10个纳粹罪犯。其中的密码元素在于，哈曼儿子的名字中含有三个小的希伯来字母，这三个字母组合在一起，可以拼出10个纳粹分子被行刑的年份的希伯来纪年。

滕、亚历山大·罗森贝格的研究成果。他们认为，《妥拉卷》中，概念上更相近的词在加密之后更接近，而且这不仅是巧合。他们的论文《〈创世纪〉等距字母序列解码》1994年发布在《统计科学》杂志上，论文详述了所谓的“大拉比实验”。三位数学家从《以色列伟人百科全书》（*The Encyclopedia of Great Men in Israel*）（犹太历史上学者和圣人的著名名录）中找到34位著名拉比的姓名和出生日期，并使用不同分隔距离的等距字母序列在《妥拉卷》中搜索了这些信息。他们测量了这些姓名和日期出现的次数，以及这些信息彼此距离多近（在这里，“近”指的是姓名和出生日期是否出现在同一篇文本中）。20世纪80年代晚期和90年代初期，他们进行了多次实验，并找到了大量的匹配。三位数学家的同仁组成了一个讨论组，仔细检查并核验了结果，并把这一研究结果称为“有挑战性的谜题”。

里普斯进行了多次实验，最终得到了大量匹配信息。

卓思宁效应

圣经密码是否存在，这一问题一直是神学学者和数学家之间争论的主题。而美国记者麦克·卓思宁的发现和他1997年出版的《圣经密码》，把这一话题带入了公众视线。

起初，卓思宁对圣经密码的存在持怀疑态度，但是他声称在其中发现了一条信息，预言了以色列前总理伊扎克·拉宾之死，在那之后他便信服于圣经密码的存在。一年之后，拉宾

犹太庆典中，《妥拉卷》依然以传统卷轴的形式阅读

遇刺，卓思宁便投入到研究之中，并出版了《圣经密码》一书。书中他表示，圣经密码不仅存在，而且如果使用恰当，能够从根本上改变人类历史进程。该书招致了多位学者的批评，尤其是针对卓思宁在书中的影射——认为这些密码事实上是更高智能的外星生物所为。

同年，里普斯教授在一份公开声明中回应了卓思宁的研究结果。教授表示：“我确实与卓思宁见面交谈了，但我并不与他共事。我不赞同卓思宁先生对于密码的研究工作，也不支持他所得出的结论。”虽然卓思宁的研究结果遭到学术界的一致批评，但他对圣经密码存在的坚定信念也再一次让圣经密码神话甚嚣尘上。

一个谜团解开

对于里普斯教授的研究和卓思宁先生出版的书籍批评得最多的一位评论人是澳大利亚数学家布伦丹·麦凯。麦凯教授以及以色列数学家多罗·巴纳丹和吉尔·卡莱、以色列心理学家马扬·巴尔－希勒尔发表论文《解开圣经密码之谜》。这四位学者表示：“魏茨滕、里普斯和罗森贝格的实验存在致命缺陷，他们能得出这个实验结果仅仅是因为在实验设计时有意选择，并且只收集了对实验结果有利的数据。”

“所有从《妥拉卷》中获取密码的尝试都是徒劳，毫无价值。”

里普斯受埃弗拉汗·欧伦的启发，这位以色列教师是其中一位最早使用计算机检索《圣经》密码的人。

圣经密码简史

几个世纪前就有人开始在《圣经》中寻找隐藏讯息

公元前600–公元前400年

一般认为，《妥拉卷》成书于巴比伦流放时期（公元前600年）和波斯时期（公元前400年）之间，其中包含了犹太教所有教义。

公元1255–1340年

13世纪时，首次将《妥拉卷》中密码的存在理论化的是西班牙拉比巴赫亚·本·阿舍。他发现以42个字母为等距，利用等距字母序列得到“Torh”（即为《妥拉卷》英文Torah的希伯来文词根）一词。

1548年

拉比摩西·科多维若（又称拉马克）出版了《石榴园》（Pardes Rimonim），是卡巴拉①（Kabbalah）的重要文本之一。文中说道：“我们神圣《妥拉卷》的秘密可以通过组合的知识、数字学和字母组合参透。”

1958年

拉比米海尔·贝尔·魏斯曼德死后的1958年，他的学生帮他出版了《迷人的圣经》（Toras Chemed）。魏斯曼德对《妥拉卷》进行了深入研读，并找到了非常多等距字母序列的例证。

1985年

伊利亚胡·里普斯教授和几位同事开启了“大拉比实验”。实验检索了《妥拉卷》中是否出现了成书数百年后的大拉比的姓名和出生日期。

1994年

在多次验证之后，伊利亚胡·里普斯教授、道伦·魏茨滕和亚历山大·罗森贝格在《统计科学》杂志上发表了他们的研究成果。论文中展示了《妥拉卷》中多个等距字母序列的所谓的证据。

1997年

美国国家安全局前资深密码数学专家哈罗德·甘斯进行了一项实验，类似里普斯教授所做的大拉比实验。甘斯在试验中对比了拉比的姓名和他们的出生地。他发现，实验结果中的等距字母序列数量远超出偶然。

1997年

美国记者麦克·卓思宁出版了《圣经密码》一书。卓思宁在书中表示，圣经密码可以预测未来，通过正确阅读圣经文本，人类可以改变历史轨迹。这本颇具争议的图书成为畅销读物。

① 卡巴拉是与犹太哲学观点有关的思想，用来解释永恒的造物主与有限的宇宙之间的关系，是传统犹太教典之内的类别的经典。

作为里普斯论文回应的一部分，麦凯教授和他的同事运用同样方法，对托尔斯泰的《战争与和平》希伯来文版进行了检索。有趣的是，得到的结果里包含的关键词数量与里普斯的实验差不多。事实上，麦凯教授的论点论据充分深入（加上卓思宁的书引起的巨大轰动），里普斯教授承认，对于圣经密码的研究确实进展堪忧。

“对我而言，从科学视角来考察我们是否能够用这些密码预测未来是

布伦丹·麦凯在《白鲸》中发现了等距离字母序列，为了回应麦克·多尔辛的挑战，他检索了《白鲸》，发现书中一个序列“预言”了多尔辛的死亡。

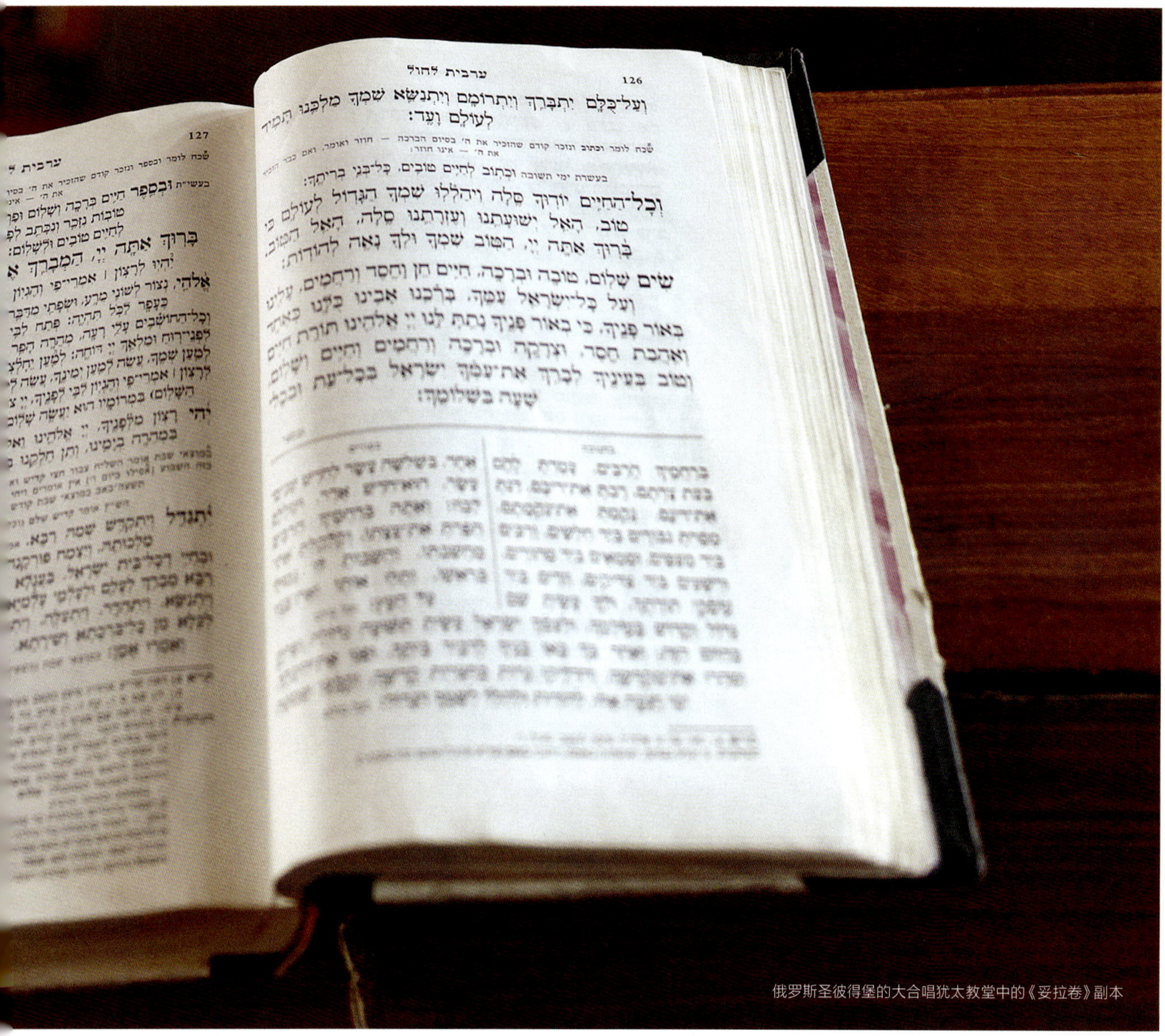

俄罗斯圣彼得堡的大合唱犹太教堂中的《妥拉卷》副本

一种催化剂。”他写道，“在思考良久之后，我的答案非常明确，不能。所有从《妥拉卷》中破解密码的尝试，或者是基于从中获取的讯息预测未来的行为都是徒劳，毫无价值。这不仅是我一个人的想法，也是每一位对密码进行过严肃研究的科学家的意见。”

然而时至今日，关于圣经密码是否存在的讨论依然热度不减。麦凯教授评论道：“作者确实可以特地给文本中加入加密信息，但这些信息无法预测未来。但也没有任何证据表明《圣经》作者在文本中加入了任何加密信息。我和我的同事花了几年时间，努力在《圣经》中追寻这样的信息，却一无所获。而这，”他补充道，“并不是魏茨滕他们的大拉比实验中的缺陷，让我相信《妥拉卷》中不存在所谓的密码。”

不过，有一点是明确的：很多人相信圣经密码的存在，并不是因为他们试图用密码来操纵未来，而是借此来进一步深化他们的信仰。这本3000年前的宗教书籍是否能预测未来其实无关紧要，只要人类不断渴望破译宇宙的“阴谋诡计”，圣经密码之谜也会一直萦绕于世。

多姆·雷塞-林肯

CAVRVS·CHORVS·VEL·IAPIX·SIVE·ARGESTES
CIRCTVS VEL·TRESIAS
·SEPTENTRIO·VEL·APARCTIAS·
AQVILO
FAVONIVS·ZEPHIRVS
mare glaciale
EVROPA
ASIA
ARIA
LIBIA INTERIOR
AFFRICA
ARABIA FELIX
Circulus equinoctialis
ETHIOPIA INTERIOR
MARE INDICVM
Sinus Barbaricus
MARE
Tropicus Cancri
AFRICVS·VEL·LIBS
LIBONOTVS·EVROAVSTER
AVSTER·VEL·NOTVS

托勒密的《地理学》没有留下一本原版副本，现存最古老的复制品藏于土耳其，书页为羊皮纸，其上为罗马文字。

托勒密世界地图最初于1482年在乌尔姆出版

托勒密世界地图再发现

托勒密世界地图历经时间考验，在2010年终于被证明是高度精确的。目前，最新研究正在重书诸多历史篇章。

公元 2 世纪时，古希腊罗马学者托勒密写了一本《地理学》（*Geographia*），书中集合了来自古时书籍的地理信息，也囊括了辽阔的罗马帝国的版图。借助这些地理方面的知识，托勒密绘制了全面详尽的世界地图，为如今世界地理的发展奠定了基石。

托勒密使用了网格系统，把我们的星球绘在了一张纸上，就此发明了纬度和经度的概念。在当时，这张地图是一项非凡的成就。一千多年之后，地图被译成拉丁语，助力了多位航海探险家的航程，其中包括哥伦布。但是有一个问题：地图还不够精确。

托勒密在多个方面都低估了地球的表面积，所以他的网格系统中，多处两地之间的距离被缩短了。不过他绘制地图时的参考，最多也就是二手信息。因此，托勒密地图虽然能让我们一睹当时地球上的某些区域的样貌，有些地方仍然不够清晰。托勒密的地图上有个地区叫作“大日耳曼”（Germania Magna），涵盖了德国和欧洲的其他部分。他的地图使用了网格系统，因此可以精准定位部分聚居地，但有些城镇位置却与实际不符。

我们猜测，托勒密地图上的城镇确实存在，但不知道他的距离计算结果偏差多大。直到 2010 年，才找到办法确认这些城镇的具体位置。柏林的一支研究团队花了 6 年时间分析了托勒密的误差，试图找到他出错的地方。最终研究结果找到了古代德国的大量信息，发现很多德国城镇比人们想的要古老一千多年。

因此，托勒密地图还有巨大潜力，值得新的考古研究探索。托勒密的“密码”虽非有意为之，但解开托勒密坐标系之谜能揭开人类历史部分重要时期的面纱。

马修 · 博尔顿
（Matthew Bolton）
科学记者
马修是一名科学和技术记者，常驻英国西南部。他对科学历史和空间探索的兴趣尤其浓厚。

罗塞塔石碑上有四种文字，石碑侧面用英语书写着 1801 年从法国人手中虏获石碑的情景。

罗塞塔石碑之谜

罗塞塔石碑经常被称为是改变了我们对文明理解的人造制品。但石碑是否在恰当的时间出现在正确的地方呢?

有些考古发现看似不起眼，却能大大帮助我们理解过去。罗塞塔石碑正是这一典型。石碑 1799 年被发现，是要塞建筑材料的一部分。石碑上用古希腊语、埃及草书和埃及象形文字三种语言铭刻了同一段内容，人们立即意识到，石碑的发现对于破译当时仍然成谜的象形文字来说至关重要。

石碑的发现也有助于人类理解过往的历史，不过石碑本身并非一件重要的文物。罗塞塔石碑是第一件刻有包括象形文字在内的多语种文本的文物，不过之后又出土了更上乘的文物。石碑是国王托勒密五世于公元前 196 年左右颁发的法典之一，这些法典竖立在整个埃及的所有神庙。

“如果克诺珀斯法典（1866 年出土的更为完整的法典）发掘出土的时间能再早一点，就不会有人注意到罗塞塔石碑了，”罗塞塔石碑展前策展人理查德·帕金森博士说，“只是罗塞塔石碑的出土恰逢其时，成为打开古埃及文字世界大门的钥匙。这也算是世界历史上最美妙的意外之一了。”

不过，罗塞塔石碑本身并没有给破解象形文字带来一闪灵光。第一位全文翻译了罗塞塔石碑的是法国学者让－弗朗索瓦·商博良，不过他是通过研究其他铭文意识到象形文字有表音作用。帕金森博士解释道：“关于罗塞塔石碑关键点，商博良可以利用已有古希腊语翻译的象形文字文本验证他的猜想。”

虽然罗塞塔石碑仅仅是人类破译象形文字漫长过程中的一环，但将永远成为这一破译挑战的象征。

“罗塞塔石碑就是那样能让整个事件都豁然开朗的东西，”帕金森博士说，“不过，我觉得让罗塞塔石碑与众不同的是，整个事件是想象的胜利。罗塞塔石碑不过是一块饱受岁月摧残的花岗岩而已，但它象征的则是现代世界用古埃及的文字理解古埃及世界的尝试，我觉得这样的尝试让我充满了乐观情绪。”

马修·博尔顿

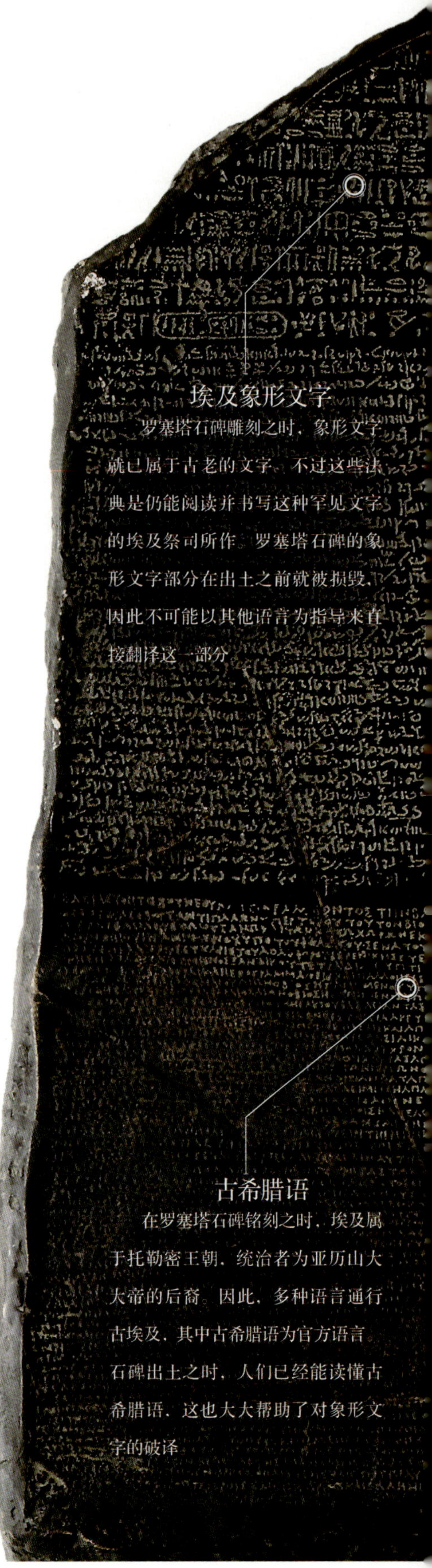

尽管罗塞塔石碑对于破译象形文字而言至关重要，但石碑本身并非一件重要的文物。

埃及同时曾要求柏林新博物馆归还馆藏——著名半身像娜芙蒂蒂

罗塞塔的未来

罗塞塔石碑会回到埃及吗？

2003年，埃及最高文物委员会提议，大英博物馆将罗塞塔石碑返还埃及。这个问题较为棘手，石碑的文化意义更多地是属于埃及的还是欧洲的，各方意见不一。

“从某种意义而言，石碑的重要性在于其被发现之时，而石碑一直辗转于英法之间，并被留在欧洲。”帕金森博士解释道，“如果法国人没有发现石碑，那也不会有欧洲人破译象形文字一事。而如果这一切不曾发生，那石碑也不会进入公众视线。”

目前，石碑实物仍在大英博物馆，埃及博物馆中存放的为仿制品。

藏于地下

第一次世界大战期间出于安全考虑，罗塞塔石碑被藏在地下

第一次世界大战期间，大英博物馆担心展品遭到炮火毁坏，便转移了大部分展品。罗塞塔石碑便是其中之一。自 1917 年始，罗塞塔石碑被存放于邮政铁路的一个站点，该站点是皇家邮政使用的地下铁路系统。战乱期间，石碑得以完整保存，但很多其他展品在战争结束后运回博物馆时遭到了严重损坏。因此，博物馆成立了一个新部门，研究展品损坏的原因，以及今后如何维护、保存展品。1999 年，该部门花费大量精力清洗、修复了罗塞塔石碑。

第一次世界大战期间邮政铁路庇护了石碑

出土于古城克诺索斯的刻字泥板直到半个世纪后才被破译

解密线形文字B

克里特岛上古老的铭文不轻易"泄露天机"，这困惑了专家数十载。

希腊的克里特岛以其美丽的沙滩、富饶的山谷和繁荣的城市驰名。很多游客都把克里特岛视作一个小宇宙，它的历史值得穷尽一生去探索。然而，根据那些欧洲最古老的传说，似乎穷尽几世都无法一窥克里特岛历史宝藏之表象。

1900年，英国著名的考古学家亚瑟·埃文斯爵士购买了克里特岛北部沿海地区的一块土地，对青铜时代人造制品和爱琴海铸币的深入研究将他引至此地。埃文斯一直以来都深信，克里特岛石块上的铭文属于迈锡尼文明，也就是说古希腊文明并非起源于

线形文字 B 泥板的内容毫无创意，上面没有诗歌、没有神话故事，基本上是简单的行政管理记录。

书写线形文字 B

在古时的克里特，只有少数人识字。

在泥板表面上写出精美流畅的线形文字 B 不仅需要细如针尖的笔，更需要才能。写完之后，泥板会被放到太阳下晒制，最终作为克诺索斯行政管理中心记录的一种形式。根据泥板上不同的书写笔迹来判断，估计当时国王米诺斯的宫殿中共有 70 位书写员。根据谢菲尔德大学爱琴海考古专业教授约翰·贝内特的观点，成为米诺斯的书写员绝非易事，这份工作对读写技巧有着罕见、极高的要求，而当时国王自己可能都无法阅读或书写。

对泥板上字迹的分析显示，这些文字由70位书写员完成

U+10080	U+10081	U+10082	U+10083	U+10084	U+10085	U+10086	U+10087	U+10088	U+10089	U+1008A	U+1008B	U+1008C	U+1008D	U+1008E	U+1008F
𐂀	𐂁	𐂂	𐂃	𐂄	𐂅	𐂆	𐂇	𐂈	𐂉	𐂊	𐂋	𐂌	𐂍	𐂎	𐂏
U+10090	U+10091	U+10092	U+10093	U+10094	U+10095	U+10096	U+10097	U+10098	U+10099	U+1009A	U+1009B	U+1009C	U+1009D	U+1009E	U+1009F
𐂐	𐂑	𐂒	𐂓	𐂔	𐂕	𐂖	𐂗	𐂘	𐂙	𐂚	𐂛	𐂜	𐂝	𐂞	𐂟
U+100A0	U+100A1	U+100A2	U+100A3	U+100A4	U+100A5	U+100A6	U+100A7	U+100A8	U+100A9	U+100AA	U+100AB	U+100AC	U+100AD	U+100AE	U+100AF
𐂠	𐂡	𐂢	𐂣	𐂤	𐂥	𐂦	𐂧	𐂨	𐂩	𐂪	𐂫	𐂬	𐂭	𐂮	𐂯
U+100B0	U+100B1	U+100B2	U+100B3	U+100B4	U+100B5	U+100B6	U+100B7	U+100B8	U+100B9	U+100BA	U+100BB	U+100BC	U+100BD	U+100BE	U+100BF
𐂰	𐂱	𐂲	𐂳	𐂴	𐂵	𐂶	𐂷	𐂸	𐂹	𐂺	𐂻	𐂼	𐂽	𐂾	𐂿
U+100C0	U+100C1	U+100C2	U+100C3	U+100C4	U+100C5	U+100C6	U+100C7	U+100C8	U+100C9	U+100CA	U+100CB	U+100CC	U+100CD	U+100CE	U+100CF
𐃀	𐃁	𐃂	𐃃	𐃄	𐃅	𐃆	𐃇	𐃈	𐃉	𐃊	𐃋	𐃌	𐃍	𐃎	𐃏
U+100D0	U+100D1	U+100D2	U+100D3	U+100D4	U+100D5	U+100D6	U+100D7	U+100D8	U+100D9	U+100DA	U+100DB	U+100DC	U+100DD	U+100DE	U+100DF
𐃐	𐃑	𐃒	𐃓	𐃔	𐃕	𐃖	𐃗	𐃘	𐃙	𐃚	𐃛	𐃜	𐃝	𐃞	𐃟
U+100E0	U+100E1	U+100E2	U+100E3	U+100E4	U+100E5	U+100E6	U+100E7	U+100E8	U+100E9	U+100EA	U+100EB	U+100EC	U+100ED	U+100EE	U+100EF
𐃠	𐃡	𐃢	𐃣	𐃤	𐃥	𐃦	𐃧	𐃨	𐃩	𐃪	𐃫	𐃬	𐃭	𐃮	𐃯
U+100F0	U+100F1	U+100F2	U+100F3	U+100F4	U+100F5	U+100F6	U+100F7	U+100F8	U+100F9	U+100FA	U+100FB	U+100FC	U+100FD	U+100FE	U+100FF
𐃰	𐃱	𐃲	𐃳	𐃴	𐃵	𐃶	𐃷	𐃸	𐃹	𐃺					

表格为90个已知的线形文字B的符号及其对应的万国码

解开线形文字B的秘密，就能揭开克里特文明之谜。

传统认为的希腊主岛，而源自克里特岛。尽管当时围绕新克里特国的建立，地区政治局势紧张，但埃文斯最终获准购买土地。土地归为己有后，埃文斯雇了一群当地人进行挖掘，立即开始了克诺索斯的挖掘工作。而这也铸就了他一生的成就。

令埃文斯惊讶的是，他很快就发现了他所认为的米诺斯国王传说中的宫殿。这座宫殿在希腊诗人荷马的史诗中被神话，可以追溯到公元前 1700 年。宫殿是一个致命的迷宫，希腊神话中半人半牛的凶残怪物弥诺陶洛斯（Minotaur）漫步其中，谁进入迷宫，就将谁吞入腹中。这里也是占地五英

米诺斯宫殿出土的大型罐子上也刻有线形文字B

亩半（1英亩约为0.405公顷）的行政中心，这也证实了埃文斯长久以来的设想：在希腊迈锡尼文明前一千年，就已经存在过完全独立的克里特文明。埃文斯最终找到了自己理论设想中的克里特文明。

而最激动人心的则是埃文斯找到了刻有文字的泥板，这些泥板历经了3500年前吞噬米诺斯宫殿的那场大火，保存了下来。泥板上用精细的笔触刻有神秘符号。其中有些类似古埃及的象形文字；而后来出土的部分符号只有线条。从年代上断定，埃文斯将这些符号命名为“线形文字A”和“线形文字B”，大部分泥板刻的是线形文字B。

线形文字B之谜

埃文斯清楚地知道，解开线形文字B的秘密，就能揭开关于克里特文明闻所未闻的细节。之后40多年中，他的解密尝试并未取得显著突破。埃文斯认出了一个数字体系，

解密！

线形文字B并非为克诺索斯独有？

希腊的皮洛斯岛上的内斯特宫中发现了1000多块线形文字B泥板，上图为其中之一

20世纪50年代，除克诺索斯之外，希腊大陆其他的史前遗址也出土了更多线形文字B泥板。毫无疑问这一发现让亚瑟爵士颇为不悦，但也正因如此，文特里斯最终放弃认为线形文字B是伊特鲁里亚语。这也让他能够凭借直觉，将仅在克诺索斯出土的泥板上的特定符号和克里特岛的城市名联系起来。

一种标点，还有一些用来表示男人、女人、动物等的图形。甚至他认为这是一种音节文字，但他并不知道线形文字 B 到底是什么，他只是坚定地认为，这不可能是希腊语。

“埃文斯认为克里特文明是希腊的主导文明，” 德克萨斯大学古典文学教授托马斯·帕莱玛解释道，“埃文斯认为这是欧洲文明的源起，是一种高等文明，甚至有着大英帝国的恢宏气势。他觉得这一文明一定根植于克里特岛，所以其语言也一定源自该岛屿。”

埃文斯一直至 1941 年逝世都未能找到答案。事实上，如果不是两位孤身奋战却意志坚定的学者继承了埃文斯未竟的事业，可能这种文字至今依然是个谜。

20 世纪 40 年代，副教授艾丽斯·科伯在纽约城市大学布鲁克林学院教授拉丁语和希腊语，她无意间看到了埃文斯在克里特岛的发现。科伯和她守寡的母亲住在一起，花了 20 年时间，根据能找到的为数不多的出版铭文，试图破解线形文字 B。在她锲而不舍的求索过程中，她阅读了埃及语、阿卡德语、苏美尔语和梵文，只因不愿对这种青铜时代文字的源起妄加猜测。

科伯记录了泥板中每一种符号出现的频率，包括总体上的出现次数及其在单词中的位置。之后，她绘制了一张关系图，记录每一个字母与其他字母出现的频率。为了完成这项浩大的工程，加之第二次世界大战期间能用于书写的材料短缺，科伯制作了 18 万张索引卡片。她用香烟盒自创了一种归档体系，便于她分类不同的符号，她发现这些符号有同样的开头、不同的结尾。科伯的重大发现——线形文字 B 和德语、西班牙语一样，都属于屈折语，词尾会根据用法的不同而变形。

科伯几乎快要解开线形文字 B 的谜团时却突然病倒了。1950 年，年仅 43 岁的她因癌症逝世。好在科伯

克诺索斯曾为地中海地区最重要的城市之一

上图为克诺索斯出土的一块线形文字B泥板，下图为为现代誊抄版

的文档和索引都制作得一丝不苟，这些成果为日后英国建筑师麦克·文特里斯的研究奠定了必要基础。

终获成功

文特里斯早在童年时期就开始痴迷线形文字 B，而文特里斯接触到线形文字 B 也偶然得像是命中注定。1936 年，文特里斯参加了学校组织的旅行，参观了皇家艺术研究院中希腊和米诺斯珍宝展，遇到亚瑟·埃文斯爵士本人，后者亲自向参观者展示克里特出土的刻字泥板残片。就这样，这位著名考古学家激起了文特里斯的热情，从那天起，文特里斯就决心破解这些符号的秘密。

最开始，文特里斯研究了认为伊特鲁里亚语和线形文字 B 有关联的想法。不过最终证明这一想法错误，于是他开始运用科伯的屈折语理论，构建了一系列与图案关联的网格，其中标有辅音和元音。这一网格帮助他进一步理解了线形文

1952年7月，30岁的文特里斯宣布破解了线形文字B。

克诺索斯城的发现者亚瑟·埃文斯爵士的青铜像，目前位于克诺索斯

字 B 的结构，并且猜出有些结构是名字，因为名字往往会和岛上的城市同时出现。这一直觉最终被证明是对的。加上他依此辨别出来的其他部分，文特里斯逐渐开始一行一行地解开线形文字 B 之谜。

1952 年 7 月，线形文字 B 已经有超过 3500 年的历史，一直无人能解，而 30 岁的文特里斯宣布他成功破解了线形文字 B。尽管埃文斯一直不认同，但最终还是证明，线形文字 B 就是古希腊文字的一种形式。极有可能是当时入侵克里特岛的人将文字从希腊所在的巴尔干带到了克里特。希腊人大概在几个世纪之后才发展出字母表，但在克诺索斯，当地已经使用了一种高级的文字体系，其语言首次成为书面语。

文特里斯宣布惊人研究成果四年之后，他于一场车祸中丧命。至于线形文字 A，出土的刻字泥板实在太少，不足以破解其含义。可能线形文字 A 的起源和内容，将永远成谜。

蒂姆·哈德威克

神秘的线形文字 A

时至今日，仍未能破译线形文字B的“哥哥”。

亚瑟·埃文斯爵士挖掘出土的第一批文字是线形文字 A，这些文字至今无人能懂。线形文字 A 的书写系统更加古老，使用了数百种和线形文字 B 一样的符号。但是，线形文字 B 的破译并没有让破解线形文字 A 的工作更容易。所有将线形文字 B 的标准与线形文字 A 相联系的尝试最终都没有结果，说明如果两种语言使用了同种标准，那么 A 语言中的内容完全是陌生的。耐人寻味的是，线形文字 A 的泥板在遥远的土耳其和以色列亦有出土。

同时，青铜时代人造制品上发现的克里特象形文字比两种线形文字都要早一个世纪左右。尽管这些象形文字的风格都原始自然，其中很多的象形符号还是被认为是音节符号，而这些符号也至今未被破解。

古老的线形文字A泥板上镌刻的文字至今无人能懂

克诺索斯一二事

克诺索斯被认为是古代欧洲最重要的城市之一。

3500年前鼎盛时期的克诺索斯

克诺索斯为一座城市，人口数千，包括宫殿、村庄、神庙乃至陶土排水系统。这一遗址最初由米诺斯·卡罗卡莱里诺斯于1878年发现。米诺斯正是来自与这一地区息息相关的希腊传奇的名字。

迈锡尼的反攻

公元前1580年左右，米诺斯文化和影响力拓展至希腊大陆。希腊大陆独立发展出了后人称为“迈锡尼”的文明。迈锡尼人最终反攻米诺斯王国，于公元前15世纪控制了克诺索斯。这也是为什么在希腊大陆和克里特岛上都有线形文字B泥板出土的原因。

多灾多难

克诺索斯这座城市见证了不少灾难。公元前1500年左右，一场大地震摧毁了城市的第一座宫殿；公元前1350年左右，重建后的宫殿又被不明来源的大火吞噬。克里特岛上的其他定居点也遭到了破坏，之后克诺索斯规模缩减，变成一座小镇。尽管克诺索斯在其后的几个世纪里，依然是农业和商业中心，但政治权力中心逐渐向希腊大陆的迈锡尼文明转移。

米诺斯的宫殿

米诺斯的宫殿比白金汉宫还大，差不多有两个足球场大小。但“宫殿”一词用在这里并不恰当，因为这里更像是一个行政管理中心，其中包括工作坊、住宅和狭长的储物空间，用来存储小麦、油料和珍宝。不过，出土的王座室中依然有石膏制成的龙椅，说明宫廷仪式在这里依然占有一席之地。

米诺斯宫殿南侧入口处的壁画

移民

一般认为，克诺索斯人是公元前7000年左右从邻近的安纳托利亚地区移民而来的，他们在这里建立了农业社会，种植小麦、饲养牲口。米诺斯时期早期（公元前3000年—前2000年）有青铜工具、上釉陶器、雕刻印章和黄金珠宝，更不用说还有神秘的音节文字。

灰泥宫墙

克诺斯的宫殿装饰精美，类似古典时期的希腊建筑。灰泥宫墙和石板行道都涂上了鲜艳色彩，这些颜色多来自于红赭石和诸如赤铁矿这样的天然颜料。长廊和外墙都有壁画装饰，上面绘有百姓、神话物种和其他浮雕物品。许多绘画在今日的遗址废墟依然清晰可见。

你问我答

复活节岛石像

石像遍布一座遥远的智利岛屿，上面雕刻的含义至今成谜。

每个人都见到过著名的复活节岛上摩艾石像的头部，但其实石像还有身体。石像的身体深埋地下，上面刻有精美的装饰性图案，其中包括鱼、海龟和岛上原住民的主神——马奇马奇。岛上共有4000余处雕刻，多数都与所谓鸟人信仰中古老的年度仪式有关。仪式上，人们要游到附近的努一岛（Motu Nui）去取海鸟乌燕鸥的鸟蛋，然后爬上海边悬崖峭壁，回到村落。比赛的胜者获得“鸟人”（Tangatu Manu）称号，在一年余下的日子里享有特权地位。

复活节岛的石像有多种起源和含义，其中包括划出领地、作为重要人士和事件的纪念碑。

“Wow!信号”原始记录图，现存于俄亥俄州历史协会

地球收到过外太空的“来电”？

40年前在美国俄亥俄州截获了来源不明的无线电信号，这能证明外星生命试图联络地球吗？

1977 年 8 月 15 日，美国俄亥俄州立大学（Ohio University）的巨耳无线电望远镜（Big Ear radio telescope）检测到来自太空的无线电信号，信号持续了 72 秒，强度远超一般收到的背景噪声。杰里·埃曼博士在打印出来的信号记录上圈出了代表该信号的六位字符，激动地在边上写下“Wow!”，此后这一信号便被称为“Wow！信号”。有人认为，这可能是人类第一次收到宇宙其他地方的智慧生物传来的信号，因此在之后的日子里，埃曼同多位专家和爱好者一起，试图重新发现“Wow! 信号”。

“Wow! 信号”之所以引起如此关注，是因为它高度吻合《搜寻地外文明计划》（*Search for Extraterrestrial Intelligence*）中所述的外星文明可能联络地球的方式。比如，《搜寻地外文明计划》预测外星文明会使用无线电信号，因为无线电信号功耗低，适合远距离传输。据估计，传输“Wow! 信号”需要 2.2 亿瓦的信号发射机，远比地球上现有的信号发射机都先进。不过，最有意思的还是信号的频率。根据《搜寻地外文明计划》，如果外星文明已经发达到可以传输空间信号，那么也就能够理解诸如化学元素这样的科学原则。氢是宇宙中最基本的元素，氢线的频

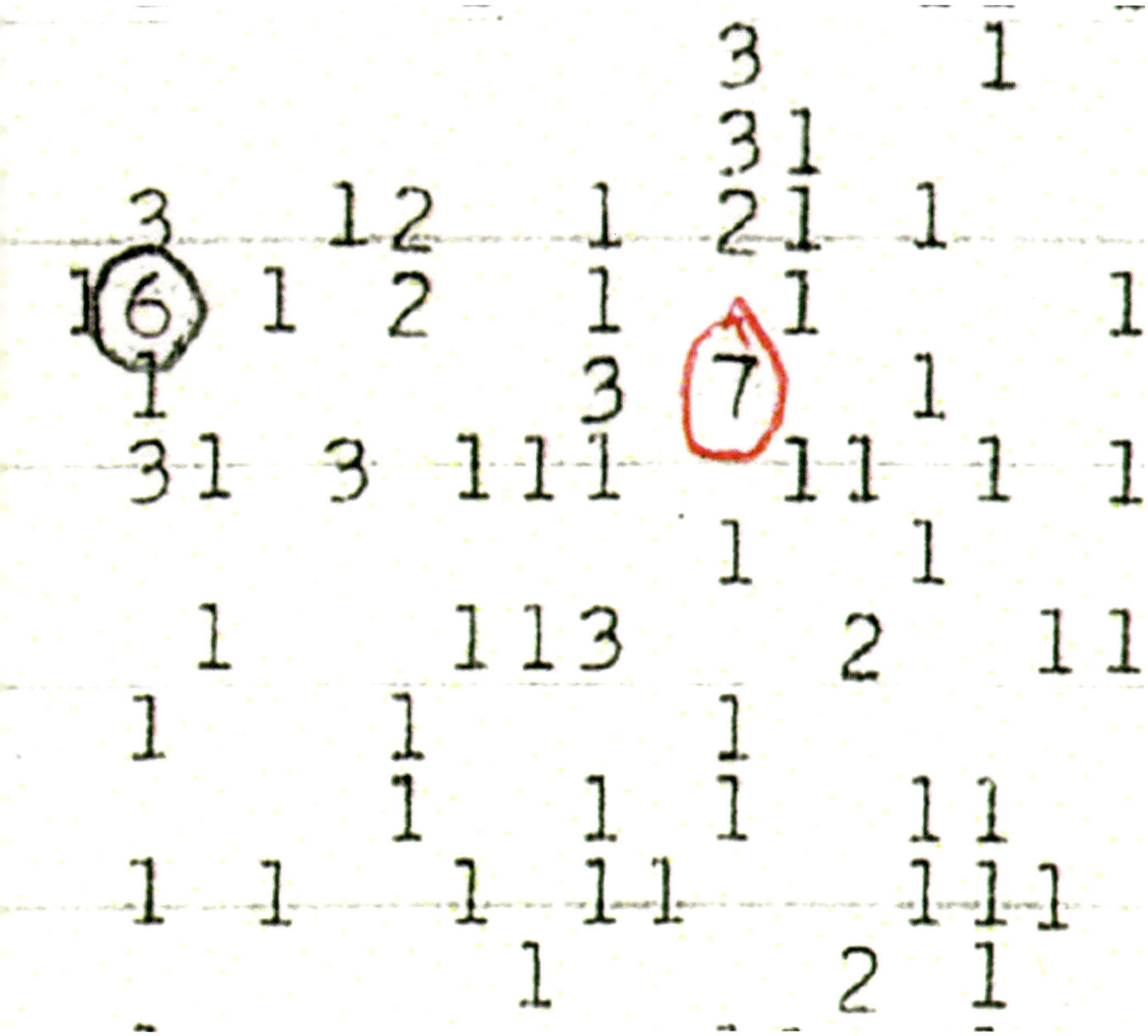

率是 1420 兆赫，因此外星人使用这一频率是有意为之，以表明自己是智慧生物。

不幸的是，我们并未从“Wow!信号”中获取足够信息，包括信号来源的具体位置，所以试图定位其来源的尝试至今都是徒劳。连由 27 台天线组成的盛大天线阵都未能得到有用的结果。

尽管我们知道信号来自宇宙深处，但我们依然无法知晓其具体来源。如果信号确实来自智慧文明，那么应该还会重复发送。但是，即使信号并非来自外星生物，解开这个谜题也可能有重大科学意义，也许预示着一种新的天体物理事件。

马修·博尔顿

191

198

187

181

203

5 自然之谜

十大未解现象

从天空中的奇异光线到自动滚落地面的石头，这里有科学家仍在试图破解的十大未解之谜。

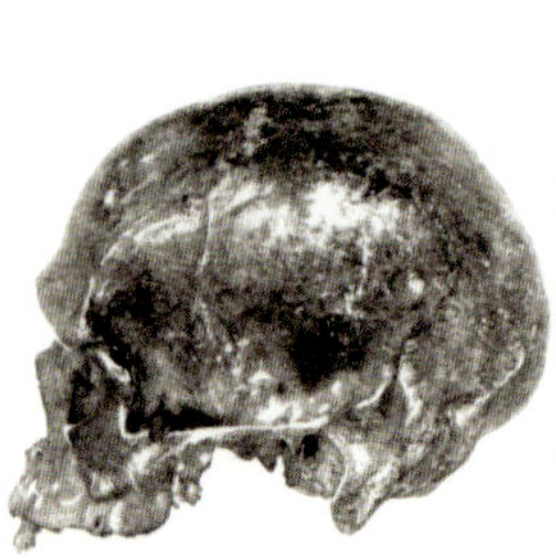

10 不可思议的化石

早已死去的生物遗骸却出现在了错误的地点。

19 世纪进化论提出之后，科学家们找到了很多惊人发现与其相悖。最令人困惑的可能要属化石——尤其是人类化石——出现在“错误”的地点。手指和脚印化石出土的地理区域和考古断代都不符合，这就再次激起了造物论者的反驳，科学家也不得不为广为接受的达尔文进化论辩护。

有些新的出土发现为我们提供了人类祖先的新信息。但其他的，毫无疑问是无心之过，或者在最糟糕的情况下，是人为造假。化石造假最著名的例子出自英国皮尔当萨塞克斯村庄。自 1911 年开始这里就出土了一系列发现，业余考古学家查尔斯·道森拼凑起被认为是 50 万年前的碎片，

查尔斯·道森挖掘皮尔当人的遗骸——后来被证明是个骗局

得到一个脑袋很大的男性遗骸，称为“皮尔当人”。起初，皮尔当人超大的头部让科学家以为他是人类和类人猿之间“缺失的一环”。但 20 世纪 50 年代时，人们发现皮尔当人是一个骗局。他的下颚不仅像类人猿，而且确实曾属于类人猿。这个类人猿的下颚被安到一名患病人类的头骨上，根据放射性碳测定，其历史只有不到 1000 年之久。化学分析也表明，头骨是被故意做旧的，让它看起来年代久远。

海利·伯奇

9 哥斯达黎加的巨型石球

目的不明的巨型石球。

为什么哥斯达黎加人在西班牙殖民之前要用石头雕出几百个巨型石球，这在今天依然是个谜。哥斯达黎加的巨型石球在 20 世纪 30 年代被联合果品公司（United Fruit Company）发现，当时公司正在清理那块土地，以便于日后种植香蕉。有些大的石球直径超过两米。

经测定，石球的年代在公元 600 年至 1000 年，当地人称石球为“那些球”（Las Bolas）。破解这一谜题尤其困难的一点在于，创造石球的民族，其文化没有任何文字记载。西班牙殖民者来到这里之后，抹去了一切原住民的文化遗迹。

1943 年考古学家多丽丝·斯通发表了石球最早的调查报告之一，报告标注了石球的位置分布。堪萨斯大学人

300个石球中的一个，被称为“那些球”，联合果品公司20世纪30年代在哥斯达黎加开垦土地，为香蕉种植做准备时发现了这些石球

类学家约翰·胡普斯教授反驳了大部分关于雕刻石球目的的理论，尤其是认为石球和消失的城市和空间船有关的论点。2012 年，胡普斯教授来到哥斯达黎加评估石球被纳入世界文化遗产的潜力。目前还未有定论。

青蛙和其他小型水生动物经常被看到从天而降，下起“动物雨”

8 下鱼下蛙

野生动物像下雨一样从天上掉下来。

1917 年 1 月，生物学家沃尔多 · 麦卡蒂向华盛顿生物学会（Biological Society of Washington）递交了一篇论文，题目令人略有不适——《血雨》（*Showers of Organic Matter*）。论文目录看起来像是女巫制作药剂的配料表，从干草、鲜肉到蚂蚁、蟾蜍，包罗万象。在八页的报告中，他没有采纳那些不合逻辑的传言，却似乎欣然接受美国明尼苏达的空中下起了蝾螈幼虫雨，还有英国的鲱鱼雨、鳕鱼雨和青鱼雨。

据说，塞尔维亚的奥扎齐（Odzaci, Serbia）曾下过青蛙，澳大利亚的拉加马努（Lajamanu, Australia）有过从天而降的鲈鱼。2009 年日本的七尾市（Nanao）和白山市（Hakusan）下过蝌蚪，有人说是鸟飞过扔下了蝌蚪。不过，如果确实是因为有鸟飞过，那么落下的蝌蚪分布应该更加广泛。

科学家一直没能明确动物雨的原因，不过 19 世纪法国物理学家给出了一个简单解释：大风吹起了动物，风小动物又落了下来。“飓风水卷”理论有点儿复杂——飓风经过池塘或湖泊时把水里的动物吸了上来。涡流卷起了水里的鱼，当水卷中没有气体的时候，鱼又掉了下来。然而，这一理论是否正确，科学家也还未取得一致意见，目前也没有科学研究能够确认该理论。

麦卡蒂更担心这些偶然事件对于这些动物数量的影响。“鱼肯定会掉在它们无法生存的地方。”他写道，“离开了水，鱼就无法存活，这就限制了它们通过风力传播扩大分布的潜在优势”。

周期蝉有一种神奇的时间感知能力

7 再次出现的蝉

沉睡十几年后突然醒来交配的昆虫。

少年在蛰伏 17 年之后，从黑漆漆的家中醒过来，吵吵嚷嚷着要找一个伴侣。不，他们不是要去参加校园舞会的青少年，而是蝉。

大部分的周期蝉都比较安静，基本在地下的洞穴里度日。作为昆虫，它们的寿命很长，直到出生的第 17 年才成熟。然而，2013 年夏天，发生了点儿异样。一大群蝉从地下醒过来，寻找配偶，形成了一股欲望之灾。两三周之后，它们就会死去，把偷偷交配产下的结晶留给这个世界。这些幼虫会钻到土里，就此再次开启一个生命轮回。

但问题是，它们是怎么做到的呢？试想一下，如果你在黑暗中被困数日，你可能连时间几何都说不清楚。但这些蝉就没有这个问题。2013 年之前它们出现在 1996 年。但 2013 年那个夏天，数亿只“17 年蝉”重出江湖，十分准时，在美国东部各地产下幼虫。更诡异的事情发生了。“17 年蝉”“袭击”了东北部各州，而南部的各州则受到了“13 年蝉”的侵扰。13 和 17 之间有何联系？都是素数。

因此科学家猜测，蝉的生命周期不断进化，以避免和它们的捕食者的生命周期重合。13 和 17 两个数字各自只有两个因数（1 和自己本身）。这样蝉就能避开一般生命周期为 2 年或 3 年的天敌。事实上，它们能够避开任何生命周期长于 1 年但短于自己生命周期的敌人。这一技巧堪称完美，但科学家依然无法解释它们如何计算时间。

6 恼人的低频嗡嗡声

嗡嗡声来路不明，只有部分人能听到。

标题听起来像是一部诡异的杀人蜂电影。不过“嗡嗡声”描述的是恼人的低频率噪声，这个噪声让英国布里斯托（Bristol）到澳大利亚邦代（Bondi）的当地人都非常恼火。然而问题是，并非所有人都能听见这个噪声。事实上，只有不到 20 个人可以听到。如果你是这 20 人之一，这一点就令人大为光火，因为其他人都不会相信你。

海浪拍打海岸，能量通过海床发出共鸣，这也许能够解释科学家提出的不明嗡嗡声

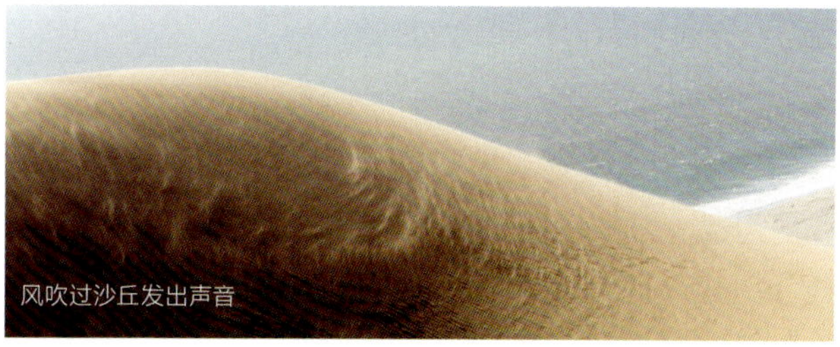
风吹过沙丘发出声音

爱尔兰凯里郡的博福特（Beaufort）的居民请求当地理事会处理一下从 2011 年 4 月开始就持续不停的持续嗡嗡声。一位居民告诉《爱尔兰观察家报》：“并非每个当地人都能听到那种噪声，但是他们听不到不意味着噪声不存在。”当地居民抱怨水泵为噪声来源，但理事会试着关闭了水泵之后噪声并没有因此消失。

在其他地方，科学家将嗡嗡声归因于耳鸣、远处波浪拍打海岸、工业噪声和沙丘的“歌声”。2006 年，一位新西兰科学家称录到了嗡嗡声。

5 死亡山谷里漫步的石头

石头在某些神秘力量驱使下滚过地面。

在美国加州死亡谷国家公园里的赛马场盐湖，有一股神秘力量在涌动。这股力量能够在无人注视的时候，把巨型石块推过干涸的湖床。自 19 世纪初，科学家就因为这些巨石留下的轨迹抓耳挠腮却不得其解。60 年代时，加州地质学家开启了一项监视项目。他们追踪了 30 块巨石，最重的达 25 千克，其中 28 块在过去 7 年中有过移动，最远移动距离超过 200 米。对于巨石移动轨迹的分析表明，移动速度为每秒 1 米。绝大部分情况下，石块的移动都出现在冬天。

在接下来的 10 年中，关于冰和风的理论得到了较多支持。还有人提出了泥藻理论和地震震动论。那么到底是为什么呢？这些巨石只在天气状况糟糕的时候移动吗？“应该是的。”捷克国家科学院和布拉格查立大学的贡尔特 · 科勒特什卡博士领导了 2013 年关于巨石的研究。他的团队研究了盐湖水面结冰后的情况。根据他们的理论，由于石头导热更快，所以石块上的冰冻结的时间长于周围的冰块。这就减少了石块和盐湖表面之间的摩擦力，因此在风的吹动下，石块会移动。

死亡谷国家公园里移动的石块移动速度为每秒1米

目前还没有人目击石块移动，不知为何，最近石块的移动似乎诡异地延迟了。科勒特什卡博士认为这与水平面高度有关。他说：“最近石块没有移动，是因为挖了一道人工水渠，用于排出盐湖里多余的水。”

4 球形闪电

球形闪电出现在雷暴期间或雷暴刚刚结束时。

据说，发明了交流电的物理学家尼古拉·特斯拉在他的实验室里造成了球形闪电。1904 年，他写道“从未见过火球，但……成功确定了火球的形状，并且人工造出了火球”。

在当时，这一断言十分惊人，但是想到如今，现代科学家挣扎着却也无法完全复制特斯拉的火球，就觉得他所声称的更令人咂舌。此外，科学界很多人依然怀疑球形闪电是否存在。然而，自古希腊时期，就有目击者声称看到了自然形成的球形闪电。

在现代，球形闪电一般被描述为雷暴期间或过后出现的发光球体。还有报告称，球形闪电穿过窗户和烟囱。

部分理论认为，球形闪电是一个等离子球，也有人提出那是光化过程的结果——化学反应产生光亮。

2013 年 8 月，位于科罗拉多的美国空军学院在他们的实验室造出了发着白色亮光的等离子球，并拍照记录。

关于球形闪电的目击报告称，闪电会向多个方向移动甚至悬浮

他们将电极半浸在电解质溶液里，发出的高压电火花产生了球体。

但这些研究人员依然无法确定，他们造出来的是否是球形闪电。因此，他们把这一现象称作“像球形闪电的大气压等离子”。也许这个结果没有特斯拉的火球如此惊人，但至少也是后人试图重复他的成就时最接近的一次了。

3 神奇的蝴蝶导航

帝王蝴蝶能够飞跃几千英里找到一座特定的山丘。

每年，成百上千万的北美帝王蝶都会迁徙 2000 英里南下过冬。长久以来，一直没有人知道它们的目的地在哪里。

然而 20 世纪 50 年代，诺拉·厄克特和她的动物学家丈夫开始给蝴蝶做标记，并追踪它们的迁徙路线。1976 年，根据一名当地伐木工的情报，两人爬到了“蝴蝶山”顶上。看起来，北美所有的蝴蝶都在墨西哥的一座山林里。

但故事并没有就此终结。虽然我们知道帝王蝴蝶的目的地是墨西哥的 12~15 处山地，但我们不知道它们是如何导航的。研究显示，蝴蝶在南下沿途借助太阳的位置定位，利用触须中的生物钟根据时间做出调整。但太阳只能给它们提供大概方向。到底是什么引导它们抵达米却肯的山脉呢？

“它们可能是在抵达过冬地区时，借助地形定位的。”斯蒂芬·里珀特教授是马萨诸塞大学帝王蝴蝶专家，“但到底如何找到具体过冬地点，依然是个谜”。

墨西哥的蝴蝶山每年都是成百上千万只帝王蝶的过冬目的地

例如墨西哥湾这样的地形无法为蝴蝶提供过多信息，所以它们必须借助其他短程导航系统。其中一个理论是它们被地磁力吸引，然而里珀特表示“这一理论从未被证实”。

科学家最近才得以运用所需的基因工具来研究蝴蝶导航系统的细节。他们已经提取了一整套基因密码，正在开始破解这些基因组，看看基因如何影响蝴蝶的方向感。

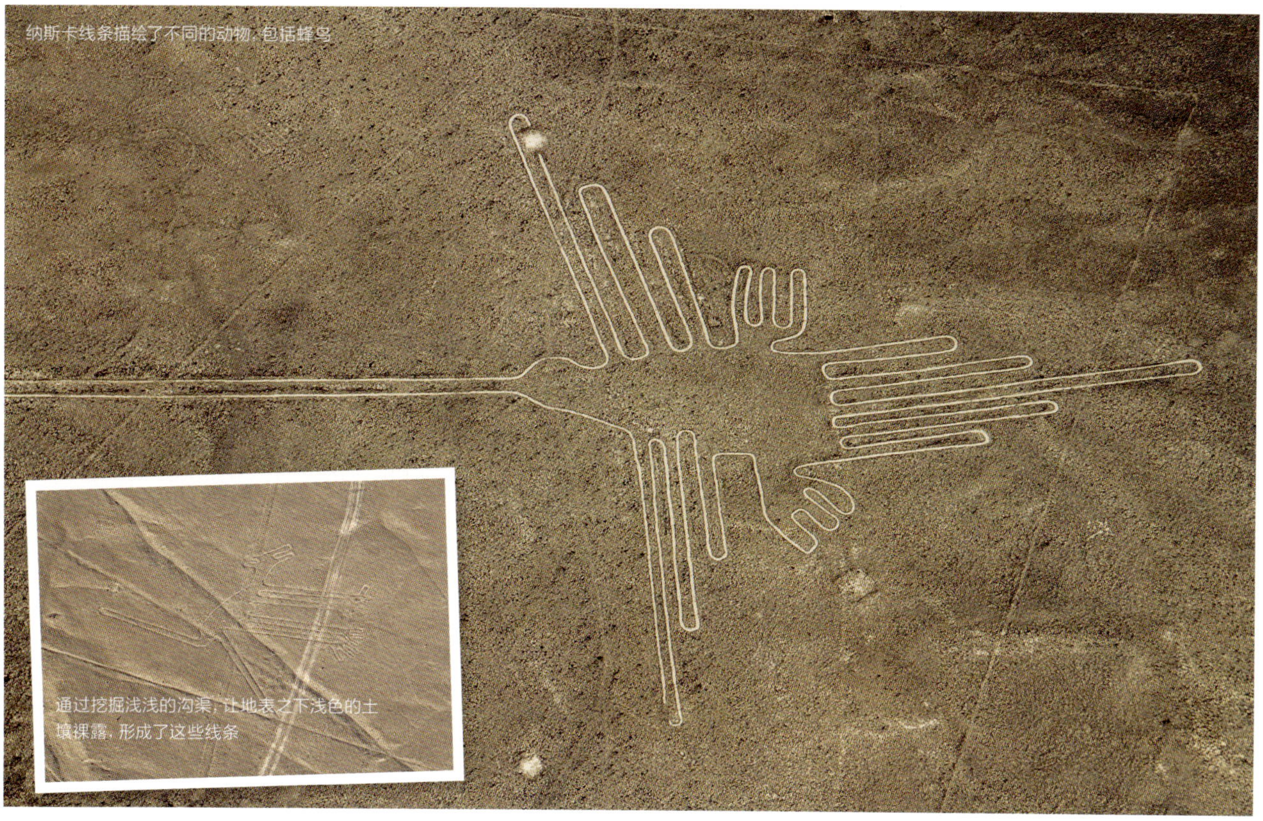

纳斯卡线条描绘了不同的动物，包括蜂鸟

通过挖掘浅浅的沟渠，让地表之下浅色的土壤裸露，形成了这些线条

2 纳斯卡线条

古时居民在秘鲁的沙地上画下了这些巨型图案——但没有人知道原因。

纳斯卡线条占据了 450 平方千米的沿海沙漠地区，这幅巨大的艺术品被雕刻在秘鲁平原上。纳斯卡线条包括大型几何设计（也就是所谓的“线条”），还有动物、植物和人形图案。从高空看，它们就是巨型的线条画。一般认为，这些线条是纳斯卡居民在公元前 500 年至公元 500 年这一千多年之中雕刻的，但没有人知道原因。

纳斯卡线条属于世界遗产，秘鲁政府为了保护这些线条不受占地者破坏而费尽了心思。秘鲁法律为了保护没有土地的人，规定占地者只要待一天就能够主张对这块土地的权利。

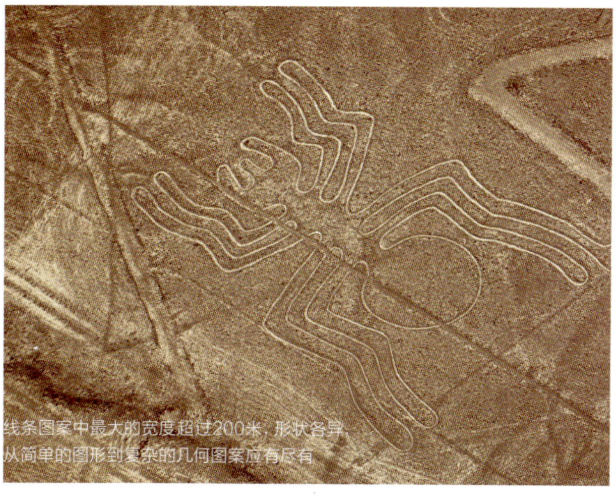

线条图案中最大的宽度超过200米，形状各异，从简单的图形到复杂的几何图案应有尽有

在这幅艺术品上养猪的秘鲁人曾递交了多份主张报告。在他们看来，这块地方是对空间的浪费，且这里穷困人口越来越多。

同时，考古学家也试图在纳斯卡线条被破坏之前对其进行研究。早期有人认为，这些线条是天文历法的一部分，但后来被废除。自 1997 年以来，参与秘鲁 - 德国合作项目的研究人员把目光放在了创作这些作品的秘鲁人的历史和文化上——这些人如何生活以及后来发生了什么。

2012 年，日本的山形大学宣布将在纳斯卡线条所在地开设一个研究中心，作为研究超过 1000 幅画作的“十五年计划”的一部分。

2009年拉奎拉地震的灾后景象，那次灾难也是最近一次有目击者称看到地震光的地震

地震光有点儿像彩虹，但其成因绝非通过雨滴反射太阳光那么简单

1966年9月26日日本松代地区地震时的地震光

1 地震光

地震之前和当时天空出现缥缈超凡的光。

论及神秘性、争议性和恢宏程度，没有什么能比得上地震光——这种无法解释的光亮随着地震的发生出现在空中。神秘之处在于：成因几何？争议在于：地震光真的存在吗？至于恢宏程度，就像是地震和闪电一同出现，无与伦比，如同神迹。

数千年前就有了地震光的传奇。意大利物理学家克里斯蒂亚诺·弗路基亚整理了自公元前 2000 年以来的关于地震光的报告。然而，长久以来，地质科学家一直对这个奇怪的现象持怀疑态度，更愿意把它同大脚怪和不明飞行物一起，归入疯狂事物一类。直到 1966 年，确凿证据浮出水面——日本松代地震时拍到了地震光的照片。

当然现在你只要上网就能看到几百张地震光的照片，但很多照片的真实性有待商榷。地震光的颜色非常缤纷——从红色、白色到蓝色，有球形，还会闪闪发光，所以很难辨认照片真假。关于其成因的不同理论包括：摩擦产生热、氡气、压电效应——电介质材料中机械能与电能互换的现象。

2013 年，美国宇航局物理学家弗里德曼·弗罗因德博士进行了实验，表示地震光由岩石中的电流活动产生。他说，地震引起的冲击波会改变硅和含氧矿物的性质，允许它们传导电流、发出亮光。亚利桑那州弗拉格斯塔夫的亚利桑那地震信息中心的大卫·布伦博教授认为，这一理论最多是一种“可能的解释”。他说：“尽管弗罗因德的理论看起来非常合理，但可能答案没有那么简单。”然而布伦博也承认，除了弗罗因德的研究之外，还没有任何其他同样合理的新研究。

意大利科学家弗路基亚继续收集了 2009 年拉奎拉地震光目击者的报告。超过 1000 份报告表示看到了发光的“异常现象”，可能的解释有雷暴、电流短路，还有……呃……金星。

五大美妙的自然对称

从巨大的、旋转的银河系到精巧的昆虫再到微小的雪花，地球和宇宙的自然世界里充满了对称。

螺旋对称

1. 涡状星系

让我们由大到小欣赏自然界的对称。涡状星系又称梅西耶天体51号（M51）是一处螺旋状星系，可通过双筒望远镜观测，位于北方天空的猎犬座。其悬臂是对数螺旋的绝佳例子，这种对称也见于鹦鹉螺、飓风、眼角膜和一些螺旋分形中。

法国哲学家和数学家勒内·笛卡儿首次对螺旋进行了描述，称螺旋具有自我相似性，即随着每一次旋转其面积可增大，但形状依然相同。因此，瑞士数学家雅各布·贝尔努利将其称为“奇迹螺旋”。

在经典的阿基米德螺线中，螺线之间的距离恒定。而对数螺旋的不同之处在于，随着每一次旋转，螺线之间的距离根据几何级数的规则增加。在涡状星系中，星系引力之间的互相作用让星系排列成这一美妙的数学结构。

双辐对称

2. 栉水母

栉水母的部分种类双辐对称，即辐射对称和左右对称的奇怪组合。这就意味着，将长达1.5米的水母沿着其中心轴旋转，就有两个完全相同的部分，但并非并行排列，而是上下颠倒。

栉水母的体外有8条栉板，这也是其名字来源。这些栉板间隔相同，增加了水母的对称性。栉板沿着身体上端向下端纵向排列，用于推动水母在水中前进。栉板的运动颇具节奏，让水母从体上端到下端在海洋中穿梭捕猎浮游生物，而且能够在躲避鱼类和龟类捕食时突然加速。

涡状星系是一个广为人知的螺旋星系；我们的银河则是另一例证

栉水母，又称海胡桃，形状呈双辐对称

五辐对称

苹果核内部的维管束是五辐对称的例子

3. 苹果

深受史蒂夫·乔布斯和艾萨克·牛顿喜爱的苹果，普普通通，但如果你将苹果垂直切成两半，会看到苹果的简单对称：两半的种子和包裹种子的维管束中间好像有一面镜子，一模一样。

不过，如果将苹果水平切成两半，就更加有意思。包裹种子的维管束呈五角星形状，一般称为五辐对称——每个部分大小基本相同，互成72°角。

自然界的其他地方也有五辐对称，比如五片花瓣的花。有些海胆也有五个相同的部分，以嘴为中心对称；名为放射虫的小型原生动物（直径只有0.1~0.2毫米），也有多种五辐对称形式。

五个还不够，自然界还常有六幅对称、八幅对称，珊瑚中尤为常见。然而章鱼虽然有很多触须，但只是左右对称。

左右对称

4. 蝴蝶

左右对称是最常见的对称。简而言之，生物只有一个对称面，就像是在身体的中间放了一面镜子。蝴蝶就是左右对称的绝佳例子：蝴蝶的触角、足部、翅膀甚至身上的图案都呈镜面对称，分界线位于蝴蝶身体的中部。

分成左右两半可以称为沿着垂直平面划分。有证据显示，部分动物物种中雌性更愿意与长得更加对称的雄性交配。鸟类中，有些雄性会有长尾飘带，如果某只雄性鸟失去了一条飘带，则其成功交配的概率低于那些有两条飘带且较为对称的雄鸟。

植物中也常见左右对称，最为常见的是树叶往往有镜面对称的左右两半。

蝴蝶一般都呈左右对称，很多植物的叶子亦然

辐射对称

雪花呈六辐对称，不过只有0.1%的雪花能出现完美对称

5. 雪花

我们从横跨数光年的星系一直观察到微小的、晶莹剔透的雪花。某些雪花呈六辐对称，之所以会形成六边，是因为冰的结晶体结构也是六边的。

当水分子转变成冰晶时，总是会以所需能量最少的形式排列——在水这一例子中，最有效的形状是六边形。

然而完美对称的雪花较为罕见。雪花的树枝独立生长，且受到雪花形成环境的影响。虽然很多雪花都接近对称，但真正完美对称的不足0.1%，绝大多数雪花也是独一无二的。雪花可能形成的形状数不胜数，虽说两片雪花有可能相同，但概率实在微乎其微。

伊恩·埃文登
（Ian Evenden）
科学记者
伊恩·埃文登是一名自由记者，专长领域包括科学、技术和数码摄影。

深海热泉可能是所有地球生命共同祖先的家

生命的起源

地球形成之初生命是如何出现的，这至今仍是个谜，但有研究表示，海底热泉可能对生命的起源产生了巨大作用。

蜜蜂从哪里来？只从表面看，这个问题再简单不过：“儿子啊，如果蜜蜂妈妈很爱蜜蜂爸爸的话……”但这样一个问题，却困扰了古希腊人很长时间。在他们看来，蜜蜂来自花朵或者可以通过捕猎并杀死一头牛召唤——蜜蜂会从牛腐烂的肉体中出现。这一“自然发生说”延续了很多年——且还涵盖了除蜜蜂之外的其他动物：鳗鱼和其他很多鱼都是从泥土里来的，蝉是杜鹃鸟吐出来的，甚至有一种蛆被认为是从火里来的。

最早反驳该理论的实验中一项是由一名意大利医生在 17 世纪时完成的，他意识到生命只能源自其他生

地球生日快乐

地球年龄测定有几个重要依据。

放射性同位素定年

在几百万年的过程中，岩石中的一种放射性元素会衰变成为另一种，比如铀衰变成为铅。比如，铀 235 衰变成铅 207 需要 7 亿 400 万年，因此科学家可以利用每一种放射性元素的比例测定岩石年龄。

岩石形成

18 世纪时，一位富裕的化学家詹姆斯·赫顿在他的著作《地球理论》（*Theory of the Earth*）中叙述了地球形成的地理过程，是最早的几位提出地球形成理论的科学家之一。他去了苏格兰的锡卡岬角（Siccar Point），看到了砂岩的构成，讲述了数百万年缓慢的地理变化。

我们最可靠的估算

地球上的岩石并非都是同一年龄——有些几百万年前才形成。对比来看，地球上最古老的岩石发现于 1999 年的加拿大，经测定约形成于 40 亿年前，这也是我们对地球年龄最可靠的估算。不过地球可能更老。

命体。弗朗切斯科·雷迪把肉分别放入密封和不密封的罐子，最终证明只有肉暴露在空气中时，昆虫才会出现；而苍蝇——可能就是古希腊人口中的蜜蜂——也是由其他苍蝇产下的蛆长成的。这就回答了文首的问题：“蜜蜂从何而来？”但还有一个关联问题，让现代科学家们像古希腊人一样迷惑。

雷迪坚持认为，生命来自生命。那么第一个生命体又从何而来？你抹在吐司上的蜂蜜产自蜜蜂；蜜蜂产自其他蜜蜂。那么蜜蜂的祖先呢？如果沿着蜜蜂的线索一直回到蜜蜂和其他动物融合的进化时期会怎样？如果沿着这条线再一直回到 40 亿年前这颗星球上出现第一个简单生命体的时候，又会得到什么结果？第一个细胞从何而来呢？

如果从这个角度思考，“蜜蜂从何而来”就不再是一个愚蠢的问题。事实上，对这个问题的回答能让我们一窥人类之起源，乃至地球上每一种生物的起源。

汤和海绵

和古希腊人一样，现代科学家研究生命起源也要运用自己的想象力。达尔文想象生命来自一个“温暖的小池塘”；20 世纪 50 年代，美国化学家斯坦利·米勒和哈罗德·尤里则想象出了建造生命之砖——第一个有机分子——风暴扫过古老海洋的原始汤，随着一道闪电，有机分子就此产生。

生命起源的事实

#01 植物的出现改变了地球的原始状态，这就说明早期生命在一个与现在完全不同的环境下繁衍生息。当植物开始使用太阳光进行光合作用时，就产生了氧气——它如今已经充满了我们的大气和海洋。

海床上的深海热泉提供了一些非同寻常的条件

海床遍布这类深海热泉，不过根据莱恩的研究，这些热泉提供了生命形成的完美条件。

闪电为地球上生命的伊始提供了所需能量。

然而今天，这些论调都已过时，进化生物化学家尼克·莱恩解释道："问题是，当你开始垒这些砖块，那么之后呢？肯定会有某些动力让这些砖块集中、反应、结合，但我在原始汤里看不到这一动力。"

莱恩同几位伦敦大学学院的同事一起进行了一项实验，旨在证明生命确实产生于海洋深处——但不是像米勒和尤里所说的那样，产生于闪电的那一瞬间。莱恩的研究专注于研究大西洋中部被称为"失落之城"的地方。2000 年被发现的"失落之城"是一处深海热泉——热水从海底喷发口涌入海洋。热水是经海床之下地幔岩石加热的。海床遍布这类深海热泉，不过根据莱恩的研究，这些热泉提供了生命形成的完美条件。温度、酸碱度和水中的化学成分都刚刚好。

人造一片原始海洋

不幸的是，大西洋底并非理想的实验地点，即使能够开启这项实验，海底的各项条件也在过去的 40 亿年里发生了改变。所以在莱恩的实验室

生命起源的事实

#02 2000年，一名澳大利亚研究人员在被称为"黑烟囱"的距今32亿年、现已成为化石的深海热泉口发现了线形微生物的残留。这些微生物是目前发现的最古老的生物之一，说明早期生命可能形成于深海热泉附近。

生命是否来自另一颗星球？

肯特大学的迪娜·帕西尼正在研究泛种论，即认为生命并非起源于地球。

问：泛种论认为生命起源自何处？

答：太阳系中有几处可能的起源地。火星早期历史中，其条件适合生命形成，所以很有可能生命起源于火星，然后来到了地球。或者生命根本就是源自太阳系之外。

问：生命如何从一个星球来到另一个星球？

答：其中一个解释是，如果海洋受到某种载冰行星的撞击，那么带有有机体的水就会被喷射到太空。

问：你研究了作为鱼类食物的海洋微藻进入地球大气后是否能存活。为什么选择这些有机体研究？

答：我们需要找那些容易生长的生物，而且只需要阳光和基本的营养，这样如果这种生物一旦抵达另一颗星球，也能够比较容易地在全新的环境中存活下来。

问：有多少活了下来？

答：我们正在进行实验，量化存活生物的数量。目前，我们只知道肯定有部分存活下来了，而且低速喷射存活概率高于高速喷射。对于和地球类似的行星而言，高速喷射速度可达到每秒 6.9 千米。

问：这些生物体如何抵抗喷射的影响？

答：我们还不能 100% 确定，不过看起来有机体的生物构造越简单，存活概率就越大。因为我刚刚做了一些实验，用的是节肢动物，其有 40000 个细胞，其中有部分活了下来。

问：你还展示了海洋微藻在冷冻的情况下也能存活，比如在穿越宇宙空间时，依然能存活几周时间。但要抵达地球，耗时不会更长吗？

答：以火星为例，一个物体从火星抵达地球的平均时长为 1600 万年。但物体一旦冻住，就不会衰变。因此如果物体能够存活一周，就能够存活 1 年、100 年甚至 100 万年。

问：你的实验表明，根据泛种论，生命是从外太空被带到地球的？

答：实验确实表明，生命很有可能从一颗星球到另一颗星球——不论是从其他星球到地球还是地球生命去往其他星球。

但是如果确实如你所说，那么这并没有真的告诉我们生命如何起源。这只是把问题转移到了其他地方……

没错！这就是别人要解决的问题了！

部分科学家认为地球上的生命可能来自其他星球

原生蛋白质

科学家正在逆转工程蛋白，试图弄清其前身的样子。

对于生命体而言，蛋白质和DNA一样重要，存在时间也一样长

DNA——脱氧核糖核酸常被称为生命的蓝图。所有生命体都有DNA，所以DNA一定在生命最初期就出现了。不过，在生命体中存在时间至少和DNA一样长的还有一种分子：蛋白质。

说起蛋白质，你可能知道这种分子构成了我们的肌肉，但蛋白质的功能远不止如此。蛋白质还是我们体内所有细胞的勤杂工，而且蛋白质种类多样，每一种都有特定功能。蛋白质可以运输小型分子，抵抗病毒，甚至能够形成新的DNA。因此，如果没有蛋白质，早期生命体不可能一直发展至今。蛋白质由氨基酸分子构成，后者在原始海洋里通过化学作用形成。

了解原生蛋白的结构能够让我们更加明确蛋白质的功能，以及早期细胞的样子。但是40亿年前的蛋白质并不能在化石中保存至今。因此，科学家正试图在实验室中逆转现代细胞中的蛋白质，重构原生蛋白。2013年，西班牙和美国的研究人员根据进化古老蛋白的现代版本硫氧还蛋白中提取的信息，复活了真正的蛋白质。硫氧还蛋白广泛存在于所有生命体中，说明最早的有机体内就有了这种蛋白。

通过在实验室造出蛋白质，研究人员得以观察其3D结构以及如何在不同的环境中生存。结果发现，现代的蛋白质并没有太多变化。古老的硫氧还蛋白分子结构坚硬，因此可以在它们可能形成的酸性海洋这样险恶的环境下存活下来。

里，研究人员正试图在玻璃容器内模拟失落之城中的热泉。“这是一个非常简易的反应装置，在其中放入热的碱性溶液和凉的酸性溶液，模拟海洋环境。”莱恩说，“我们可以基本上控制其中进行的化学反应，然后检测化学反应产生了什么。”

莱恩实验里的化学物质与米勒和尤里的原始汤基本相同，但重要的差别在于莱恩实验里没有模拟闪电的电火花。相反，莱恩的实验里多了一块陶瓷海绵，用来模拟失落之城热泉里多孔的岩石。莱恩认为，生命体就产生于这些岩石孔隙之中。在这些孔隙里，温热的碱性溶液里的氢从泉中涌出，与海洋酸性水流中的二氧化碳相遇。一般而言，这两种化学物质并不会反应，但莱恩的实验表明，在特殊条件下，二者能够反应产生有机化学物质，即生命大厦的一砖一瓦。

因此在自然的地球科学发展过程之中，新陈代谢的基本形式诞生。这一理论的迷人之处在于，不像原始汤需要闪电作为驱动力，深海热泉能够提供持续的动力，而且莱恩指出，热泉泉水和海水酸碱度的差异与细胞生命相似。“所有细胞的外部酸性都强于内部，这些深海热泉的外部环境也比内部更酸。”正是因此，莱恩相信失落之城的新陈代谢被囿于一个条件优渥的环境，最终形成了第一个细胞。

生命起源的事实

#03 原始生命体如何传递信息，这依然是个谜。DNA过于复杂，所以需要同样复杂的蛋白质来复制自身。那么第一个遗传分子的结构和自我复制过程肯定简单很多。但要如何造出一个自我复制分子？

海床上的裂缝表明热泉可以通过裂缝口涌上来

分裂与占领

然而，这一理论并没有解答所有问题。比如，第一批形成的细胞，在没有现代细胞复杂机制的协助下，如何复制形成新的细胞？细胞生物学家杰夫·埃林顿找到了答案。他发现，在特定环境下，细菌细胞能够通过一个非常简单的过程实现复制。

埃林顿和他纽卡斯尔大学的团队在初时都没有考虑早期细胞。他们利用常见于人体肠道内的枯草杆菌研究细胞分裂。他们意识到，如果细菌失去了维持其形状的坚硬外壁，只剩下薄薄的细胞膜，细菌就会为这些膜产生额外物质。而这些细胞膜会扭曲、折叠，直到一小部分断裂形成了新的生命。埃林顿表示："整个过程非常混乱，但只要最后完整的细胞膜内有染色体，那么细胞就可能存活。"

细菌细胞几十亿年来都有细胞壁，埃林顿认为，正是得益于这些保

位于失落之城的深海热泉

生命起源的事实

#04 化学家斯坦利·米勒是个囤积者。他于2007年去世，他的同事从实验室的箱子里发现了米勒进行过的每一项实验的样本，包括著名的研究生命起源的原始汤实验。

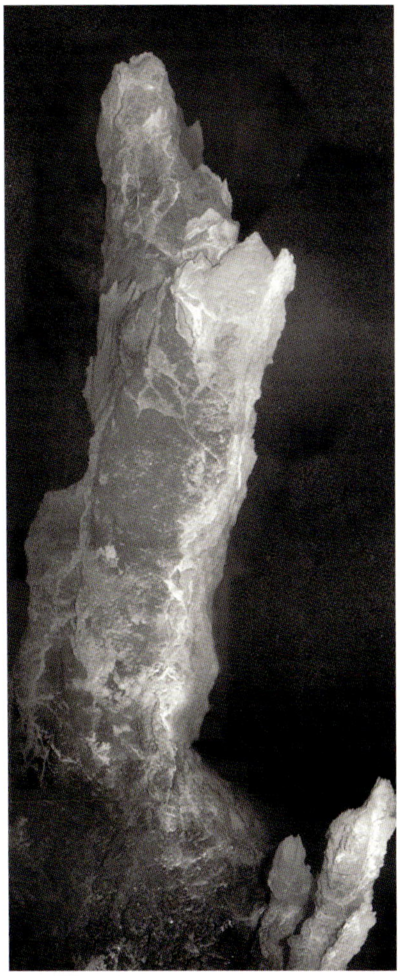

蜜蜂由其他蜜蜂孕育而来……那么第一个生命体从何而来就是一个很难回答的问题

左上图、左下图：深海热泉的喷涌口不同于普通的“黑烟囱”，能够产生更多的甲烷，产生的二氧化碳则更少

护性的细胞壁让细菌能够在地球上分布如此广泛。但他的实验表明，最早的细菌——以及细菌形成的最早的细胞——在没有细菌的情况下分裂，尽管过程可能非常无序混乱。现代细胞能够回归简单复制模式这一事实，意味着这项能力可以作为一种备用机制。

同时，其他科学家，包括诺贝尔奖得主生物学家杰克·绍斯塔克在制作代表早期生命形态的人工细胞，或者称为“细胞模型”，并证实细胞可以通过类似发芽的过程分裂。纽卡斯尔大学的团队正在研究双方能如何合作，来回答生命起源最引人注目的问题。

不过，生命起源理论最大的问题是，我们永远无法验证。我们能运用自己的想象力，想一下早期细胞从大洋之底的失落之城出现吗？我们可以，但我们也吸取了古希腊人和蜜蜂起源的教训——我们想象的任何东西在后人看来极有可能荒谬至极。

海利·伯奇

生命起源的事实

#05 根据人类目前的发现，与地球最相像的行星是开普勒69c（Kepler-69c）。该行星也围绕着一颗类似太阳的恒星公转，距离地球2700光年。美国宇航局通过开普勒太空望远镜发现这颗行星，认为其可能成为宇宙中的“新地球”。

自然的速度极限

爱因斯坦的相对论给宇宙的速度设了上限——但可能有些方法能让你在不违背物理定律的情况下穿越很远的距离……

2011 年，意大利的一个研究团队宣布，他们发现中微子的速度快于光速，驳斥了爱因斯坦几个世纪以来认为光速是速度上限的论调。这一发现能够完全颠覆传统物理学——前提是其结果是准确的。但很快，这一实验中的错误被发现，物理学家们终于舒了一口气，至少不用把自己目前所学全部推翻。

同量子力学一样，爱因斯坦的相对论也是现代物理学的基石之一。相对论的理论模型完美解释了物体在接近光速（真空条件下约30万千米每秒）时会产生哪些变化。数学计算支撑了爱因斯坦的多项实验，根据他的计算，光速不仅仅是一个数字；光速更是一个上限，我们认为没有物体可以超越光速。

如果宇宙飞船要以光速前进，则需要永恒的动力和能源用以加速到光速——而在我们的理解内，这两个条件在宇宙中都是不可能实现的。即使仅仅是接近光速，也会对乘客产生诡异的后果——相较于地球上的时间，宇宙飞船上的时间会显著变慢。

然后，有些“作弊”的方法能让我们在不违背爱因斯坦理论的前提下，短时间内穿越很远的距离。比如，我们可以从《星际迷航》书里拿出一张书页，扭曲空间。此处的理论如下：我们不把飞船加速到接近光速，而是利用重力场改变身边的空间——缩短和目的地之间的距离，扩大身后已经行驶过的距离。就你本身而言，基本没有移动，但实际上在“扭曲的泡泡”里你已经穿过了很长的距离。这听起来有点儿科幻，但是美国宇航局的科学家已经利用光子进行了空间扭曲的实验。

实现瞬时穿越远距离的另一个方法是利用虫洞。这些桥梁是相对论的理论结果——重力能够扭曲时空，重力强到一定程度，重力场也许可以折叠宇宙。虫洞就能够利用两点之间的捷径，意味着你无须高速航行也能够穿越远距离。只是对于未来的空间航行者而言，在物理宇宙中，还没有观察到虫洞的存在。一般认为，虫洞极不稳定，且体积过小，对于航行而言并无实际用处。

理查德·爱德华兹

宇宙飞船要达到光速，就需要永恒的动力和能源。

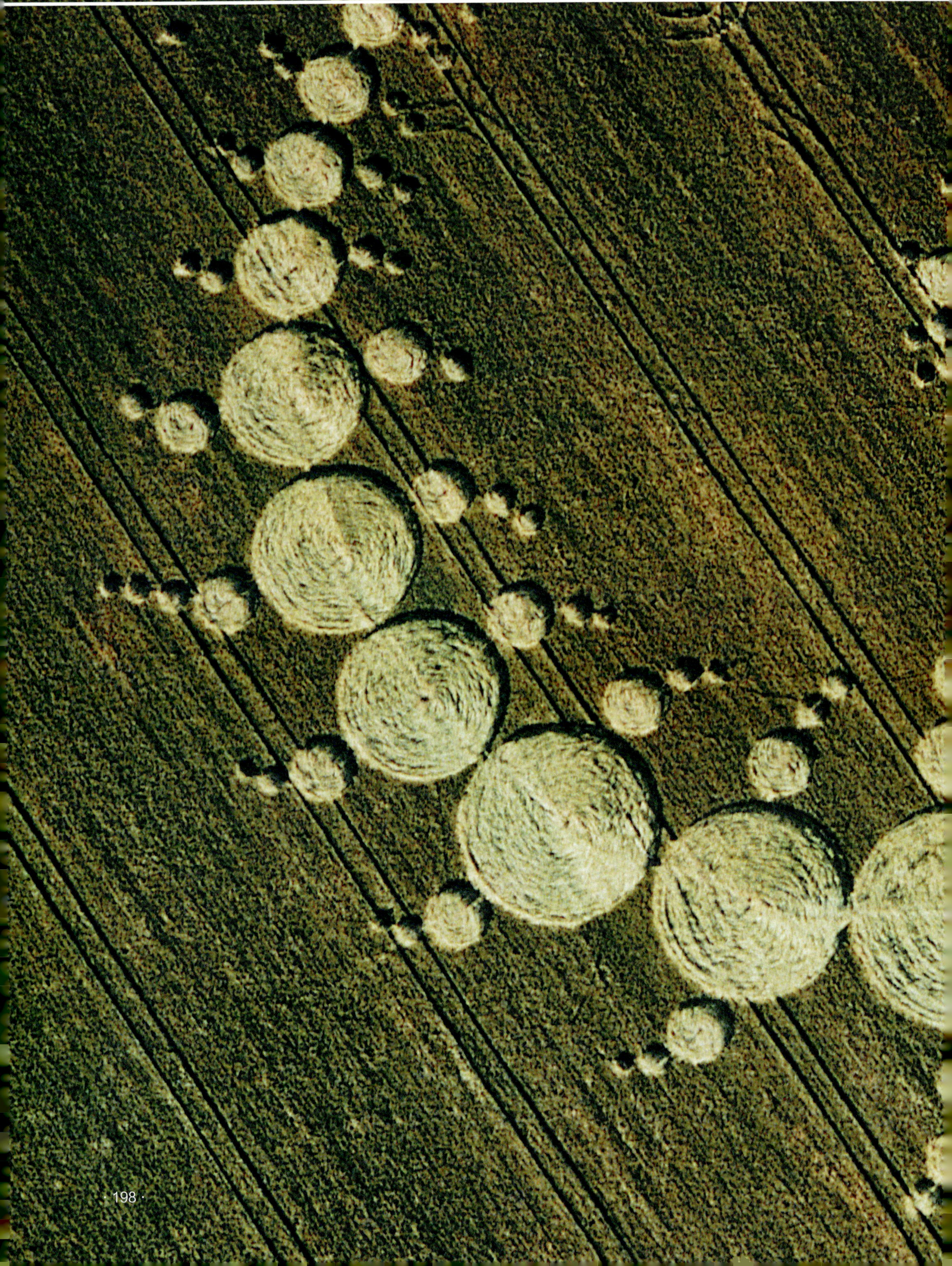

近代，麦田圈图案越来越复杂，其图案中往往还融入了数学和科学特性。

麦田圈之谜

这些迷人图案背后藏有科学和超自然理论。

图片：Thinkstock

20世纪70年代，关于麦田圈的报告进入人们视野，小麦、大麦、玉米田被压平，且呈现出复杂的图案。英国郊区出现了很多麦田圈，媒体开始报道这一现象，在全国引起轰动。麦田圈来源的解释各式各样，从天气因素、动物行为到超自然、外星人。道格·鲍尔和戴夫·乔利两人曾出面承认，1991 年最为著名的麦田圈正是出自他们之手，这解答了多数人对这一谜题的疑惑——但部分“麦田怪圈学者”依然坚持认为，其他麦圈源自外星或超自然力量。

毒性最强的植物

夹竹桃

又名欧洲夹竹桃，是一种常见的园林植物。其毒素会影响心脏。蜜蜂若采过夹竹桃的花蜜会产出有毒蜂蜜。

毒番石榴

又名马疯大戟木，毒性超强，无须身体接触就可能受到毒害。雨天站在毒番石榴树下就可能受到毒素侵害。

欧洲红豆杉

含有观音衫碱毒素。食用后可能导致心律不齐。

夹竹桃是常见的常绿灌木，是世界上毒性最强的植物之一

植物为什么会有毒?

这些植物色彩艳丽，散发迷人芬芳，但并非所有的植物都如同其外表那样无辜——有些植物能够产生有毒化学物质。

走进一家超市，看到琳琅满目的食物，总会觉得这个世界是自己的；而人类站在食物链的顶端，任何能找到的食材，我们都能大快朵颐。但事实并非如此。我们的消化系统无法消化某些植物，且有些植物，一旦被我们食用，我们就可能面临生命危险。

为什么有些植物如此危险？是为了保护自己不被吃掉。有些植物在进化过程中长出了刺，以保护自己不被草食动物吃掉；其他植物，若有任何愚蠢的动物试图吃掉它们，后者就会分泌毒素，让那些动物瘫痪甚至死亡。而这些潜在的杀手长得却十分无辜。比如夹竹桃，常见于花园中，粉色花朵娇嫩美丽。但夹竹桃含有强心甙类的欧夹竹桃甙毒素，如果误食夹竹桃，会导致心律不齐、痉挛甚至死亡。

不过人类足智多谋，植物即使有毒，也能为己所用。用于执行死刑是“充分”利用有毒植物的一种方式，虽说结局并不愉快。比如，希腊哲学家苏格拉底在被判死刑后，行刑方式就是喝毒堇汁。

但是，我们也会无意之中丧命“毒”口。亚伯拉罕·林肯的母亲喝了牛奶之后发现，牛奶产自用白蛇根草做饲料的奶牛。剧毒的牛奶让这位母亲命丧黄泉，未来的总统在9岁时就失去了母亲。

当然，如果植物进化出毒素是为了保护自己不被吃掉，那么周围地区的动物也可能进化出该毒素的抗体。不过这也可能反过来导致植物进化出毒性更强的毒素。再一次，动物又会进化，以适应植物的改变。这样，两种物种就陷入一场拉锯战。

不过不要过于担心——每年人类死于有毒植物的案例少之又少。正是由于每年因此死亡的人数太少，整个欧洲都没有相关数据记录。在美国，死于有毒植物的人每年少于5人。

史蒂夫·帕里斯

SURGEO
rds from I
ss Monster Sight
bed By Scotsman
Companions Skeptical
Salmon 'Had It'

找寻神秘动物

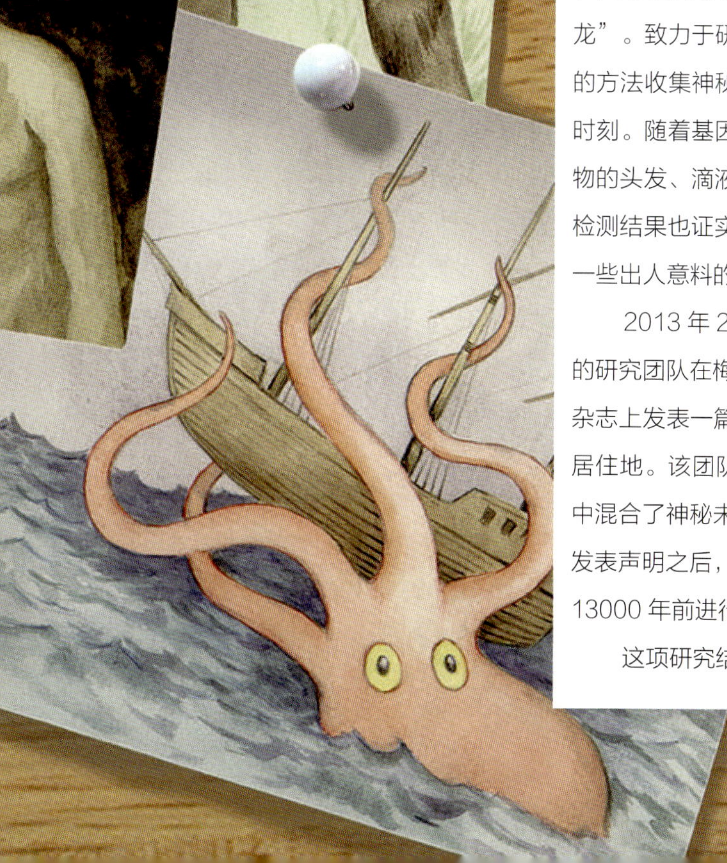

基因检测技术的新发展打破了关于很多神秘野兽的传言。同时，又有了吸引人的新发现……

根据颇具争议的神秘动物学，世界上依然有很多大型神秘野兽等待科学发现。这些未知动物包括海蛇、大型灵长类动物，例如大脚怪和雪人，还有现仍存活于刚果的“恐龙”。致力于研究神秘动物学的人们仍然用延续几个世纪的方法收集神秘野兽的传说，现在正是神秘动物学的关键时刻。随着基因检测技术的新发展，那些声称来自神秘动物的头发、滴液和组织的样本现在可以得到检测了。部分检测结果也证实，那些神秘动物只是人们的想象。但也有一些出人意料的检测结果。

2013 年 2 月，德格萨斯的一家公司“DNA 诊断”的研究团队在梅尔巴 · 凯彻姆博士的带领下，在 *DeNovo* 杂志上发表一篇文章，称他们在北美找到了多处大脚怪的居住地。该团队表示，大脚怪不仅真实存在，且其 DNA 中混合了神秘未知的有机体和现代人类的基因。在该团队发表声明之后，他们提出，人类和这种未知有机体肯定在 13000 年前进行了交配。

这项研究结果惊动了各界，其他基因学家立即仔细研

最想找到的五种神秘动物

神秘动物学的拥护者认为存在大量的神秘野兽。但这其中大部分只存在于些许奇闻逸事中，因此要发现这些动物的踪迹可能性极低。当然，有少部分神秘动物得到了很多人的关注，其中不乏权威动物学家。那么，这些就可以被认为是我们最想找到的神秘动物。

存在的可能性

印尼神秘小脚怪

这种灵长类动物拥有红色或棕色毛发，据说和猩猩相似，但含有更多与人类相似的成分。这一物种只存在于苏门答腊，有可靠目击者称，在茂密丛林里看到了小脚怪。有些研究人员认为，小脚怪可能与已灭绝的佛罗勒斯人有关联。

洛克尼斯怪兽

自20世纪30年代起就不断有人目击洛克尼斯怪兽，据观察，其很有可能是蛇颈龙、长颈海豹或者大鲵。

存在的可能性

存在的可能性

大脚怪

又称为北美野人，这种标志性的神秘动物多次在北美被目击。目击报告之间的不同导致了对这一物种的多项猜测。尽管有大量目击证明，但目前所有的照片、踪迹和DNA证据都被证实是伪造的，或不足以得出结论。

雪人

据说这一来自喜马拉雅的生物是一只大型猿猴。然而，任何目击证明都可能只是看到了熊或其他已知哺乳动物。

存在的可能性

存在的可能性

袋狼或塔斯马尼亚虎

这一有袋动物形如老虎，背部有斑纹，1936年完全灭绝。然而，依然有人在澳大利亚内陆和塔斯马尼亚岛目击了其踪迹。难道袋狼依然存活在偏远地区？看起来不太可能。目击者很可能在说谎，或者只是瞥到了狗或者狐狸。

对"雪人"DNA样本分析的一种解释是，棕熊和北极熊在几千年之前进行了交配

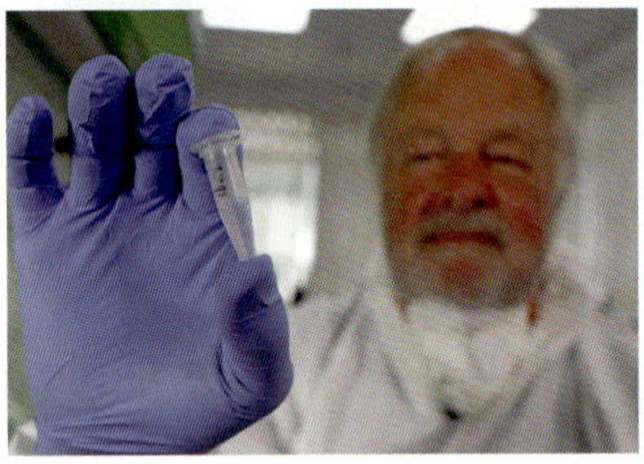

布莱恩·赛克斯博士对来自所谓"雪人"等神秘动物的样本进行了基因分析

究了团队的数据。他们发现了多处问题——最大的问题是所谓"大脚怪"的样本实际上包含了多种动物的基因，其中有熊、负鼠和人类。他们表示，样本污染和糟糕的基因排序解释了这项研究结果。凯彻姆博士仍然坚信这项研究成果，不过，他们的研究成果确实没有得到其他研究人员的支持。

牛津大学人类基因学教授布莱恩·赛克斯博士领导了另一项针对神秘灵长类动物的研究。1989年，赛克斯博士和他的同事是首批从尼安德特人骨骸化石中提取DNA的科学家。赛克斯出于对所谓神秘生物的好奇，多年来收集了一系列据称属于大脚怪、雪人，以及类似大脚怪的高加索山区阿玛斯蒂人的基因样本。而所有的这些大脚怪样本都来自熊、豪猪和其他类似哺乳动物，这严重打击了神秘动物学。同时，所谓阿玛斯蒂人的样本实际上只是牛、马和熊的样本。

研究表明这一生物是从牢笼中出逃的加拿大山猫

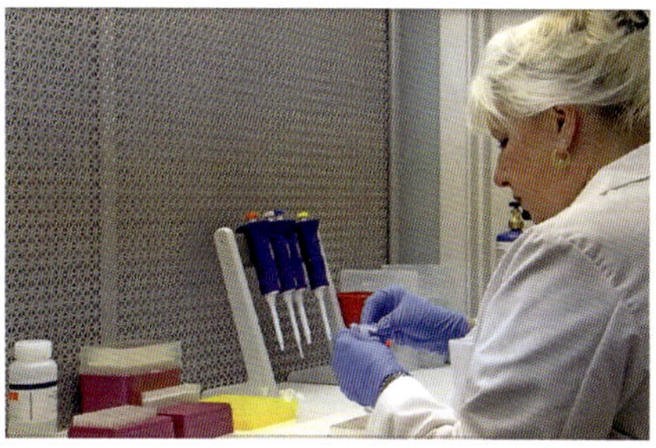

梅尔巴·凯彻姆博士称她的团队发现了大脚怪存在的基因证据

已知的野兽

时至今日，依然有新的动物物种被发现。

中南大羚身型巨大，是一种长得像羚羊的有蹄哺乳动物，物种上属于牛，1992年在越南被发现。这是近几年来发现的最大的陆地哺乳动物之一。

㺢㹢狓居住于森林，属长颈鹿科。1901年哈里·约翰斯顿爵士在寻找阿提——1887年亨利·莫顿·斯坦利报告目击的一种“森林驴”的时候，发现了㺢㹢狓。这一发现常常被称颂为神秘动物学终极胜利的逸事。

奇庞吉猴是一种毛发蓬松、住在树上的坦桑尼亚猴类，2005年得此命名。奇庞吉猴之所以会引起神秘动物学者的特殊兴趣，是因为自然资源保护学者蒂姆·达文波特对当地人口中流传的某种怕生、罕见的物种进行了调查，之后才发现了奇庞吉猴。

北极线索

不过赛克斯的研究结果依然有一处惊喜。两份雪人的样本——分别来自印度和不丹——被证明来自熊，最接近于古代北极熊。然而这些地区并没有北极熊，所以最好的解释便是该地区有一种未知的熊，极有可能是几千年前北极熊和棕熊杂交的后代。简而言之，这一新的数据似乎能说明这一神秘生物可能是未知的某种熊，而非未知的灵长类。

对于这些漫步乡野的神秘野兽的研究，带来新视角的不仅仅是基因分析。2013年年初，威尔士亚伯大学的博士生马克斯·布莱克带领一位基因学家和其他科学研究人员组成的团队，对英国布里斯托城市博物馆与美术馆馆藏一部分中的1903年的山猫样本进行研究。

几十年来，一直有人说在英国乡下看到长相奇异的猫漫步来去。事实上，自18世纪初以来，就不断有这样的报告。部分人认为，这些猫可能是从私人或公众收藏里逃出来的，比如说马戏团、动物展览和动物园，逃到了乡间。那么1903年的山猫是否给这个想法带来一些新视角?

布莱克和他的研究团队采取了山猫的毛发和骨骼样本。杜伦大学古基因实验室试图提取DNA，结果证明是徒劳，有可能是因为这110年来，样本经过化学物品的处理，基因被破坏。不过，从猫的骨骸中提取了微量放射性锶，实验结果显示，这只猫一生的大部分时间都在加拿大或德文地区的达特穆尔高地度过。锶的其中一种形式，或者说同位素锶-87与另一种更稳定的形式锶-86的比例，会因为某个地区岩石的化学成分和年龄不同而变化。也就是说，动物组织在活着的时候吸收锶的比例，能够提供该生物大部分时间都在哪里度过的有力线索。

但分析并没有就此终结。对样本中牙齿的研究发现了长年累积的牙垢，这一般常见于大部分时间都被圈养的动物身上。同时，对于头骨的立体分析能让我们知道这是哪一种山猫。

在波罗的海发现了长肢领航鲸的环境DNA

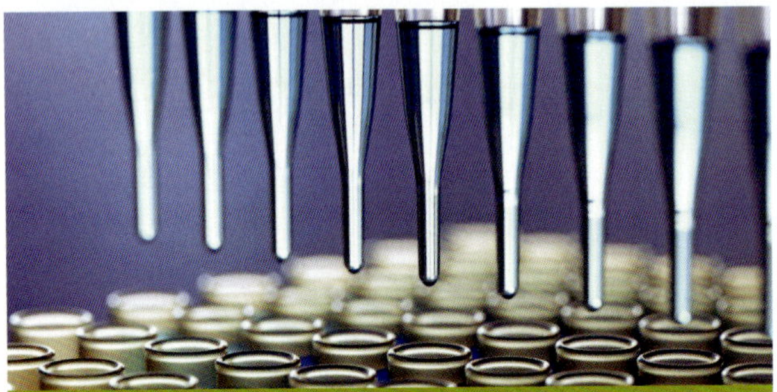

解密！

DNA基因库助力研究。

通过毛发、羽毛、皮肤和骨骼对 DNA 进行排序，已经成为了一种重要手段，以确定样本是否属于仍然不明的神秘野兽。基因银行（GenBank）——包含海量基因数据的网络资源库让神秘动物的基因测定更加简单。基因银行成立于 1982 年，目前含有超过 30 万种有机生物的基因密码，对于确认野外收集的生物样本大有用处。每 18 个月数据库的容量就会翻倍，因此基因银行在未来的研究中还将发挥更大作用。

结论？这是一只最近出逃的雪人——极有可能是加拿大山猫，一生大部分时间都在牢笼里度过。换言之，这项研究结果证实，这些看似长相奇异的猫的确是从关押状态出逃后在英国乡间生活的，而且从 18 世纪就开始了。

向前进、往回看

未来我们也许能知道更多关于神秘物种的信息。提取和辨别 DNA 的技术发展成熟，科学家能够只通过动物在环境中留下的痕迹，例如几滴液体，甚至是唾液和皮肤细胞，就能够确认这只动物是不是来过这里。运用这种探测手段，需要从目标动物的疑似栖息地收集少量土壤或水，然后在实验室里对此进行分析，寻找环境 DNA（eDNA）的踪迹。

2012 年，对收集自丹麦沿海的半升海水的分析显示，其中含有 15 中鱼类，包括一些非常罕见的种类。DNA 主要提取自皮、鳞、黏液和排泄物中的内脏细胞。同年，对

加拿大山猫的脚像雪地靴一样，能够分散重量，以保持在雪地上行走。山猫的毛皮很厚，用以保暖。

地球上尚未探索的地区

我们最可能在哪里找到新的动物物种？

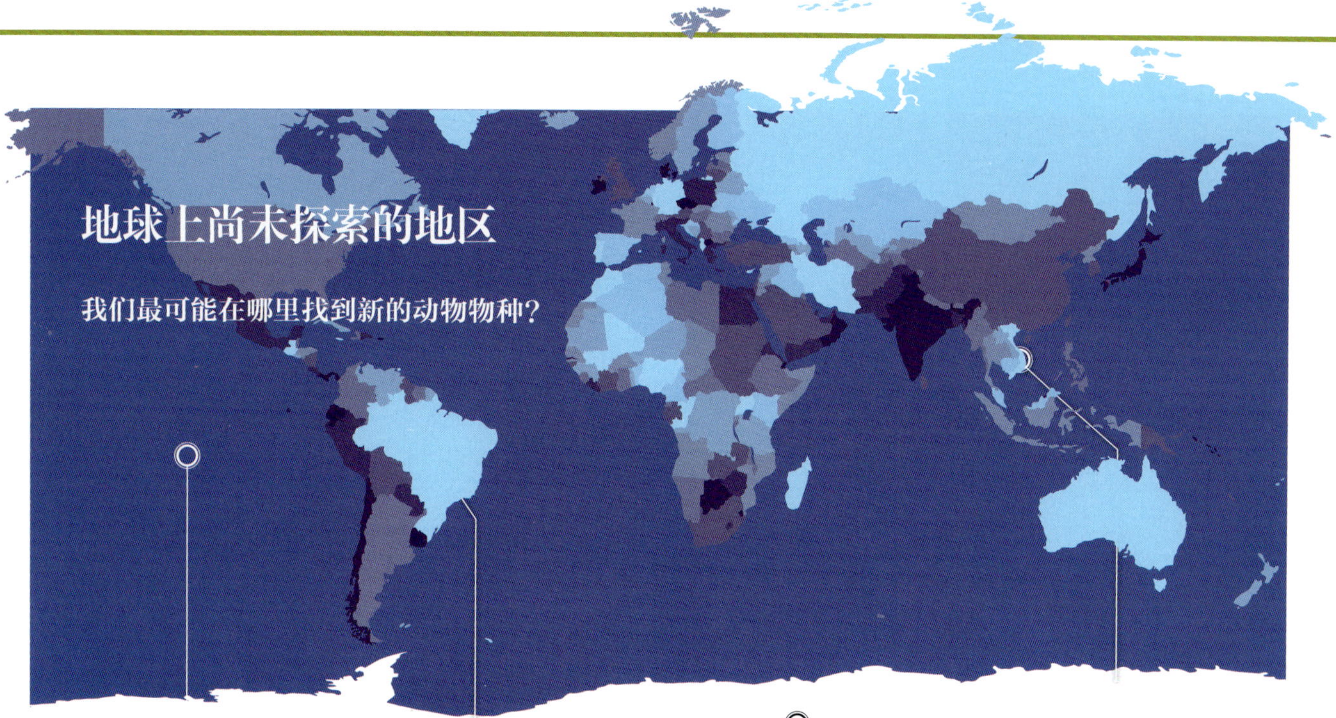

另一份取自波罗的海的海水样本分析发现了长肢领航鲸的环境 DNA，这种鲸鱼偶尔会出现在该地区，但一般认为极其罕见。

人们寻找微量环境 DNA 的想法还是近年才开始有的，因此其对于神秘动物学研究的潜力不可小觑。环境 DNA 可能告诉我们，曾经被认为已经灭绝的物种有可能依然活跃在地球上，或者提供证据证明先前未知的物种确实存在。无论如何，未来几年将有好戏上演。

戴伦·奈什博士
（Dr. Darren Naish）
人类学家和作家
戴伦在英国的南安普顿大学工作，研究恐龙，同时也对神秘动物感兴趣。

神秘动物是否只是传说？

这些奇怪的动物很可能只是代代相传的故事。

民俗学者和怀疑论者认为，神秘动物只是传统和心理学的产物——是代代相传的故事或者传说。比如，现代观念里湖怪或海怪都源自人类对世界认知贫乏之时的神话。米歇尔·默尔热和克劳德·加尼翁在《湖怪传统：跨文化分析》中对这一问题进行了探讨。他们认为，湖怪的出现是因为人们相信湖泊深不见底，死在湖里的动物不会再出现。

1908年通古斯大爆炸留下的废墟

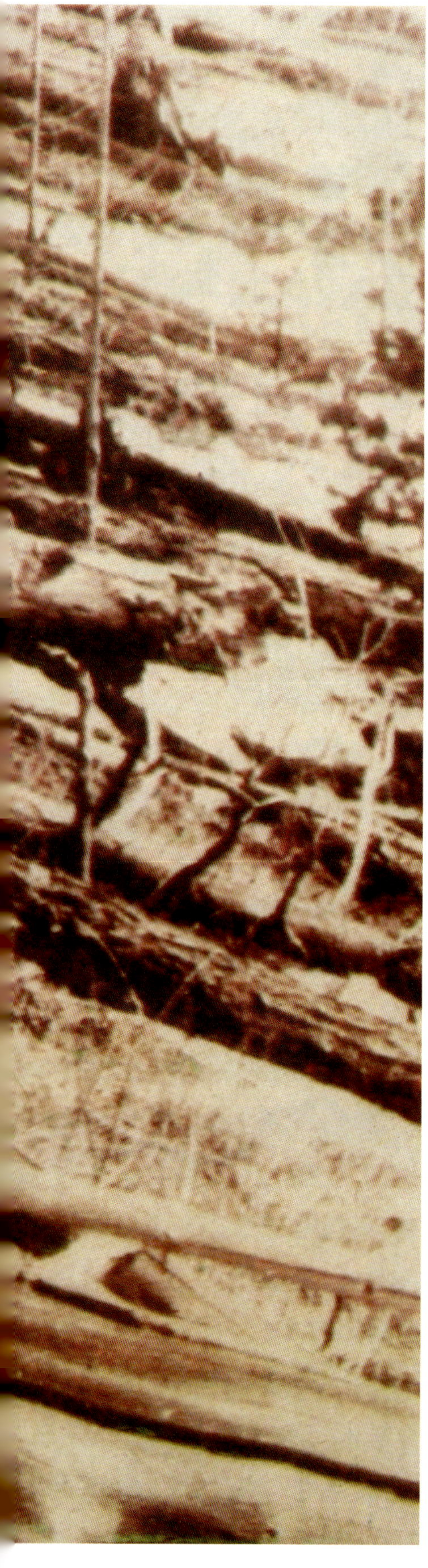

通古斯大爆炸之谜

1908年俄罗斯的一次大爆炸将一片森林夷为平地，那么原因是什么? 几乎可以确定其原因与2013年在车里雅宾斯克上空爆炸的小行星类似。

1908 年 6 月 30 日早晨，俄罗斯石泉通古斯卡河（Podkamennaya Tunguska River）附近的一片森林上空发生大爆炸。爆炸威力相当于 3 千万吨 TNT 炸药，大片森林被夷为平地，8 千米之外的地面也被焚为焦土。由于爆炸位置偏远，因此目击者极少，但少数目击该爆炸事件的证人称，当时看到明亮如太阳的光柱划过天空，随后出现一道强光和一声震耳欲聋的巨响。冲击波震碎了窗户，行人被击倒，还产生了里氏 5 级地震。后来，人们将这次爆炸称为通古斯大爆炸。

多支探险队前往调查，不过最早抵达爆炸震中的是苏联科学院（Soviet Academy of Sciences）的矿物学家昂尼德 · 库利克。他从山脊上观察整个爆炸后的景象，被爆炸的破坏力深深震撼。奇怪的是，距离爆炸震中最近的树木，虽然枝叶脱落、树干焦黑，但依然保持直立；而边缘地区的树木都向地面倾倒。后来美国进行原子弹爆炸审验，也出现了这一分布形态。

关于爆炸成因，目前最广为接受的理论是一颗陨星在离地 6~10 千米上空爆炸。当物体穿越大气层，摩擦会产生大量的热：一颗直径 10 千米的小行星所产生的能量就能与投在长崎的原子弹能量相当。陨星大部分在进入大气层后就燃烧殆尽，但这颗陨星在穿越大气层后仍足够完整，累积的能量如此巨大，给地球表面造成极大震撼。

2010 年，俄罗斯特罗伊茨克核研究所派出研究人员，对爆炸地进行研究，在当地永久冻土层下方发现了太空岩石，使上述理论更为可信。之后，对太空岩石碎片的分析显示，岩石来自一块陨铁石，极有可能是该陨铁石造成了此次爆炸。

对爆炸成因还有多种奇异的解释，比如一个小型黑洞通过地球导致了爆炸，再比如反物质从太空坠落引起大爆炸。然而爆炸是由于天体撞击地球而产生的相关证据确之凿凿，其他这些理论难以令人信服。

安德鲁·凯利

你问我答

我们能否利用闪电为家庭供能?

闪电是一种常见且壮观的自然现象，每秒能够冲击地面达 100 多次。一般的闪电能够释放数 10 亿伏电压，因此就有人思考，是否可以利用这一看似无尽的资源为家庭供能。然而，实际操作层面存在多项问题，只有解决了之后才能将闪电和传统发电方式一同使用。闪电无法预测，我们无法知道下一次闪电会出现在何时何地。即使我们能够预测闪电，其所带来的能量中只有极少部分能为我们所用。

闪电的能量会在一瞬间释放，一般只有几十微秒，且大部分都以光和热的形式出现。闪电周围的空气温度可以超过 54000℃，是太阳表面温度的五倍。闪电出现的不确定性意味着无法满足家庭电力的稳定需求。我们需要大规模存储设备来接收闪电瞬间释放的能量，但要做到这一点成本高昂，并不划算。

萝丝·史密斯 (Rose Smith)

英国，德比郡

其他物种中有左右手使用倾向之分吗?

大部分的脊椎动物的大脑都分成左右半球，每一半球都控制相反部分身体的运动。可能你经常会读到“左脑型”“右脑型”，但这种说法不对。大脑中的大部分任务都是由某一部分完成的。一般认为，我们对于惯用手的倾向正是因为这种分工，而且并不只有人类身上有这一现象。所以，其他动物有左右使用偏好并非奇闻逸事。

鱼类、鸟类、两栖类和爬行类中的多个物种都明显偏向于使用右眼。一项研究发现，大猩猩和黑猩猩同人类一样，习惯使用右手。猩猩则相反，多使用左手。但是，由于这一研究的对象是圈养动物，科学家对研究结果的普适性争论不休。非灵长类动物也有左右偏好。雌性猫狗倾向于使用右爪，雄性多使用左爪。然而，任何物种中都没有人类身上体现的明确规律。部分科学家认为，这是因为人类语言技能的要求，进化出了这一明确的倾向。

莉莉·伍德(Lily Wood)

英国，多尔切斯特

蛛丝是一种非常坚韧的物质，但可能无法承受人类的体重

自然界中是否存在一种天然物质如同蜘蛛网一样能够承受蜘蛛侠的重量？

英国莱斯特大学（University of Leicester）的一群学生曾在其校内刊物上发表了一篇题为《做到蜘蛛能做到的事》的有趣论文。这篇论文发表于 2012 年，引起了不小的轰动。这些学生在观看了《蜘蛛侠 2》之后决定通过数据计算来判断蜘蛛丝是否真的能阻止一辆失控的地铁列车继续前行。他们得出的结论是，如果能将大木林蛛（orb-weaver spiders）和达尔文吠蛛（Darwin' s bark spider / Caerostris darwini）的蛛丝的刚性结合起来，就能实现上述判定。

但在现实中，一种材料一旦扩大必定会存在不可避免的缺陷。影片中蜘蛛侠的蛛丝比那两种蜘蛛能够产生的蛛丝都要长，且直径达到了 5 毫米。先不考虑能否阻止失控的列车，自然界中还存在许多纤维，比如麻和藤，都能制成绳子，并能轻易承受一个人类或一个人蛛混合体的重量。

希拉里·约翰斯顿（Hilary Johnston）

英国，班戈（Bangor）

家犬产自哪里?

近期关于家犬来源的证据来自于对古代狗和狼的遗骸研究。科学家研究了狗和狼细胞线粒体中的 DNA——它们的力量之源，科学家发现这两个物种在 2 万至 3 万年前的欧洲开始分离。其中欧洲起源论与科学证据相符，最老的家犬骨骸来自于西伯利亚和西欧。然而，线粒体 DNA 只能显示母系遗传的基因信息。研究人员还需对动物细胞核的 DNA 序列进行排序，才能弄清其基因组中的变体。另外还需研究来自中东和中国的动物遗骸。这些研究结果都可能改变我们对狗的起源的认知。

路易斯·多明格斯 (Luis Dominguez)

美国，纽约